D1103419

EMPLOI ET SALAIRE

Jean-Michel Cousineau

EMPLOI ET SALAIRE

Les Presses de l'Université de Montréal

Catalogage avant publication de Bibliothèque et Archives Canada

Cousineau, Jean-Michel
    Emploi et salaire
    Comprend des réf. bibliogr. et un index

    ISBN 2-7606-1985-0

    1. Économie du travail. 2. Emploi. 3. Macroéconomie. 4. Travail – Politique gouvernementale. 5. Salaires. 6. Marché du travail. I. Titre.

    HD4901.C68 2005   331   C2005-941222-4

Dépôt légal: 3ᵉ trimestre 2005
Bibliothèque nationale du Québec
© Les Presses de l'Université de Montréal, 2005

Les Presses de l'Université de Montréal remercient de leur soutien financier le ministère du Patrimoine canadien, le Conseil des Arts du Canada et la Société de développement des entreprises culturelles du Québec (SODEC).

IMPRIMÉ AU CANADA EN AOÛT 2005

TABLE DES MATIÈRES

AVANT-PROPOS

L'objectif de cet ouvrage est de réunir en un seul volume un ensemble de connaissances économiques pertinentes et utiles à tous ceux et celles qui s'intéressent aux aspects économiques du travail et qui se destinent à la gestion des ressources humaines ou aux relations industrielles.

Notre expérience dans l'enseignement et dans la pratique des relations industrielles nous a amené à cibler trois thèmes importants : l'économie du travail, la conjoncture macroéconomique et les politiques publiques. À ce titre, l'ouvrage intègre les principales innovations pédagogiques des manuels d'économie les plus récents. Nous mettons l'accent autant que possible sur les exemples et les applications. Chaque chapitre forme un tout intégré et cohérent et comporte de nombreux exemples, une ou deux applications, des allégories ou des cas de figure.

Dans la première partie (aspects microéconomiques), nous nous inspirons du très populaire *Labour Market Economics* de Benjamin, Gunderson et Riddell (2002) ainsi que des livres d'Ehrenberg, Smith et Chaykowsky (2004) et de Borjas (2000). Dans la deuxième partie (aspects macroéconomiques), nous nous sommes inspiré de la nouvelle référence dans le domaine de la macroéconomie, soit le livre intitulé *Macroeconomics* de Gregory Mankiw (2002) ainsi que des ouvrages de Rodrigue Tremblay (1992), de Blanchard et Cohen (2001), de Gwartney et Stroup (1995), de Bruda et Wyplosz (2003) et, finalement, de Parkin, Bade et Carmichael (2000). Dans la troisième partie (politiques publiques), nos principaux ouvrages de référence sont ceux de Browning et Browning (1994), Barr (1998) ainsi que les ouvrages généraux de Samuelson et Nordhaus (2000) et Stiglitz (2003).

Plutôt que de procéder de façon encyclopédique, nous avons opté pour une approche plus parcimonieuse en nous appuyant sur des critères de pertinence et de cohérence. Nous nous sommes constamment demandé : est-ce que ce concept est utile et pertinent pour nos lecteurs ? Si oui, nous le retenions, sinon, nous y renoncions. Chaque chapitre commence donc en mettant l'emphase sur la problématique, son intérêt, de même que sur les principaux concepts clefs qui y seront développés.

Afin de faciliter la compréhension de la conjoncture macroéconomique courante, nous avons retenu le modèle IS-LM-BP qui reste le mieux adapté sur le plan de la prévision économique à court terme. Cette façon de faire, développée par Mundell (prix Nobel d'économie) et Flemming, tient compte de la particularité de l'économie canadienne que l'on doit considérer comme étant une petite économie très ouverte sur le monde extérieur. Par expérience, il nous est également apparu que cette approche était bien reçue chez les étudiants et qu'elle favorisait un exposé clair, cohérent et continu du discours lors du passage du court au long terme. Le chapitre sur la croissance économique intègre les réflexions les plus modernes sur le long terme ainsi que sur les nouveaux modèles de la croissance économique endogène qui mettent l'accent sur les fondements microéconomiques de la macroéconomie et qui se différencient sensiblement des modèles plus anciens de la croissance économique exogène.

Brièvement, chacune des trois parties du volume peut être décrite de la façon suivante :

La microéconomie du travail

La microéconomie du travail s'intéresse à la formation de l'emploi et des salaires dans une économie de marché. Il y est question, entre autres, de l'offre et de la demande sur le marché du travail, de la théorie de la détermination de l'emploi, des incitations au travail et à l'effort, des imperfections de marché et de leurs répercussions sur les salaires, l'emploi et la mobilité de la main-d'œuvre ainsi que des théories du salaire, du syndicalisme et de la négociation collective.

La macroéconomie

La macroéconomie est l'étude des grands agrégats macroéconomiques tels le PIB, l'emploi, le chômage, l'inflation… et de leurs interrelations. Cette composante de notre ouvrage a pour objectif de permettre au lecteur de développer des habiletés de lecture et d'évaluation de la conjoncture économique courante, d'analyser les répercussions des politiques macroéconomiques de l'État sur les marchés du travail et, notamment, d'anticiper l'évolution de l'emploi et des salaires à court, moyen et long terme.

Les politiques de l'État

L'étude économique des politiques de l'État en rapport avec le marché du travail se concentre tout d'abord sur la recherche d'une définition des concepts du bien commun, de l'efficacité, de l'équité et de la justice sociale, de même que sur l'analyse des institutions (marchés, syndicats, programmes gouvernementaux ou réglementations) qui peuvent faciliter leur réalisation ou, au contraire, lui nuire. Nous y exposons la théorie de l'optimum de Pareto sur l'efficacité et le bien commun, ainsi que celles de Rawls et Nozick sur l'équité et la justice sociale. Nous y discutons du rôle du marché dans l'atteinte de ces objectifs, des défaillances du marché, du rôle de l'État, et des défaillances de ce dernier ou de ses institutions. Le tout se termine par l'étude de l'efficacité des décisions gouvernementales et de leur incidence sur l'équité et la justice sociale en matière d'emploi et de répartition du revenu.

* * *

Je remercie sincèrement toutes les personnes qui ont contribué de près ou de loin à la réalisation de cet ouvrage : Émile Allie, Brahim Boudarbat, Jac-André Boulet, Normand Poulet, ainsi que deux lecteurs anonymes. Leurs commentaires ont été hautement appréciés. Je tiens à souligner l'intérêt et l'encouragement que m'a donnés mon directeur de département, le professeur Reynald Bourque. Je tiens aussi tout spécialement à souligner la collaboration, la confiance et le soutien que m'a procurés Florence Noyer, éditrice aux Presses de l'Université de Montréal. Finalement, je désirerais remercier mon fils Alexandre et mon épouse Sylvie à qui je dédie ce livre.

Bonne lecture !

PARTIE 1

Aspects microéconomiques

1

MARCHÉS DU TRAVAIL ET SALAIRES : UNE VUE D'ENSEMBLE

L'étude du fonctionnement des marchés du travail revêt une grande importance aussi bien en économie qu'en relations industrielles parce que le marché du travail constitue la norme ou la référence sur laquelle s'appuient de nombreux employeurs et travailleurs pour fixer les salaires et les autres conditions de travail. En effet, en pratique, il est coutume de s'en remettre à un échantillon d'emplois ou d'employés comparables sur le même marché du travail pour discuter de la détermination des salaires dans l'entreprise.

Un marché du travail se définit par une offre de travail, une demande de travail et un point de rencontre entre l'offre et la demande qui détermine l'emploi et le salaire d'équilibre. Dans la première section de ce chapitre, nous verrons comment ces notions peuvent nous aider à comprendre la formation des salaires et de l'emploi dans une économie de marché. Dans la deuxième section, nous aborderons l'étude de la variation des salaires et de l'emploi à travers le temps. Dans la troisième section, nous étudierons le rôle des salaires dans l'allocation et la ré-allocation des ressources humaines selon leurs différents usages possibles. Dans la quatrième section, nous nous intéresserons à deux études de cas relatives à l'évolution des inégalités de salaire et de revenus aux États-Unis et au Québec. Globalement, nous serons en mesure de constater que des marchés du travail en concurrence ont pour rôle et pour effet de fixer les salaires, de déterminer l'emploi, de signaler les pénuries et les surplus de main-d'œuvre de même que d'orienter et de réorienter la main-d'œuvre là où elle est à la fois la plus productive et la plus utile.

Pour comprendre comment le marché du travail fixe les salaires et les autres conditions de travail, il faut commencer par définir ce que l'on entend exactement par l'offre et la demande sur le marché du travail.

L'offre de travail

L'offre de travail peut être représentée par une fonction qui indique combien de personnes désireraient travailler pour différents taux de salaire qui prévaudraient sur le marché du travail. C'est une fonction à pente positive qui relie dans un rapport direct les salaires et les quantités offertes de travail : plus le salaire est élevé et plus il y a de gens qui se présentent sur le marché du travail. Inversement, plus le salaire est bas et moins il y a de gens qui se présentent sur ce même marché. La courbe O_T qui apparaît à la figure 1.1 est une courbe d'offre de travail.

FIGURE 1.1

L'offre de travail

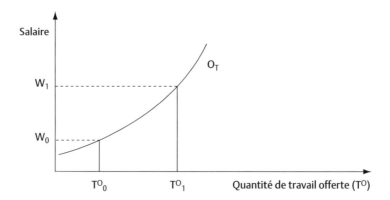

Le salaire est indiqué en ordonnée. Les quantités offertes de travail, c'est-à-dire le nombre de personnes qui offrent leurs services de travail sur ce marché, est indiqué en abscisse. La lecture de ce graphique se fait de l'ordonnée vers l'abscisse. Au salaire élevé W_1 sur l'ordonnée correspond la quantité offerte de travail T^O_1 sur l'abscisse. Au salaire W_0 plus bas correspond également une quantité de travail offerte T^O_0 plus basse.

Un tableau peut aussi bien illustrer ce type de fonction. C'est le cas du tableau 1.1. On y observe qu'à un salaire de 20 $ de l'heure, il se présenterait 10 000 personnes sur le marché, qu'à 21 $ de l'heure, il s'en présenterait 11 000, qu'à 22 $ de l'heure, il s'en présenterait 12 000 et ainsi de suite jusqu'à 15 000 personnes pour un salaire de 25 $ de l'heure. De la même façon que pour la figure 1.1, la quantité de travail offerte augmente avec le taux de salaire horaire. Ceci pourrait être, par exemple, l'offre de travail de secrétaires ou de commis de bureau dans une ville ou dans une région particulière.

TABLEAU 1.1

Exemple de fonction d'offre de travail

Taux de salaire horaire	Nombre d'offreurs de travail
20 $	10 000
21 $	11 000
22 $	12 000
23 $	13 000
24 $	14 000
25 $	15 000

La demande de travail

La demande de travail (D_T) est celle des employeurs qui demandent des services de travail. Tel qu'il est indiqué à la figure 1.2, elle est généralement représentée par une fonction à pente négative : au salaire W_0, les employeurs souhaiteraient embaucher beaucoup de main-d'œuvre (T^D_0) tandis qu'au salaire plus élevé W_1, leur quantité de travail demandée est sensiblement réduite (T^D_1). La demande de travail est donc une fonction à pente négative qui relie dans un rapport inverse le salaire et les quantités de travail demandées par les employeurs.

FIGURE 1.2

La demande de travail

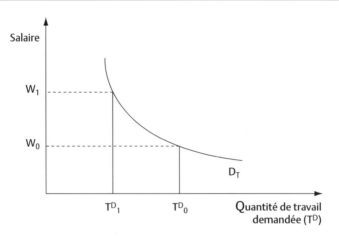

À cette étape, un tableau peut tout aussi bien nous aider pour représenter ce même concept. Le tableau 1.2 donne, à titre d'exemple, les quantités de travail demandées par les employeurs pour différents taux de salaires qui seraient pratiqués sur le marché.

TABLEAU 1.2

Exemple de demande de travail

Taux de salaire horaire	Quantité de travail demandée
20 $	16 000
21 $	15 000
22 $	14 000
23 $	13 000
24 $	12 000
25 $	11 000

On y observe bien que la quantité de travail demandée par les employeurs diminue avec le salaire. À 20 $ de l'heure, la quantité de travail demandée est de 16 000 ; à 25 $ de l'heure, elle n'est plus que de 11 000.

L'équilibre sur les marchés du travail

L'analyse des tableaux précédents nous permet de conclure qu'il s'établit un équilibre au taux de salaire de 23 $ de l'heure puisqu'à ce taux nous pouvons observer que les quantités de travail demandées sont exactement égales aux quantités de travail offertes (13 000). Partout ailleurs, c'est-à-dire à tout autre taux de salaire horaire, il y a des différences entre les quantités de travail offertes par les travailleurs et les quantités de travail demandées par les employeurs. Dans la figure 1.3, nous pouvons aussi observer qu'au point de rencontre « r » entre l'offre et la demande de travail se déterminent le salaire et l'emploi d'équilibre W_e, T_e.

FIGURE 1.3

L'équilibre sur le marché du travail

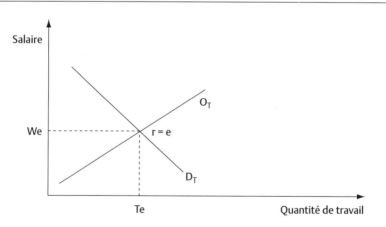

Si, par ailleurs, et tel qu'il est indiqué dans la figure 1.4a, le salaire était de W_1 supérieur au salaire d'équilibre W_e, les quantités de travail offertes seraient de T^O_1 supérieures aux quantités demandées T^D_1 et il y aurait déséquilibre entre l'offre et la demande. À l'opposé, si le salaire était inférieur au salaire d'équilibre, comme c'est le cas dans la figure 1.4b, ce serait cette fois les quantités de travail demandées T^D_0 qui seraient supérieures aux quantités de travail offertes T^O_0. En fait, il n'y a que le salaire W_e correspondant au point de rencontre entre l'offre et la demande de travail qui est en mesure de réconcilier l'offre et la demande sur le marché du travail.

FIGURE 1.4a

Offre de travail excédentaire

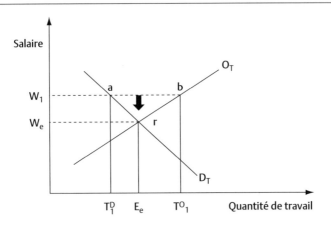

FIGURE 1.4b

Demande de travail excédentaire

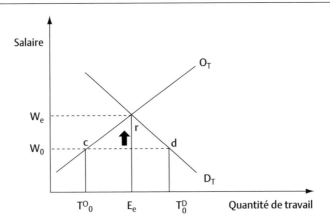

Quand les salaires sont au-dessus de l'équilibre comme c'est le cas du salaire W_1 dans la figure 1.4a, on dit qu'il y a offre de travail excédentaire « ab » et qu'il s'exerce des pressions à la baisse ($\downarrow$) sur les salaires. En revanche, lorsque les salaires sont en dessous de l'équilibre, on dit plutôt qu'il y a pénurie de main-d'œuvre ou demande de travail excédentaire « cd » et qu'il s'exerce une pression à la hausse ($\uparrow$) sur les salaires (figure 1.4b). Au total, nous pouvons en conclure que les pressions qui s'exercent sur les salaires tendent constamment à ramener la rémunération du travail vers le salaire d'équilibre W_e.

Les écarts de salaires

La position relative de l'offre par rapport à la demande permet, pour sa part, d'expliquer une grande partie des différences de salaires entre les individus, les occupations, les industries et les régions. Différents cas peuvent se présenter selon que l'offre est abondante ou non sur le marché du travail. Lorsque l'offre de travail est abondante par rapport à la demande de travail, les salaires sont bas. Lorsque c'est le contraire qui se produit, c'est-à-dire lorsque l'offre est rare ou limitée, les salaires sont élevés. C'est ce que représentent les deux situations d'offre de travail O_T et O'_T sur la figure 1.5a. Lorsque l'offre de travail est restreinte ou limitée en O'_T, les salaires W^h sont élevés. Lorsque l'offre de travail est O_T plus abondante, les salaires W_b sont bas.

Par ailleurs et du côté de la demande de travail cette fois, nous trouvons également deux situations possibles dans la figure 1.5b, soit une situation où la demande de travail D_T est faible par rapport à l'offre de travail, ce qui engendre des salaires W_b faibles, soit une situation où la demande est élevée ou forte D'_T, ce qui engendre des salaires élevés W^h.

Il peut parfois paraître difficile de dire si la cause d'un bas ou d'un haut salaire est unique lorsque les deux facteurs opèrent de façon concomitante : les salaires de la main-d'œuvre peu qualifiée peuvent être bas parce que l'offre de travail est abondante en même temps que la demande de travail est faible.

Les facteurs les plus importants qui affectent l'offre et la demande de travail sont le degré de qualification pour l'offre et la productivité du travail pour la demande. Les travailleurs qui ont moins de qualifications sont en

FIGURE 1.5a

Salaire et offre de travail

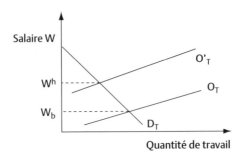

FIGURE 1.5b

Salaire et demande de travail

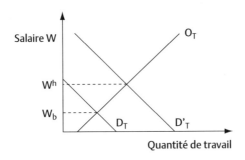

général plus nombreux et moins bien payés tandis que les travailleurs plus qualifiés sont moins nombreux et mieux rémunérés. Les principaux facteurs qui affectent la productivité du travail et donc la demande de travail sont l'intensité capitalistique de l'activité de production d'une part et le degré de raffinement des technologies de production d'autre part. Les activités où le ratio du capital sur le travail est très grand comme dans l'industrie de l'aluminerie par exemple sont plus payantes que les industries du textile où ce ratio est plus faible. Dans les industries pharmaceutiques où les dépenses de recherche et développement (R et D) sont élevées, où la valeur ajoutée des produits est élevée et combinée avec des techniques de production hautement sophistiquées, les salaires ont aussi tendance à être plus élevés.

La variation des salaires et de l'emploi

Il n'y a pas que la position relative de l'offre et de la demande de travail qui peut influencer les salaires et l'emploi, il y a aussi les déplacements de l'une ou l'autre de ces fonctions que l'on appelle également les chocs de l'offre ou de la demande de travail. Si la demande de travail augmente par rapport à l'offre, on peut prévoir, par exemple, que le salaire et l'emploi augmenteront. Si la demande de travail diminue, on peut prévoir que le salaire diminuera et que l'emploi en fera de même. C'est ce qu'illustrent les figures 1.6a et 1.6b.

FIGURE 1.6a

Augmentation de la demande de travail

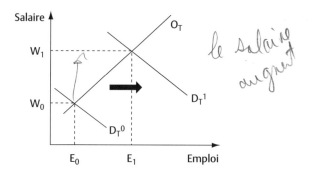

FIGURE 1.6b

Diminution de la demande de travail

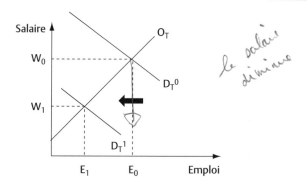

On remarquera, à la figure 1.6a, qu'une augmentation de la demande de travail se caractérise par un déplacement vers la droite de la courbe de demande de travail de D_T^0 vers D_T^1, tandis qu'une diminution de la demande de travail se caractérise par un déplacement vers la gauche de D_T^0 vers D_T^1 dans la figure 1.6b. Une augmentation de la demande de travail se traduit par une augmentation simultanée de l'emploi (E_0 à E_1 dans la figure 1.6a) et du salaire (W_0 à W_1 dans la même figure), tandis qu'une diminution de la demande de travail se traduit par une baisse simultanée de l'emploi et du salaire (figure 1.6b).

Une augmentation de l'offre de travail se traduit, quant à elle, par un déplacement vers la droite de la courbe d'offre de travail. Dans la figure 1.6c, nous pouvons observer que l'augmentation de l'offre de travail de O_T^0 à O_T^1 a pour effet d'augmenter l'emploi de E_0 à E_1 mais de diminuer le salaire de W_0 à W_1. Une réduction de l'offre de travail aura l'effet contraire. Dans la figure 1.6d, l'offre de travail se déplace vers la gauche de O_T^0 à O_T^1. L'emploi diminue de E_0 à E_1 tandis que le salaire augmente de W_0 à W_1.

FIGURE 1.6C

Augmentation de l'offre de travail

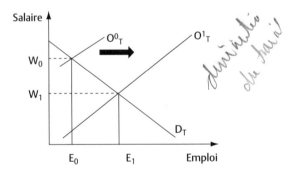

Les principaux facteurs qui affectent les déplacements de l'offre de travail sont les phénomènes démographiques comme le vieillissement de la main-d'œuvre (réduction de l'offre), les naissances, l'immigration (augmentation de l'offre) ou encore les choix de carrière. Les professions où l'offre dépasse la demande voient leur rémunération perdre du terrain

FIGURE 1.6d

Diminution de l'offre de travail

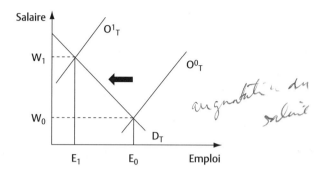

tandis que les professions où la demande dépasse l'offre voient leur rémunération en gagner.

Le principal facteur qui affecte les déplacements de la demande de travail est la demande pour le produit. En effet, la demande de travail est une demande dérivée de la demande pour les biens et les services. Si la demande pour les services de rénovation résidentielle augmente, la demande de travail pour les ouvriers de la rénovation augmentera et il est à prévoir qu'il s'exercera des pressions à la hausse sur le salaire de ces travailleurs.

Au total, nous avons vu que le marché du travail sert à déterminer les salaires et l'emploi, qu'il contribue à expliquer une partie des différences de salaires entre les individus, de même qu'il peut servir à des fins de planification pour les entreprises et les gouvernements, en permettant d'anticiper le comportement des salaires et de l'emploi à la suite d'éléments-chocs qui affectent l'offre ou la demande de travail. Dans la section qui suit, nous examinerons un autre rôle du marché du travail.

L'allocation et la ré-allocation des ressources humaines

Notre étude de l'allocation et de la ré-allocation des ressources humaines se fera en deux temps. Dans un premier temps, nous considérerons une situation où le salaire est différent sur deux marchés du travail distincts et où il n'y a pas de coûts pour passer d'un marché à l'autre. Cela nous permettra de voir comment la main-d'œuvre a tendance à se déplacer du marché où les emplois sont les moins payants vers le marché où les emplois sont les plus payants. Dans un second temps, nous considérerons un cas où les salaires sont égaux sur les deux marchés au point de départ, puis nous introduirons des éléments-chocs de la demande de travail qui nous permettront d'observer le phénomène de la ré-allocation de la main-d'œuvre à partir des marchés où la demande de travail a diminué vers les marchés où la demande de travail a augmenté.

Considérons donc une situation de départ où l'offre de travail O_T^0 est plus abondante sur le marché du travail A que sur le marché du travail B (figures 1.7a et 1.7b) La main-d'œuvre est homogène sur les deux marchés, il n'y a pas de barrière à la mobilité de la main-d'œuvre et seule l'abondance relative de travailleurs fait en sorte que le salaire est plus bas sur le marché A que sur le marché B.

FIGURE 1.7a

Marché du travail A

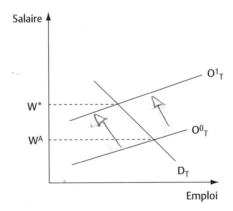

Si les travailleurs du marché A apprennent que les salaires sont meilleurs sur le marché B et si une partie de cette main-d'œuvre est mobile (disons que les marchés A et B sont deux régions à proximité l'une de l'autre), la main-d'œuvre va alors se déplacer du marché A vers le marché B, l'offre de

FIGURE 1.7b

Marché du travail B

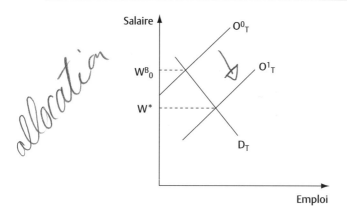

travail va se contracter, c'est-à-dire se déplacer de O^0_T à O^1_T sur le marché A, tandis qu'elle va augmenter, c'est-à-dire se déplacer de O^0_T vers O^1_T sur le marché B. Les résultats de ces déplacements seront une montée du salaire sur le marché A accompagnée d'une baisse sur le marché B, jusqu'à ce que les salaires soient égaux en W^* sur les deux marchés. Le marché ou plutôt l'interaction des marchés du travail aura pour effet de rapprocher les salaires pour une main-d'œuvre homogène et d'orienter la main-d'œuvre là où les conditions de travail étaient les meilleures.

Si la demande et la productivité du travail étaient plus élevées sur le marché B, le salaire y serait également plus élevé au point de départ et l'interaction entre les marchés du travail aurait pour effet d'orienter la main-d'œuvre là où elle est la plus productive et la mieux rémunérée. À titre d'exemple, une main-d'œuvre agricole peut être plus productive sur un marché du travail parce que les terres sur lesquelles elle travaille sont de meilleure qualité.

Dans la deuxième situation envisagée, nous considérerons deux marchés du travail homogènes où les salaires W^* sont égaux au point de départ (figures 1.8a et 1.8b).

FIGURE 1.8a

Marché A

Néoclasatia

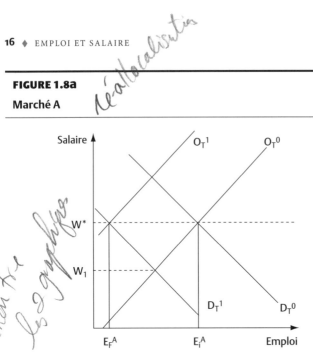

Connaître les 2 graphique

FIGURE 1.8b

Marché B

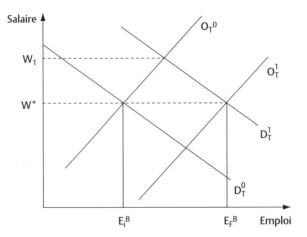

Si, pour une raison ou une autre, la demande de travail augmente sur le marché B tandis qu'elle diminue sur le marché A, nous assisterons alors aux ajustements suivants :

1. La demande de travail diminuera de D_T^0 à D_T^1 sur le marché A et elle augmentera de D_T^0 à D_T^1 sur le marché B.

2. Le salaire augmentera de W^* à W^1 sur le marché B. Il diminuera de W^* à W^1 sur le marché A.

3. Attirée par des salaires plus élevés sur le marché B comparativement au marché A, l'offre de travail augmentera sur le marché B tandis qu'elle diminuera sur le marché A, jusqu'à ce que le salaire soit à nouveau égal à W^* sur les deux marchés.

4. L'emploi E_F^B est maintenant plus élevé là où la demande de travail a augmenté et E_F^A plus bas, là où elle a baissé.

Au total, les marchés du travail auront ré-alloué les ressources humaines là où les besoins étaient prioritaires. En effet, si on admet que la demande de travail est une demande dérivée de la demande pour les biens et les services, et si on suppose que les déplacements de la demande sur les marchés A (automobiles à grande consommation d'essence) et B (automobiles à faible consommation d'essence) reflètent les déplacements de la demande pour ces biens et services, alors nous sommes en mesure de démontrer que la main-d'œuvre s'est déplacée du secteur d'activité où les besoins étaient moins prioritaires vers le secteur d'activité où les besoins étaient les plus prioritaires. En fin de parcours, le niveau d'emploi est effectivement plus élevé dans le secteur prioritaire B (E_F^B) et moins élevé dans le secteur moins prioritaire A (E_F^A).

S'il y a des coûts pour passer d'un marché à l'autre comme des coûts de déménagement entre Montréal et Sept-Îles, alors les marchés n'atteindront pas les niveaux d'équilibre prévus puisque moins de personnes se déplaceront entre les marchés. Il va subsister un écart salarial entre les marchés qui est proportionnel aux coûts de déplacement entre les marchés.

En résumé, nous pouvons dire que les marchés du travail jouent différents rôles dans notre société. En effet, ils fixent tout d'abord les salaires et les conditions de travail de plusieurs travailleurs dans l'économie. Les variations de salaires signalent, quant à elles, les pénuries et les surplus de main-d'œuvre sur chacun des différents marchés et les différences de salaire contribuent à orienter et à réorienter la main-d'œuvre là où elle est la plus en demande et la plus productive. C'est pourquoi nous pouvons dire que les marchés du travail contribuent, sous certaines conditions (concurrence, information adéquate et faibles coûts de déplacement), à fixer les salaires, à signaler les pénuries et les surplus de main-d'œuvre de même qu'à orienter et à réorienter les ressources humaines là où elles sont les plus productives et les plus en demande.

Études de cas

Dans ce qui suit, nous procéderons à deux études de cas sur les rapports entre les inégalités du revenu et les marchés du travail, aux États-Unis en premier lieu puis au Québec en second lieu. Nous y discuterons également de la mesure de l'inégalité des revenus et du rôle des politiques d'imposition du revenu et des transferts gouvernementaux sur l'inégalité observée.

Cas n° 1 : L'évolution des inégalités de salaires aux États-Unis

Au cours des années 1980, et plus encore dans les années 1990, on a pu constater un accroissement marqué des inégalités de salaires et de revenus aux États-Unis. Cela s'est produit en même temps que l'on assistait à une certaine montée de la libéralisation des échanges commerciaux ainsi qu'à l'implantation des nouvelles technologies de l'information et des communications (NTIC).

Le lien entre ces diverses tendances peut être étudié à l'aide de l'offre et de la demande de travail pour autant que l'on divise les marchés du travail en deux groupes distincts. Soit le marché du travail A (voir figure 1.9a) qui représente celui de la main-d'œuvre peu qualifiée (MPQ) disposant d'un diplôme secondaire ou moins et le marché du travail B (voir figure 1.9b) qui représente la main-d'œuvre hautement qualifiée (MHQ) disposant d'un diplôme post-secondaire et, préférablement, universitaire.

Sur le marché A, nous trouvons, tout d'abord, un salaire w^A_0 inférieur au salaire w^B_0 versé sur le marché B. L'inégalité des salaires peut être mesurée par l'écart entre w^B_0 et w^A_0 soit : $w^B_0 - w^A_0$.

Si on suppose, d'une part, que la libéralisation des échanges a favorisé la délocalisation des entreprises américaines vers les pays où la main-d'œuvre peu qualifiée est abondante et à bon marché tels le Mexique, la

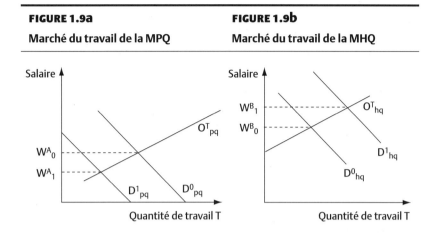

FIGURE 1.9a

Marché du travail de la MPQ

FIGURE 1.9b

Marché du travail de la MHQ

Chine, la Corée, les Philippines, etc., cela signifie que la demande de travail pour la main-d'œuvre à bas salaire a diminué de D^0_{pq} à D^1_{pq} de façon importante aux États-Unis pour augmenter dans ces autres pays.

Si on suppose, d'autre part, que le développement et l'expansion des nouvelles technologies implantées aux États-Unis sont allés de pair avec une main-d'œuvre hautement qualifiée, il s'ensuit que la demande pour ce type de main-d'œuvre aura augmenté de D^0_{hq} à D^1_{hq} dans ce pays.

La baisse de la demande de travail de D^0_{pq} à D^1_{pq} pour la MPQ aurait dû entraîner une baisse de salaire de w^A_0 à w^A_1 sur le marché A tandis que la hausse de la demande de travail de D^0_{hq} à D^1_{hq} pour la MHQ aurait dû engendrer une forte progression de leur salaire de w^B_0 à w^B_1 sur le marché B. Dans les faits, c'est exactement ce qui s'est produit : au cours des années 1980 aux États-Unis, le salaire réel des travailleurs à plus faible salaire a baissé de 10 % tandis que celui des travailleurs à plus haut revenu a augmenté de plus de 20 %.

Cas n° 2 : Les inégalités de revenu au Québec

Si les mêmes causes engendrent les mêmes effets, on devrait s'attendre à ce que les inégalités de revenu augmentent également au Québec, car le Québec a connu un accroissement de ses échanges avec les autres pays de même qu'un développement des nouvelles technologies de l'information et des communications. Les figures 1.9a et 1.9b devraient donc aussi bien s'appliquer au Québec qu'aux États-Unis. Et, puisque les écarts de salaires qui étaient de $w^B_0 - w^A_0$ au point de départ devraient être maintenant de $(w^B_1 - w^A_1) > (w^B_0 - w^A_0)$, les écarts de revenus entre les plus riches et les plus pauvres devraient aussi avoir augmenté puisque les salaires constituent la majeure partie des revenus des individus et des familles. Pour apprécier l'évolution des inégalités de revenu au Québec, nous nous en référerons à la courbe de Lorenz puis au coefficient de Gini.

La courbe de Lorenz

Le cadre de référence à partir duquel se définit la courbe de Lorenz est un carré parfait dont la base est divisée en parties égales et dont l'ordonnée indique les pourcentages de revenu cumulatifs touchés par chaque tranche de population figurant en abscisse. La diagonale qui sépare le carré de la figure 1.10 en parties égales reflète une répartition parfaitement égalitaire des revenus. En effet, si tout le monde gagnait le même revenu, chaque pourcentage de la population toucherait une part identique du revenu total et la répartition du revenu se situerait sur cette diagonale : le premier 10 % de la population toucherait 10 % du revenu, le 10 % suivant également, et ainsi de suite jusqu'à 100 % du revenu total de la population.

Les inégalités apparaissent à partir du moment où le premier 10 % de la population touche une part du revenu total inférieure à sa représentation dans la population, alors que les tranches de revenu supérieures touchent des parts plus que proportionnelles du revenu total. La division de la population par tranches de 10 % s'appelle décile, la division de cette même population par tranches de 20 % s'appelle quintile. La population de référence peut être celle a) des personnes seules, b) des familles, ou encore c) de l'ensemble des unités.

Dans l'exemple du tableau 1.3, nous observons que le premier 20 % des familles les plus pauvres touche à peine 5 % du revenu total, que le second 20 % des familles parmi les moins riches touche 13 % des revenus et donc que 40 % des familles les moins riches touchent 18 % seulement du revenu total, et ainsi de suite jusqu'au 20 % des familles les plus riches qui profitent, à elles seules, de 40 % des revenus totaux. Cet exemple est celui du Québec pour l'année 2000.

FIGURE 1.10

Courbe de Lorenz

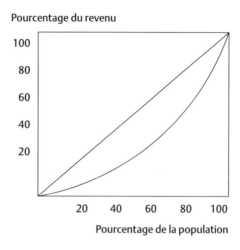

TABLEAU 1.3

Répartition du revenu disponible (après impôt) des unités familiales

	1er quintile	2e quintile	3e quintile	4e quintile	5e quintile
% du revenu	5 %	13 %	18 %	24 %	40 %
Cumul des quintiles	5 %	18 %	36 %	60 %	100 %

Source : Institut de la statistique du Québec, <www.stat.gouv.qc.ca>.

La courbe de Lorenz donne donc le pourcentage du revenu touché par la population au fur et à mesure que nous progressons vers les tranches de revenus supérieurs. Comme les premières tranches de la population touchent des pourcentages de revenu inférieurs à leur propre poids démographique, les diverses combinaisons de revenu et de population tracent une courbe convexe et inférieure à la diagonale jusqu'à ce qu'on atteigne 100 % de la population. À 100 % de la population, la courbe de Lorenz rencontre la diagonale puisqu'il faut bien que 100 % de la population touche 100 % du revenu.

L'espace entre la diagonale et la courbe de Lorenz définit l'ampleur des inégalités. À un extrême, si la courbe de Lorenz se confondait avec la diagonale, les inégalités seraient nulles, l'espace entre ces deux courbes serait inexistant et la répartition du revenu serait parfaitement égale. À l'autre extrême, de fortes inégalités signifieraient des pourcentages de revenu touchés par les classes de revenu inférieur de plus en plus bas et donc de plus en plus éloigné de la diagonale.

Le coefficient de Gini

Alors que la courbe de Lorenz nous fournit une image de l'ampleur des inégalités de revenu, le coefficient de Gini en donne la mesure. Le coefficient de Gini se définit par le ratio de la surface comprise entre la diagonale et la courbe de Lorenz d'une part, et la surface totale comprise sous cette diagonale d'autre part. Si un ratio était égal à 1, cela signifierait qu'un seul individu dispose de 100 % du revenu. Si, au contraire, ce ratio était nul, cela signifierait que les inégalités sont inexistantes et que les revenus sont parfaitement égaux : tous les habitants du même territoire gagneraient le même revenu.

Le coefficient de Gini a tendance à varier dans le temps, c'est-à-dire d'une année ou d'une période à une autre et à différer d'une région ou encore d'un pays à un autre. Par exemple, en 1992 aux États-Unis, la valeur du coefficient de Gini était de 0,403 pour les familles américaines (U.S. Bureau of the Census, 2000). Au Québec pour la même année, elle était de 0,321 pour l'ensemble des familles québécoises (Institut de la statistique du Québec, 2005).

À travers le temps, pour un même pays, la valeur du coefficient de Gini peut également évoluer. Si la valeur du coefficient de Gini diminue, on dira que les inégalités diminuent. Si sa valeur augmente, on dira que les inégalités augmentent.

Toutefois, il est à noter qu'inégalité ne signifie pas automatiquement et irrévocablement iniquité. Si, par exemple, une personne travaille un plus grand nombre d'heures qu'une autre ou occupe un emploi qui requiert de plus grandes exigences en termes de scolarité, de responsabilités, de tensions psychologiques ou de stress physique qu'une autre, elle doit, en toute équité, gagner un salaire plus élevé, toutes choses égales d'ailleurs. Verser un salaire égal serait une mesure égalitaire mais inéquitable.

Dans le tableau 1.4, nous trouvons trois informations différentes se rapportant à trois mesures d'inégalités distinctes sur la période 1986 à 1995 pour le Québec. Le premier de ces concepts se rapporte au revenu privé, c'est-à-dire à l'ensemble des revenus que touche une personne ou une famille par son travail (salaire), son capital financier (intérêts, revenus de placements, loyers, etc.) ou ses revenus d'entreprise. Le deuxième concept se rapporte au revenu total, c'est-à-dire à celui qui incorpore les paiements de transfert en provenance des gouvernements : assurance-emploi, aide sociale, pensions de vieillesse, sécurité du revenu, bourses d'études, prestations familiales pour enfants, etc. La dernière colonne du tableau 1.4 rapporte le coefficient de Gini pour le revenu disponible, c'est-à-dire le revenu total duquel on a retranché les impôts. La période choisie est celle des années 1986 à 1995 parce que c'est le plus loin que nous puissions remonter dans le temps à partir des données compilées par l'Institut de la statistique du Québec. Par ailleurs, et bien que ces compilations soient effectuées jusqu'à l'an 2000, il importe de noter qu'en 1996, il y a eu un changement dans les enquêtes de Statistique Canada qui ont permis d'établir ces compilations. Les différences de méthodologie et d'échantillonnage ont fait en sorte que les informations ne sont plus directement comparables à partir de cette date.

Les principaux constats

Les principaux constats que l'on peut dresser sur la base de ces trois informations sont d'abord que, tel qu'il est prévu par le modèle de l'offre et de la demande (figures 1.9a et 1.9b), les inégalités ont eu tendance à s'accroître dans le domaine privé. Les données du tableau 1.4 indiquent à cet effet que la valeur du coefficient de Gini pour les revenus privés est passée de 0,476 en 1986 à 0,508 en 1995 (1re colonne), soit une augmentation de 6,7 % au cours de cette période. Par ailleurs, nous pouvons constater que les paiements de transfert contribuent en partie à réduire les inégalités. Quelle que soit l'année observée, le coefficient de Gini observé dans la colonne du revenu total (2e colonne) est toujours plus bas que celui observé dans la colonne du revenu privé (1ʳᵉ colonne). Les paiements de transfert qui accordent des revenus additionnels aux chômeurs, aux bénéficiaires de l'aide sociale, aux personnes âgées et aux étudiants, contribuent donc à atténuer les différences de revenus et de consommation entre les individus de même qu'entre les familles québécoises. Par contre, il apparaît que ces mêmes paiements de transfert ont été insuffisants à renverser la tendance à l'accroissement des inégalités. Les valeurs du coefficient de Gini pour le revenu total sont passées de 0,384 en 1986 à 0,395 en 1995. Il s'agit là d'une augmentation de 2,8 %.

TABLEAU 1.4

Coefficient de Gini calculé selon différents concepts de revenus, Québec, 1986-1995

Ensemble des unités	Revenu privé	Revenu total	Revenu disponible
1986	0,476	0,384	0,352
1987	0,479	0,386	0,350
1988	0,486	0,389	0,348
1989	0,465	0,373	0,335
1990	0,490	0,390	0,349
1991	0,498	0,389	0,349
1992	0,495	0,381	0,340
1993	0,499	0,382	0,340
1994	0,508	0,390	0,344
1995	0,508	0,395	0,350

Source : Institut de la statistique du Québec, <www.stat.gouv.qc.ca>.

Finalement, la dernière colonne du tableau 1.4 nous apprend que les impôts sur le revenu jouent un rôle additionnel important en abaissant davantage la valeur du coefficient de Gini. Celui-ci est effectivement à son plus bas dans la dernière colonne de ce tableau comparativement aux colonnes qui la précèdent. De fait, nous pouvons constater que les disparités de revenu sont demeurées pratiquement les mêmes entre 1986 et 1995 et donc que les impôts, conjugués aux paiements de transfert des gouvernements, ont neutralisé la tendance à l'accroissement des inégalités de revenu au Québec au cours de cette période.

2

LA DEMANDE DE TRAVAIL ET LA FORMATION DE L'EMPLOI

L'étude de la demande de travail s'avère fondamentale pour comprendre la formation et l'évolution de l'emploi dans une entreprise. Cette étude s'appuie pour l'essentiel sur la théorie de la production. La théorie de la production soulève deux grands types de problèmes. Le premier de ces problèmes consiste à déterminer comment tirer le meilleur parti possible des ressources humaines et physiques pour produire au moindre coût et éviter le gaspillage. Le second problème consiste à trouver les meilleures façons de s'adapter aux différents chocs causés soit par les goûts continuellement changeants des consommateurs, soit par les nouvelles technologies plus performantes, soit par la concurrence étrangère ou encore par les politiques gouvernementales qui affectent continuellement l'environnement de l'entreprise. Les décisions prises par les entrepreneurs, le personnel de direction et la direction du personnel jouent à ces égards un rôle fondamental.

Produire au moindre coût

La théorie de la production repose sur les trois éléments suivants : 1- les contraintes techniques reliées aux diverses façons de produire ; 2- les contraintes économiques reliées au coût des facteurs de production ; et 3- le choix et la détermination de l'emploi et de l'équipement de production.

Les contraintes techniques

Les contraintes techniques portent sur les différentes manières de combiner le capital (l'outil) et le travail pour en arriver à différents niveaux de production. Quel que soit le bien ou le service considéré, il faut se renseigner sur les diverses façons de le produire. Par exemple, un entrepreneur qui voudrait se lancer dans la production de parapluies aurait avantage à consulter un ingénieur pour lui transmettre ses intentions de production. L'ingénieur pourrait lui demander tout d'abord de lui indiquer un ordre de grandeur quant à la quantité de parapluies qu'il voudrait produire, puis il confronterait cette information aux données présentées dans le tableau 2.1.

TABLEAU 2.1

Données techniques pour la production de parapluies (en milliers)

Capital										
8	19	34	36	42	46	49	53	60	64	66
7	16	27	35	40	45	48	52	55	62	64
6	15	23	34	38	42	46	50	54	60	62
5	10	19	27	34	40	45	49	52	54	55
4	8	15	23	27	34	40	42	46	49	52
3	6	10	19	24	27	34	40	41	45	47
2	4	8	10	19	23	26	29	34	40	44
1	2	4	6	8	10	19	23	27	31	32
0	1	2	3	4	5	6	7	8	9	10
										Travail

Les informations techniques contenues dans le tableau 2.1 nous renseignent sur la production associée à diverses combinaisons de travail et de capital. En abscisse, nous nous référons au facteur travail, c'est-à-dire le nombre de travailleurs qui varie ici de 1 à 10. En ordonnée, nous nous référons au facteur capital, c'est-à-dire le nombre de machines qui varie ici de 1 à 8. Comme nous pouvons le constater, une même machine peut permettre différents niveaux de production selon qu'elle est manœuvrée par un seul travailleur ou par un travailleur accompagné d'assistants ou, encore, si elle est en activité 24 heures par jour, à raison de trois quarts de travail distincts, requérant le relais de différentes équipes à chaque quart.

Selon les données du tableau 2.1, la combinaison d'une machine avec un employé mènerait à la fabrication de 2 000 parapluies par année. Avec deux employés et la même machine, il s'en fabriquerait 4 000, l'un des employés pouvant par exemple servir d'assistant à l'autre ou l'un pouvant travailler le soir alors que l'autre travaillerait le jour, et ainsi de suite jusqu'à 32 000 parapluies avec 1 machine et 10 travailleurs. Pour prendre un dernier exemple, on voit que la combinaison de 7 unités de travail et de 5 unités de capital conduirait à la production de 49 000 parapluies sur une base annuelle.

L'intérêt d'un tel tableau est qu'il informe l'entrepreneur des diverses façons de s'y prendre pour réaliser ses objectifs de production à travers la lecture des différents isoquants. Ces isoquants sont les lieux de combinaisons de travail et de capital qui conduisent au même niveau de production. Pour tracer l'isoquant 19 par exemple, il suffit de joindre les combinaisons de travail et de capital qui donnent le même chiffre de production 19. Dans notre exemple, les combinaisons 1 employé, 8 unités de capital ; 2 employés, 5 unités de capital ; 3 employés, 3 unités de capital et 6 employés, 1 unité de capital donnent toutes une production de 19 000 parapluies par année.

Les isoquants ont diverses propriétés. Premièrement, un isoquant est caractérisé par une pente négative : pour maintenir le même niveau de production, il faut accroître l'usage d'un des facteurs de production si on réduit l'usage d'un autre facteur. La pente d'un isoquant indique exactement par combien d'unités de capital il faut remplacer le travail pour conserver le même niveau de production. Cette pente s'appelle le taux marginal de substitution technique entre les facteurs de production et correspond à la tangente en chaque point d'une courbe d'isoquant.

La deuxième propriété des isoquants est qu'ils sont convexes par rapport à l'origine. Cette propriété signifie qu'il faut de plus en plus de travail pour remplacer la machinerie au fur et à mesure que celle-ci diminue.

La carte des isoquants illustre un ensemble d'isoquants. La figure 2.1a renferme les trois isoquants I_{10}, I_{19} et I_{27} qui font état des combinaisons de travail et de capital qui génèrent respectivement 10 000, 19 000 et 27 0000 parapluies par année. Toute carte d'isoquants comporte deux propriétés. Premièrement, plus l'isoquant est éloigné de l'origine, plus le niveau de production est élevé. La raison en est qu'un isoquant plus éloigné de l'origine reflète un usage plus grand de l'un, de l'autre ou des deux facteurs de production à la fois.

Par exemple et tel qu'il est indiqué à la figure 2.1a, la quantité de capital utilisée en « b » est plus grande qu'en « a » pour une même quantité de travail utilisée T_0 ; la quantité de travail utilisée en « c » est plus grande qu'en « a » pour une même quantité de capital utilisée K_0 et, finalement, les quantités de travail et de capital sont toutes deux plus grandes en « d » qu'en « a » sur l'isoquant I_{19} comparativement à l'isoquant I_{10}.

Deuxièmement, les isoquants ne peuvent se couper. Ils doivent être parallèles ou quasi-parallèles. Autrement, s'ils se coupaient comme indiqué à la figure 2.1b, la même combinaison de travail T_0 et de capital K_0 pourrait engendrer deux niveaux de production différents $I_{10} = 10\,000$ parapluies et $I_{20} = 20\,000$ parapluies en même temps, ce qui est impossible à concevoir si la technologie utilisée est la même.

FIGURE 2.1a

Bonne carte d'isoquants

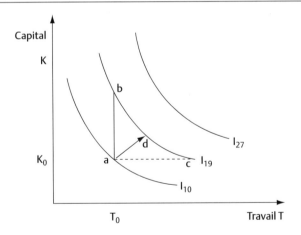

FIGURE 2.1b

Fausse carte d'isoquants

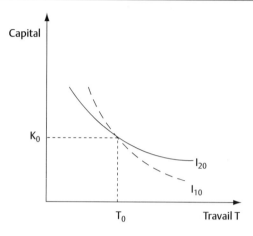

Les contraintes économiques

La contrainte budgétaire reflète la contrainte économique. La contrainte budgétaire représente les quantités maximales de facteurs que peut se procurer l'entreprise pour un même budget. Par exemple, nous pouvons observer que l'entreprise peut disposer au maximum de 10 unités de capital (0 unité de travail) si le budget qu'elle doit respecter est de 400 000 $ et que le prix du capital par unité est de 40 000 $ (figure 2.2). À l'autre extrême, l'entreprise peut s'offrir un maximum de 20 unités de travail (0 unité de capital) si son budget est toujours de 400 000 $ au total et si le prix du travail à l'unité est de 20 000 $. Entre les deux, l'entreprise peut se permettre toutes les combinaisons possibles qui apparaissent le long de la courbe AB ou qui figurent dans le tableau 2.2. La dernière colonne de ce tableau vérifie continuellement ce résultat.

Si le budget était divisé par deux, la quantité maximale que pourrait s'offrir l'entreprise de l'un ou de l'autre facteur serait réduite de moitié. En effet, comme l'indique la courbe A'B' de la figure 2.2, la quantité maximale de capital accessible ne serait plus que de 5 tandis que la quantité maximale de travail serait de 10.

TABLEAU 2.2

Tableau d'une courbe d'isocoût ou contrainte budgétaire

Quantité de travail T	Quantité de capital K	Budget
0	10	(0 x 20 000 $) +(10 x 40 000 $) = 400 000 $
2	9	(2 x 20 000 $) + (9 x 40 000 $) = 400 000 $
4	8	(4 x 20 000 $) + (8 x 40 000 $) = 400 000 $
6	7	(6 x 20 000 $) + (7 x 40 000 $) = 400 000 $
8	6	(8 x 20 000 $) + (6 x 40 000 $) = 400 000 $
10	5	(10 x 20 000 $) + (5 x 40 000 $) = 400 000 $
12	4	(12 x 20 000 $) + (4 x 40 000 $) = 400 000 $
14	3	(14 x 20 000 $) + (3 x 40 000 $) = 400 000 $
16	2	(16 x 20 000 $) + (6 x 40 000 $) = 400 000 $
18	1	(18 x 20 000 $) + (1 x 40 000 $) = 400 000 $
20	0	(20 x 20 000 $) + (0 x 40 000 $) = 400 000 $

FIGURE 2.2

La contrainte budgétaire

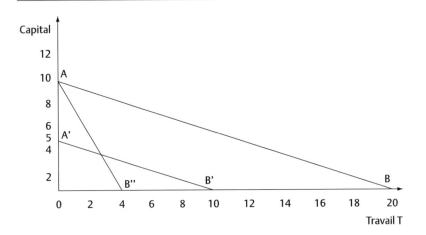

Par ailleurs, il est important de remarquer que la pente de la contrainte budgétaire varie directement en fonction du prix de l'un ou de l'autre facteur de production. La pente de la contrainte budgétaire est égale au ratio de la quantité maximale de capital sur la quantité maximale de travail. Par exemple, supposons que le budget global est de 400 000 $ et que le prix du travail est de 20 000 $ alors que le prix du capital est de 40 000 $. Les quantités maximales de capital et de travail que peut se procurer l'entreprise avec ce budget sont de 10 unités de capital ou encore de 20 unités de travail. La pente est de 1/2 (= 10/20) et le ratio du prix du travail sur le prix du capital est aussi égal à 1/2 (= 20 000 $/40 000 $). Si, par ailleurs, le prix du travail augmentait à 100 000 $, la quantité maximale de capital que pourrait se permettre l'entreprise serait la même (K = 10), mais la quantité maximale de travail qu'elle pourrait désormais se procurer pour le même budget ne serait plus que de 4 unités. La nouvelle contrainte budgétaire devient AB" et on peut en conclure que la pente de cette contrainte budgétaire qui est maintenant de 2,5 a directement varié en fonction du prix du facteur travail.

Les cinq propriétés de la contrainte budgétaire sont : 1- elle est linéaire ; 2- elle est caractérisée par une pente négative ; 3- le budget est d'autant réduit que la contrainte budgétaire est rapprochée de l'origine ou il est d'autant élevé qu'elle est éloignée de l'origine ; 4- les courbes de contraintes budgétaires sont strictement parallèles et elles ne peuvent se couper ; 5- la pente ou l'inclinaison de la contrainte budgétaire reflète en tous points le prix relatif du travail par rapport au prix du capital.

Le choix et la détermination de l'emploi et de l'équipement de production (capital)

Pour concilier les coûts avec les possibilités de production, l'entrepreneur n'a qu'une décision à prendre : trouver le point de tangence entre l'isoquant cible et la contrainte budgétaire la plus rapprochée de l'origine puis déterminer l'emploi et le capital qui minimisent les coûts de production. La figure 2.3 illustre ce principe. Dans ce graphique, on note qu'un isoquant particulier a été ciblé : l'isoquant 45. C'est le niveau cible de production auquel l'entrepreneur en est arrivé à la suite de ses études des besoins de la population, des études de marché, des commandes fermes qu'il a reçues de divers commerçants et des options d'achat qui ont été placées par d'autres marchands[1]. C'est au point de tangence « C », entre l'isoquant cible I_{45} et la contrainte budgétaire AB la plus rapprochée de l'origine, que la combinaison optimale d'emploi et de capital sera identifiée. En termes techniques, nous disons que le prix relatif du travail par rapport au prix du capital est exactement égal au taux marginal de substitution technique entre les facteurs de production puisque la pente de la contrainte budgétaire est exactement égale à la pente au point C de l'isoquant I_{45}. Dans notre exemple, la combinaison idéale ou optimale qui minimise les coûts de production est de 5 unités de capital et de 6 unités de travail.

D'une part, nous pouvons constater à la figure 2.3 que toute autre combinaison possible « c » le long du même isoquant I_{45} coûterait plus cher parce que traversée par une contrainte budgétaire A'B' plus éloignée de l'origine et donc plus coûteuse. D'autre part, nous pouvons constater dans cette même figure que toute autre combinaison « a » ou « b » qui mobiliserait le même budget le long de la contrainte budgétaire AB ne permettrait pas d'atteindre les objectifs de production de 45 000 unités par année, parce que traversée par un isoquant plus rapproché de l'origine (par exemple l'isoquant I_{38} de la figure 2.3).

Par ailleurs, si nous revenons aux données techniques du tableau 2.1, nous nous apercevrons qu'il n'y a que trois possibilités de produire 45 000 parapluies par année. Soit une première possibilité qui consiste à combiner 5 unités de travail avec 7 unités de capital ; une deuxième possibilité qui consiste à combiner 6 unités de travail avec 5 unités de capital ; ou, finalement, en optant pour une combinaison de 9 unités de travail avec 3 unités de capital. Si, par ailleurs, nous supposons que les prix du marché pour le travail et pour le capital sont de 60 000 $ et 50 000 $ respectivement par année, il s'ensuit que les coûts totaux de production pour la première

---

1. On peut concevoir également une situation où le budget serait fixé et où l'entreprise chercherait à maximiser le niveau de production. Dans ce cas, la règle serait de trouver le point de tangence C entre la contrainte budgétaire donnée et l'isoquant le plus éloigné de l'origine. Dans le cas des entreprises du secteur public comme, par exemple, les hôpitaux, on peut concevoir que ceux-ci disposent d'un budget fixe et qu'ils ont pour mission de tirer le maximum de services et donc de production à partir de ce budget.

FIGURE 2.3

La minimisation des coûts

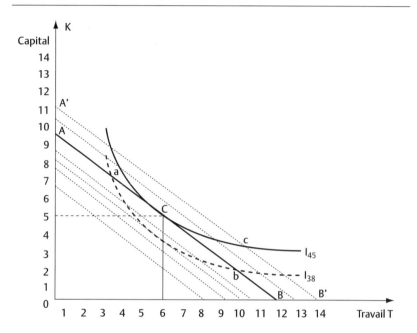

option sont de 650 000 $, ceux de la deuxième option sont de 610 000 $ tandis qu'ils sont de 690 000 $ pour la troisième option. La combinaison qui minimise les coûts de production est de 6 unités de travail avec 5 unités de capital. Cette façon de voir les choses revient exactement au même que la façon précédente : la combinaison qui minimise les coûts de production est celle qui correspond au point de tangence C entre la courbe d'isoquant cible et la contrainte budgétaire AB la plus rapprochée de l'origine, c'est-à-dire là où le taux marginal de substitution technique entre les facteurs de production est égal à leur prix relatif.

Une fois la décision prise de produire 45 000 unités par année et la combinaison de capital-travail choisie, l'entrepreneur n'a plus qu'à faire accepter son plan d'affaires auprès des institutions financières appropriées (banques, caisses populaires, etc.). Avec le support financier requis, il commande ensuite les 5 machines puis il recrute 6 employés. L'entreprise démarre et il y a 6 emplois créés.

Au passage, nous aurons remarqué qu'il y a trois grands facteurs qui déterminent le nombre d'emplois créés, soit : 1- **le niveau de production :** plus nous nous situons sur un isoquant éloigné de l'origine plus le nombre d'emplois créés sera élevé ; 2- **la technologie de production :** la série d'isoquants figurant dans la carte des isoquants peut être rangée vers le bas à droite (technologies intensives en travail — vêtements, textile, etc.) ou vers le haut à gauche (technologies intensives en capital — automobiles) ; 3- **le prix relatif du travail par rapport au capital :** plus la main-d'œuvre est chère, plus la pente de la contrainte budgétaire sera accentuée et plus l'employeur cherchera à économiser le travail et favorisera l'usage de l'équipement et de la machinerie en remplacement.

Les ajustements

Une fois l'entreprise démarrée, il peut arriver que les commandes réelles diffèrent des commandes anticipées. Soit que le mauvais temps fasse en sorte que les achats de parapluies s'avèrent plus élevés que prévu ou encore que des entreprises se désistent de leurs engagements à la dernière minute et que les carnets de commandes se vident. Il peut arriver aussi que le gouvernement décrète une hausse du salaire minimum ou encore que l'entreprise fasse l'objet d'une accréditation syndicale. Dans l'un ou l'autre de ces cas, l'entreprise doit réagir. Dans les sections qui suivent, nous étudierons les diverses formes d'ajustements des entreprises à court terme puis à plus long terme.

La demande pour le produit

Si, pour une raison ou pour une autre, la demande pour le produit se modifie et que le changement anticipé est définitif, alors l'entreprise refera ses calculs et éventuellement, se repositionnera sur la carte des isoquants, là où une nouvelle contrainte budgétaire sera tangente au nouvel isoquant répondant aux nouvelles commandes fermes de production. Si la production requise augmente, cela conduira vraisemblablement à un accroissement simultané de l'emploi et du capital. Si la production diminue, il y aura recul de l'emploi et du capital : l'entreprise devra alors vendre des machines. Si la production doit plutôt augmenter, elle en commandera de nouvelles.

À court terme toutefois, il convient de rappeler que l'entreprise ne peut s'ajuster en capital. Dans notre exemple numérique, cela signifie que l'entreprise doit s'en tenir à l'usage de 5 unités de capital (K*). Elle peut toutefois s'ajuster en main-d'œuvre. Et c'est ainsi, par exemple, qu'elle ajustera son niveau d'emploi au gré de l'évolution de la demande pour son produit.

Les données du tableau 2.1 peuvent servir à illustrer ce processus. Pour un niveau de capital K* fixe égal à 5 unités, la production de 10 unités nécessite l'utilisation de 1 unité de travail, tandis que la production de 19 unités requiert l'usage de 2 unités de travail et ainsi de suite. On peut même dire qu'à chaque unité de travail figurant sur l'abscisse de ce tableau correspond un seul niveau de production et on pourrait en faire un tableau énumératif de l'évolution de la production en fonction du nombre de travailleurs embauchés. Ce tableau décrit la fonction de production de court terme. La fonction de production de court terme est celle qui compose les deux premières colonnes du tableau 2.3. Elle provient de la lecture horizontale des niveaux de production figurant dans le tableau 2.1 pour un niveau de capital fixé à 5 unités et des quantités de travail variant de 1 à 10. C'est une fonction qui permet de savoir que l'entreprise devra embaucher 6 employés si sa production est de 45 000 parapluies par année, qu'elle devra procéder à 3 mises à pied temporaires dans l'éventualité où le carnet de commandes était réduit à 27 000 parapluies sur une base annuelle, mais qu'elle pourrait tout aussi bien devoir procéder à l'embauche de 3 nouveaux employés si les commandes passaient plutôt à 54 000 unités de production.

La hausse du salaire

Une des propriétés importantes des fonctions de production de court terme est la présence de rendements décroissants. En effet, et comme on peut l'observer au tableau 2.3, la production a tendance à augmenter avec le nombre d'employés ; mais ces augmentations, qui figurent dans la troisième colonne de ce tableau, diminuent au fur et à mesure qu'augmente

TABLEAU 2.3

Fonction de production de court terme

(1) Quantité de travail (en milliers)	(2) Quantité de production (en milliers)	(3) Productivité marginale (en milliers)	(4) Productivité moyenne (en milliers)
1	10	–	–
2	19	9	9,5
3	27	8	9
4	34	7	8,5
5	40	6	8
6	45	5	7,5
7	49	4	7
8	52	3	6,5
9	54	2	6
10	55	1	5,5

Source : Tableau 2.1 et calculs de l'auteur.

l'emploi. La diminution des augmentations de production traduit la loi des rendements décroissants.

La loi des rendements décroissants stipule qu'à partir d'un certain seuil d'utilisation, le rendement d'un facteur de production diminue à chaque fois qu'on ajoute de ce facteur à un autre demeuré constant. Dans ce cas-ci, le facteur de production variable est le travail tandis que le facteur de production constant est le capital. La variation de production dont il est question s'appelle la productivité *marginale*. Elle ne doit pas être confondue avec la productivité *moyenne*.

Productivité moyenne et productivité marginale

La productivité marginale se définit par la variation de la production associée à la variation d'une unité de travail. La productivité moyenne, quant à elle, se définit par le ratio de la production (X) sur l'emploi (T). Dans le tableau 2.3, cela correspond à la division des chiffres de la deuxième colonne par ceux de la première colonne. Mathématiquement, cela s'écrit :

(3) Productivité moyenne = X / T où X est la production
et T l'emploi.

Les liens qu'entretient la productivité marginale avec la productivité moyenne sont dignes d'intérêt. En effet, comme on peut le constater à la figure 2.4, il se crée une phase de rendements croissants qui est suivie d'une phase de rendements décroissants. De 0 à T_0, l'ajout cumulatif d'emplois entraîne des augmentations de production le long de la courbe de productivité marginale Pm en raison de la spécialisation et de la division du travail. Ces deux facteurs ont en effet pour conséquence d'engendrer des augmentations de production plus que proportionnelles au tout début des activités de production. Par la suite, cependant, le processus de production ne peut faire autrement que d'atteindre des rendements décroissants en vertu de l'épuisement de l'un ou de l'autre facteur de production. Dans ce cas-ci, il s'agit du facteur capital qui est maintenu constant à court terme. La productivité marginale Pm diminue à partir de T_0.

FIGURE 2.4

Productivité marginale et productivité moyenne

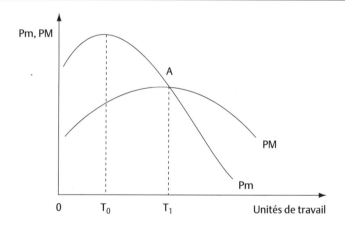

La productivité moyenne PM suit un cheminement différent. En effet, la moyenne évolue toujours en rapport avec la *hauteur* de la marginale. Un cas de figure peut faciliter la compréhension. Soit la séquence de notes suivantes : 80 puis 78 qui peuvent être qualifiées de notes marginales si elles s'ajoutent, à la marge, à la moyenne d'un bulletin. Si la moyenne était de 70 auparavant et se composait de 20 notes antérieures, elle montera avec une note de 78 même si la note précédente était de 80. Autrement dit, si la nouvelle note dépasse la moyenne, la moyenne augmentera même si la nouvelle note est plus basse que la note précédente. Même si la marginale diminue, la moyenne ne diminuera pas tant que la marginale lui est supérieure. C'est ce qui se produit à la figure 2.4 tant que l'emploi n'a pas atteint la valeur de T_1. Après T_1 toutefois, la productivité marginale Pm est inférieure à la productivité moyenne et il se produit ce qui devait se produire : la productivité moyenne PM diminue.

Les valeurs des productivités moyenne et marginale

L'intérêt des notions de productivités moyenne et marginale est qu'elles mesurent la contribution de chaque travailleur au produit total de l'entreprise. Par exemple, on peut lire à la colonne (3) du tableau 2.3 que le deuxième travailleur apporte, grâce à ses efforts et à son travail, une production additionnelle de 9 000 parapluies par année, que la contribution du troisième travailleur est de 8 000 et ainsi de suite jusqu'au dixième travailleur dont la contribution n'est cependant plus que de 1 000 parapluies additionnels, non pas à cause de ses qualités ou dispositions personnelles mais à cause de la loi des rendements décroissants. L'employeur est donc intéressé à connaître ces performances, mais ce qui compte le plus pour lui n'est pas tant le nombre de parapluies produits, mais ce que lui rapportent ces parapluies sous forme de revenus nets. Les concepts de valeurs des productivités marginale et moyenne vont nous aider à transformer les données de production en données de revenus.

La valeur de la productivité marginale que nous écrirons Vpm se définit par la multiplication du prix du produit (P_X) par la productivité marginale du travail (Pm_T) que nous pouvons écrire :

$$(4) \ \mathrm{Vpm} = P_X \cdot Pm_T$$

La valeur de la productivité moyenne que nous écrirons VPM se définit, quant à elle, par la multiplication du prix du produit (P_X) par la productivité moyenne du travail (PM_T), soit :

$$(5)\ VPM = P_X \cdot PM_T$$

La multiplication des données de productivités marginale et moyenne par le prix du produit transforme ces données en valeurs monétaires. Il s'agit bien entendu d'un prix net de tous les autres coûts de production sauf ceux du travail. Par exemple, si le prix brut obtenu pour un parapluie est de 20 \$ l'unité mais qu'il en coûte 18 \$ en impôts, assurances, permis, capital (intérêts), location des espaces de production, chauffage, téléphone, etc., le prix net sera de 2 \$ par unité. Le tableau 2.4 donne les valeurs monétaires des productivités marginale et moyenne qui correspondent aux productivités marginale et moyenne rapportées au tableau 2.3 en supposant un prix net de 2 \$ par parapluie.

Ce tableau contient des informations particulièrement intéressantes puisque sa quatrième colonne constitue la demande de travail. En fait, la demande de travail est constituée des valeurs de la productivité du travail décroissantes qui se situent sous la courbe des valeurs de la productivité moyenne. Pour le démontrer, nous nous servirons de deux situations salariales extrêmes et nous nous appuierons sur une règle d'embauche intuitive simple : un employeur n'embauchera un employé qu'à la condition que ce dernier lui rapporte au moins ce qu'il lui coûte. Les implications techniques de cette règle sont qu'un employeur embauche de la nouvelle main-d'œuvre jusqu'à ce que le salaire soit égal à la valeur de la productivité marginale. En effet, tant que la valeur de la productivité marginale (c'est-à-dire le revenu du travail) dépasse le coût du travail, l'employeur n'a pas intérêt à arrêter son emploi puisqu'il réalise des profits sur ces travailleurs. À partir toutefois du moment où la valeur de la productivité marginale s'avère inférieure au salaire, l'employeur ne réalise plus que des pertes sur ces autres employés. C'est pourquoi nous disons que l'emploi s'arrête au moment où le salaire est égal à la valeur de la productivité marginale. Mais il faut ajouter aussi qu'il ne peut s'agir que des valeurs de la productivité marginale décroissantes de cette courbe puisque engager des travailleurs lorsque la productivité marginale est croissante signifierait renoncer à embaucher un travailleur additionnel dont la productivité est encore plus élevée.

TABLEAU 2.4

Valeurs des productivités marginale et moyenne

Quantité de travail	Productivité marginale	Prix net P_X	Valeur de la productivité marginale (Vpm)	Productivité moyenne	Valeur de la productivité moyenne (VPM)
(1)	(2)	(3)	(4)	(5)	(6)
1	–	2 $	–	10	20 $
2	9	2 $	18 $	9,5	19 $
3	8	2 $	16 $	9	18 $
4	7	2 $	14 $	8,5	17 $
5	6	2 $	12 $	8	16 $
6	5	2 $	10 $	7,5	15 $
7	4	2 $	8 $	7	14 $
8	3	2 $	6 $	6,5	13 $
9	2	2 $	4 $	6	12 $
10	1	2 $	2 $	5,5	11 $

Source : Données du tableau précédent et calculs de l'auteur.

Décrivons une première situation où le salaire W qui prévaut sur le marché est situé au-dessus des valeurs de la productivité moyenne (figure 2.5a). En excluant la portion croissante des valeurs de la productivité marginale, la règle d'embauche (W = Vpm) dicte à l'employeur d'engager T employés. Le coût de la main-d'œuvre s'établit alors à la surface 0WHT = W · T. Les revenus, pour leur part, sont lus à partir de la courbe des valeurs de la productivité moyenne. En effet, puisque la valeur de la productivité moyenne est égale à la multiplication du prix du produit par la production divisée par le nombre d'employés :

$$VPM = P_X \cdot (X/T) \, ;$$

il s'ensuit que la multiplication de cette VPM par T donne la simple multi-plication du prix du produit par la quantité produite, soit les revenus de production ($P_X \cdot X$) égaux à la surface définie par le rectangle 0MH'T. Ces revenus étant plus bas que les coûts (0WHT), il en résulte qu'il n'est pas rentable d'opérer sur la portion des valeurs de productivité marginale supérieures à la valeur de la productivité moyenne.

FIGURE 2.5a

Salaire au-dessus de la VPM

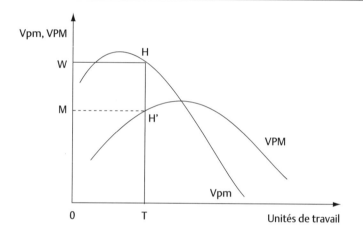

Si nous partons plutôt d'une situation où le salaire W se situe en dessous de la valeur de la productivité moyenne, il s'ensuivra que l'emploi se fixera à partir du point de rencontre entre le salaire et la Vpm (figure 2.5b). Les coûts salariaux seront de 0WBT pour un niveau d'emploi égal à T. Par ailleurs et pour les mêmes raisons que précédemment, les revenus seront lus à partir de la courbe des valeurs de la productivité moyenne. Ils seront de 0MB'T. Dans ce contexte, les revenus dépassent les coûts et il y a profit (= WMB'B). En fait, nous venons de démontrer qu'il n'y a des profits, et donc création d'emplois, qu'à partir du moment où les valeurs de la productivité marginale sont décroissantes et inférieures aux valeurs de la productivité moyenne. Mais une question demeure : est-ce que cette règle conduit à la *maximisation* des profits ?

FIGURE 2.5b

Salaire sous la VPM

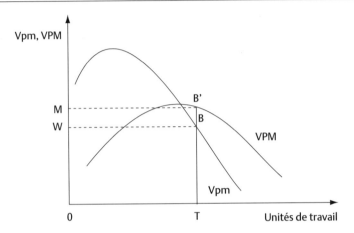

Les profits et l'emploi

Pour évaluer les profits de l'entreprise, il convient de les définir comme étant la différence entre les revenus et les coûts. Rappelons que les revenus se définissent par la multiplication du prix par les quantités produites (et vendues). Les coûts, quant à eux, se définissent par la multiplication du salaire par le nombre d'employés (quantité de travail). Le tableau 2.5 reprend les données de base et sert d'appui au calcul des profits.

Les deux premières colonnes de ce tableau rappellent les données de la fonction de production initiale. Les deux colonnes suivantes rapportent les valeurs de productivité moyenne (VPM) et marginale (Vpm) et c'est en comparant la quatrième colonne avec la troisième qu'on peut vérifier qu'il s'agit bien d'une portion où la Vpm est décroissante et inférieure à la VPM. La cinquième colonne donne les salaires que nous avons supposés déterminés par la concurrence et égaux à 10 $. La sixième colonne donne les revenus tels qu'ils sont définis par la multiplication d'un prix net supposé égal à 2 $ par la production X. La septième colonne rapporte les coûts du travail résultant de la multiplication de l'emploi (colonne 1) par le salaire (colonne 5). L'écart entre les revenus et les coûts (les profits) est présenté dans la dernière colonne.

TABLEAU 2.5

L'identification du niveau d'emploi qui maximise les profits de l'entreprise

(1) Qté de travail	(2) Production X	(3) VPM	(4) Vpm	(5) Salaires	(6) Revenus	(7) Coûts	(8) Profits
1	10	20	–	10	20 $	10 $	10 $
2	19	19	18	10	38 $	20 $	18 $
3	27	18	16	10	54 $	30 $	24 $
4	34	17	14	10	68 $	40 $	28 $
5	40	16	12	10	80 $	50 $	30 $
6	45	15	10	10	90 $	60 $	30 $
7	49	14	8	10	98 $	70 $	28 $
8	52	13	6	10	104 $	80 $	24 $
9	54	12	4	10	108 $	90 $	18 $
10	55	11	2	10	110 $	100 $	10 $

Source : Tableau 2.3 et estimations de l'auteur.

La règle du salaire égal à la valeur de la productivité marginale (pour des valeurs de productivité marginale décroissantes inférieures aux valeurs de la productivité moyenne) est respectée lorsque l'entreprise embauche 6 employés. À ce nombre d'employés, la production est de 45 unités de parapluies et les profits sont maximaux à 30 $ parce qu'ils ne peuvent plus être augmentés au-delà de ce nombre d'employés. En effet, l'embauche de 1 employé additionnel les ferait reculer de 2 $. L'embauche de 2 employés seulement ne serait pas plus avantageuse puisque cela n'apporterait que 18 $ de profits.

La raison de ce comportement des profits est que tant que le nombre de 6 employés n'est pas atteint, l'embauche d'employés additionnels rapporterait autant sinon plus de revenus que ce qu'ils coûteraient. Par exemple, embaucher un troisième employé plutôt que de se limiter à deux signifie engager quelqu'un qui rapporte 16 $ à l'entreprise (sa Vpm) alors qu'il n'en coûte que 10 $ (le salaire du marché). Par ailleurs, embaucher plus de 6 employés coûterait plus cher qu'il rapporterait. Par exemple, l'embauche d'un septième employé coûterait un salaire de 10 $ mais ne rapporterait qu'une valeur de productivité marginale de 8 $.

Les profits sont donc maximisés lorsqu'on respecte la règle du salaire égal à la Vpm pour des valeurs de la productivité marginale décroissantes et inférieures aux valeurs de la productivité moyenne.

L'implication la plus importante de cette règle d'embauche est qu'il s'établit une relation inverse, toutes choses égales par ailleurs, entre le taux de salaire d'un côté et le niveau de l'emploi de l'autre. Par exemple, nous avons vu qu'au salaire du marché (10 $), l'emploi était de 6 employés. Si nous supposons que le gouvernement décrète un salaire minimum ou qu'un syndicat impose un salaire de 12 $, l'emploi diminuerait à 5 employés. La raison de cette baisse dans l'emploi est que le sixième employé coûterait maintenant plus cher (12 $) que ce qu'il rapporte (10 $) à l'entreprise. C'est pourquoi nous disons que la règle du salaire égal à la valeur de la productivité marginale procure les fondements théoriques de la demande de travail et explique pourquoi, à court terme, l'emploi est en relation inverse avec le salaire, toutes choses égales par ailleurs.

Le long terme

À long terme, l'entreprise dispose d'une marge de manœuvre additionnelle puisque le capital est flexible. Il se produit des effets d'échelle ou effets de production et des effets de substitution entre le travail et le capital qui nous amènent à effectuer un retour aux données de base.

Au point de départ, supposons une combinaison de capital (5 unités) et de travail (6 unités) qui minimise les coûts de production au point de tangence C entre un isoquant cible I_{45} et la contrainte budgétaire AB (figure 2.6). Puis, si nous supposons que le prix du travail double, la contrainte budgétaire se déplacera de AB à AB'. L'entreprise, à cause du doublement du salaire, peut maintenant, au maximum, se procurer deux fois moins de main-d'œuvre qu'elle ne le pouvait à l'ancien salaire pour le même budget. Ce déplacement de la contrainte budgétaire entraîne deux effets distincts, un effet de pente et un effet de niveau, soit, respectivement, un effet de substitution et un effet de production aussi appelé effet d'échelle (« scale effect »).

Afin de nous représenter clairement l'effet de substitution, nous avons tracé un segment de droite FF strictement parallèle à la nouvelle contrainte budgétaire AB' et tangent en D à l'isoquant de départ I_{45}. Le fait d'avoir

FIGURE 2.6

Effet de substitution et effet de production

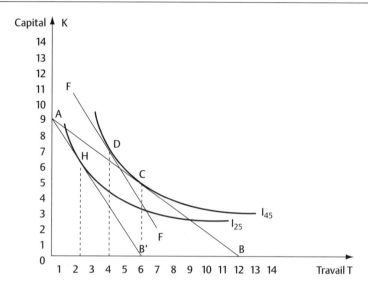

tracé un segment parallèle à la nouvelle contrainte budgétaire signifie que nous avons voulu reproduire le nouveau prix du travail. En effet, la pente d'une contrainte budgétaire reflète son prix. Un segment parallèle à une contrainte budgétaire représente donc ce prix puisqu'il en a la même pente.

Le fait de le tracer tangent à l'isoquant de départ signifie que l'on veut simuler la façon dont l'entreprise s'y prendrait pour arriver à la même quantité de production (parapluies) à supposer que le prix du travail ait doublé. Le résultat est évident : l'entreprise serait incitée à réduire son usage du facteur devenu plus cher (le travail) pour le remplacer par du facteur de production devenu relativement moins cher : le capital. Dans notre exemple, l'effet de substitution entraîne donc, toutes choses égales par ailleurs, un glissement de C à D le long de l'isoquant initial et une réduction de l'emploi de 6 à 4 unités. Mais là ne s'arrête pas l'effet de la hausse du salaire sur l'emploi à long terme. Il s'ajoute un effet de production.

L'effet de production est assimilable à un effet de court terme parce qu'il s'agit d'un déplacement de l'isoquant. Tel qu'il est indiqué dans la figure 2.6, l'effet de production implique un déplacement de l'isoquant I_{45} vers un isoquant plus rapproché de l'origine et tangent à la nouvelle contrainte budgétaire AB', soit l'isoquant I_{25}. Il en est ainsi parce que l'entreprise n'a plus le budget pour produire la même quantité du produit. La contrainte budgétaire est maintenant AB'. À cause de la baisse de la production, l'emploi sera réduit à nouveau de 4 à 2 unités. La combinaison de ces deux effets se conjugue pour réduire davantage l'emploi à long terme comparativement au court terme.

3

L'OFFRE DE TRAVAIL ET
LES INCITATIONS À L'EFFORT

La problématique de l'incitation au travail est extrêmement importante pour une économie. Les mesures et les programmes que l'État adopte peuvent, dans plusieurs circonstances, modifier les décisions des travailleurs quant à leur adhésion ou pas au marché du travail. Le nombre de personnes qui travaillent ou qui offrent leurs services de travail dans une économie et sur un territoire conditionne largement la production et les revenus par tête d'habitant de cette économie ou de ce territoire. Dans le cas de plusieurs pays européens par exemple, on a pu estimer que la faiblesse des revenus et, partant de l'assiette fiscale à partir de laquelle les gouvernements pouvaient puiser pour offrir de meilleurs services à la population et en particulier à une population vieillissante, était attribuable à des problèmes de cet ordre. Diverses mesures et programmes gouvernementaux comme les régimes publics de retraite ou encore les programmes d'assurance-chômage et de pensions d'invalidité ont pu conduire à des sorties plutôt hâtives de la main-d'œuvre. Mais le problème de l'incitation au travail ne se limite pas à la décision d'entrer ou non sur le marché du travail. Il consiste aussi à encourager l'effort au travail pour autant qu'il soit justement récompensé. C'est pourquoi nous considérons que la problématique de l'incitation au travail peut être envisagée sous deux angles complémentaires, soit celui de l'offre de travail d'un côté et celui de l'effort au travail de l'autre.

Dans la première section de ce chapitre, nous aborderons la théorie de l'offre de travail puis nous nous pencherons sur trois de ses applications : la retraite, l'aide sociale et l'assurance-chômage. Dans la deuxième section, nous aborderons la théorie des contrats de travail et nous examinerons les liens qui unissent l'effort et la façon de rémunérer le travail.

La théorie de l'offre de travail

Le problème de l'incitation au travail relève de la théorie de l'offre de travail, qui présume que les travailleurs ont le choix de travailler ou pas, ou du temps qu'ils consacrent au travail. En effet, les gens ne font pas que travailler. Dans la population, certains étudient, d'autres prennent leur retraite et d'autres encore décident d'interrompre leur carrière pour l'éducation des enfants ou s'inscrivent dans un processus de formation continue. Il convient de mentionner également que les horaires de travail sont très variables d'une entreprise et d'un secteur d'activité à l'autre. Une majorité de travailleurs a donc le choix de travailler éventuellement à plein temps ou à temps partiel, de se constituer en travailleur autonome ou à son propre compte avec des horaires variables, d'occuper un emploi qui comporte beaucoup d'heures de travail supplémentaires (camionnage), de cumuler les emplois (« moonlighting »), d'occuper un emploi saisonnier ou encore de ne travailler qu'une courte partie de sa vie.

La théorie de l'offre de travail oppose deux éléments : les revenus de travail d'un côté et les loisirs de l'autre. L'expression « loisirs » se définit par toute activité autre que le travail rémunéré par un employeur. Les études, l'éducation des enfants, l'exécution de tâches domestiques, le bénévolat, etc. sont toutes considérées comme des activités de loisir, parce qu'elles n'impliquent pas un travail effectué pour un employeur en échange de rémunération. Cette théorie s'articule autour des concepts de contrainte budgétaire d'un côté et de courbes d'iso-utilité ou courbes d'indifférence de l'autre.

La contrainte budgétaire

La contrainte budgétaire AB représentée à la figure 3.1 suppose que le travail est la seule source de revenus et nous indique par exemple, qu'à un extrême, un individu peut disposer indifféremment de 0 heure de loisirs et de 800 $ de revenus par semaine (cumul de deux emplois à plein temps) ou, à l'autre extrême, de 0 revenu de travail mais de 80 heures de loisirs par semaine (étudiant ou retraité), ou de toute autre combinaison de revenus de travail et de loisirs que lui permet son taux de salaire horaire ici fixé à 10 $. Par exemple : 400 $ de revenus, 40 heures de travail et 40 heures de loisirs. La contrainte budgétaire représente donc les diverses combinaisons de revenus de travail et de loisirs théoriquement accessibles à un individu, compte tenu de son taux de salaire horaire maximal donné par les limites du marché et de ses qualifications.

La durée d'une journée, d'une semaine ou d'une année étant invariable, la quantité maximale de loisirs accessible ne peut jamais dépasser l^{MAX}. Cette quantité constitue donc un point d'ancrage sur l'abscisse. La pente de la contrainte budgétaire mesure, quant à elle, le taux de salaire horaire (au signe près). Si le salaire augmente, cela signifie que la pente de la contrainte budgétaire augmente. En effet, lorsque le salaire horaire augmente, il s'ensuit que le revenu maximal de travail par semaine augmente, il passe de A' à A, sans que le nombre maximal d'heures de loisirs disponibles par semaine change pour autant. Le ratio de cette valeur maximale sur la quantité maximale de loisir retenue définit le taux de salaire horaire. La contrainte budgétaire pivote donc du bas vers le haut ou de gauche à droite au fur et à mesure que s'élève le taux de salaire horaire. Plus son sommet s'éloigne de l'origine plus le revenu est élevé, toutes choses égales d'ailleurs et, inversement, plus elle est près de l'origine, plus bas sont ses revenus, toutes choses égales par ailleurs. En AB par exemple, nous pouvons être assuré que le taux de salaire horaire est plus élevé qu'en A'B.

Nous avons choisi un maximum de 80 heures de loisirs ou de travail par semaine en supposant qu'un individu peut difficilement, à long terme, soutenir plus de deux emplois de 40 heures par semaine. La lecture des heures de travail se fait donc dans le sens contraire des heures de loisirs et il importe de retenir qu'à chaque fois que nous disons que les loisirs augmentent ou diminuent, cela veut dire que le travail évolue en sens contraire.

FIGURE 3.1

La contrainte budgétaire

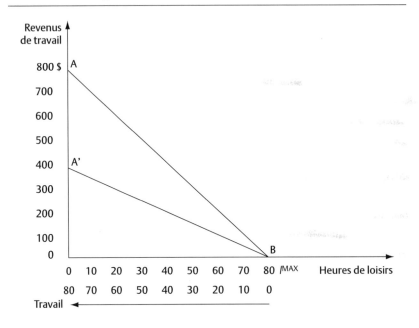

Les courbes d'iso-utilité

Dans la figure 3.2 qui oppose les revenus de travail placés en ordonnée et les loisirs disposés en abscisse, nous trouvons une courbe d'indifférence ou courbe d'iso-utilité. Partout le long de cette courbe, les diverses combinaisons de revenus de travail et de loisirs génèrent un même niveau d'utilité ou de bien-être U_0. La courbe d'iso-utilité ou courbe d'indifférence se définit donc comme étant le lieu des combinaisons de revenus de travail et de loisirs qui engendrent un même niveau de bien-être. Toute courbe d'iso-utilité possède deux propriétés. Premièrement, sa pente doit être négative. Pour conserver le même niveau d'utilité, la baisse des revenus doit être compensée par une hausse des loisirs et, inversement, pour faire accepter une baisse des loisirs, il faut que les revenus de travail augmentent en conséquence. Deuxièmement, chaque courbe se doit d'être convexe par rapport à l'origine. Le remplacement de loisirs par des revenus a ses limites, tout comme le remplacement de revenus par des loisirs. Lorsque, comme

FIGURE 3.2

L'arbitrage revenus de travail-loisirs

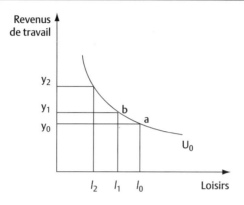

au point « a », les revenus de travail et les loisirs sont bien équilibrés, il n'y a pas de difficulté à remplacer les uns par les autres. Les revenus n'ont qu'à augmenter de y_0 à y_1 pour compenser la perte de loisirs. Mais, lorsque l'individu travaille déjà beaucoup, comme c'est le cas au point « b » par exemple, il faut que les revenus augmentent plus que proportionnellement, soit de y_1 à y_2 pour compenser la perte d'utilité associée à une réduction additionnelle, mais pourtant égale, du temps de loisirs. Parce que la pente de la courbe d'iso-utilité décroît de gauche à droite, on dit que les taux marginaux de substitution entre le travail et les loisirs sont décroissants.

La carte des courbes d'iso-utilité rassemble des courbes d'indifférence graduées en fonction de leur éloignement par rapport à l'ordonnée à l'origine. C'est le cas, par exemple, de la courbe U_3 par rapport aux courbes U_2 et U_1 présentées dans la figure 3.3. Pour l'économiste, l'individu aspire à atteindre la courbe d'iso-utilité la plus éloignée de l'origine, c'est-à-dire là où les revenus et les loisirs sont simultanément les plus élevés. On comprendra toutefois que ces mêmes courbes d'iso-utilité ne peuvent se couper, car leur intersection pourrait engendrer des niveaux d'utilité différents pour une même combinaison de revenus de travail et de loisirs, ce qui est impossible. En somme, les courbes d'iso-utilité s'apparentent aux courbes d'isoquants, vues dans la théorie de la production, à la différence qu'il ne s'agit pas de production mais de bien-être. Ses propriétés sont aussi similaires : leur pente

FIGURE 3.3

Carte des courbes d'iso-utilité

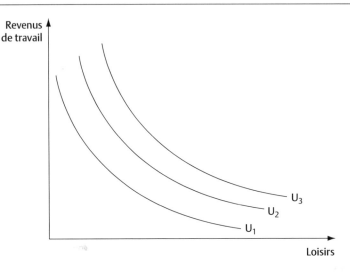

est négative, elles sont convexes par rapport à l'origine, elles ne peuvent se croiser pour une même personne et leur niveau ou leur valeur augmente au fur et à mesure qu'elles s'éloignent de l'ordonnée à l'origine.

L'offre de travail

À la différence de la théorie de la production, l'individu ne cherche pas ici à minimiser des coûts, mais plutôt à maximiser son bien-être. Cette opération se fera au point de tangence entre sa contrainte budgétaire et sa courbe d'iso-utilité la plus éloignée de l'origine. C'est le cas du point de tangence C entre la contrainte budgétaire AB et la courbe d'iso-utilité U^{MAX} la plus éloignée de l'origine, tel qu'il est représenté à la figure 3.4.

En ce point, le travailleur ne peut tirer meilleur parti de la situation. D'une part, toute combinaison de loisirs et de revenus qui générerait un même niveau d'utilité située ailleurs sur la courbe U^{MAX} ne lui serait pas accessible : le taux de salaire (la contrainte budgétaire) n'y donne pas accès. D'autre part, toute autre combinaison accessible le long de la contrainte budgétaire AB serait traversée par une courbe d'iso-utilité plus rapprochée

FIGURE 3.4

Les préférences du travailleur

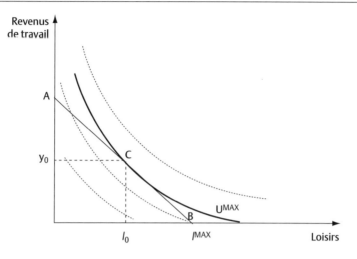

de l'origine et donc engendrerait un niveau de bien-être inférieur à U^{MAX}. Dès lors, il appartient à chacun de chercher à concilier ses préférences avec ce qu'offre le marché du travail. L'ensemble des préférences ou attitudes à l'égard du travail peut être visualisé par des courbes d'iso-utilité situées vers le bas à droite ou vers le haut à gauche, comme nous l'avons illustré à la figure 3.5.

Les individus de type A préfèrent passer plus de temps au travail tandis que les individus de type B préfèrent consacrer plus de temps à d'autres formes d'activités. En effet, pour deux individus faisant face à une même contrainte budgétaire, on trouve celui qui préfère plus de loisirs l^B et celui qui préfère plus de travail et moins de loisirs l^A. Par ailleurs, on comprendra facilement qu'un re-calibrage des unités de temps en semaines ou en années de travail nous informerait tout aussi bien sur les préférences des travailleurs quant aux emplois qui offrent un nombre réduit de semaines travaillées par année (enseignants) ou à ceux qui permettent une retraite relativement hâtive (policier, militaire…).

Ce schéma d'analyse, comme on peut le constater, s'avère particulièrement flexible et se prête à un grand nombre d'applications. Premièrement, nous étudierons l'incidence d'une hausse de salaire sur les quantités

FIGURE 3.5

Préférences et attitudes des travailleurs vis-à-vis du travail

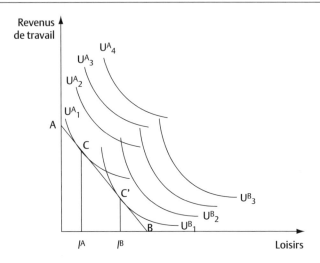

offertes de travail, puis nous analyserons l'incidence de trois programmes de sécurité du revenu sur l'offre de travail.

Salaire et offre de travail

Pour étudier l'effet du salaire sur l'offre de travail, il convient d'entreprendre l'analyse par une situation optimale de départ au point de tangence C entre une contrainte budgétaire AB et la courbe d'iso-utilité U^{MAX} la plus éloignée de l'origine, puis de simuler les répercussions d'une hausse du salaire sur les quantités offertes de travail. Tel qu'il est indiqué à la figure 3.6, la hausse du salaire a tout de suite pour effet de faire pivoter la contrainte budgétaire de AB à A'B.

Elle provoque, à sa suite, deux effets distincts et opposés, soit un effet de substitution d'un côté et un effet de revenu de l'autre. L'effet de substitution peut être visualisé en traçant une contrainte budgétaire parallèle à la nouvelle contrainte budgétaire A'B, mais tangente en D à la courbe d'iso-utilité initiale. Ce glissement de C à D le long de la courbe d'iso-utilité U^{MAX} souligne le fait qu'il en coûte maintenant plus cher de prendre une heure de

FIGURE 3.6

Effets de substitution et effets de revenu

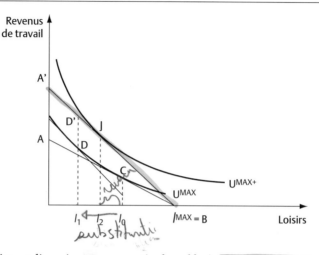

loisirs (lire un livre, jouer une partie de golf…). L'incitation au travail est donc renforcée, les loisirs diminuent de l_0 à l_1 et les quantités offertes de travail augmentent d'autant. En revanche, le travailleur n'est pas tenu de se maintenir à U^{MAX}. Il peut atteindre une courbe d'iso-utilité U^{MAX+} supérieure au point de tangence J. Le point J se démarque vers la droite parce qu'il signifie qu'avec un revenu supérieur, l'individu peut choisir de sacrifier un peu de revenus potentiels D' pour s'acheter des loisirs (J). Le déplacement de D à J s'appelle l'effet de revenu, il suppose que les loisirs sont un bien normal, c'est-à-dire un bien dont la consommation augmente avec les revenus et il implique un accroissement des quantités de loisirs consommées de l_1 à l_2.

Lequel des deux effets l'emporte? On ne peut le savoir *a priori*. Si l'effet de revenu l'avait emporté sur l'effet de substitution, le nouvel équilibre aurait été à droite de l_0 et on aurait constater une offre de travail à rebours, comme indiqué à la figure 3.7a. C'est-à-dire des quantités de travail offertes qui, à partir d'un certain salaire W^s, diminuent plutôt qu'elles n'augmentent au fur et à mesure qu'augmente le salaire. Dans notre exemple, l'effet de substitution $l_0 l_1$ l'a emporté sur l'effet de revenu $l_1 l_2$. Dans ce cas, nous pouvons parler d'une offre de travail régulière, c'est-à-dire où les quantités offertes de travail augmentent régulièrement avec le salaire (figure 3.7b).

FIGURE 3.7a

Offre de travail à rebours

FIGURE 3.7b

Offre de travail régulière

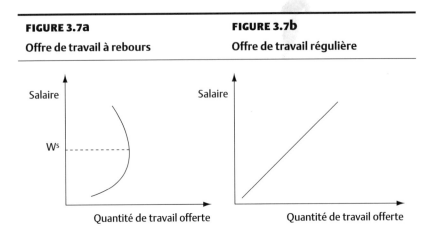

Études de cas

L'intérêt le plus évident pour l'étude de l'offre de travail réside principalement dans ses applications relatives à l'effet des politiques gouvernementales sur l'incitation au travail. Dans les paragraphes qui suivent, nous
procéderons à trois études de cas, soit le cas des régimes de rentes et de
pensions de vieillesse, celui de l'aide sociale et, pour terminer, celui de
l'assurance-chômage.

Cas nº 1 Régimes de rentes et pensions de vieillesse

Dans le cas des régimes canadiens de rentes et de pensions de vieillesse,
nous devons considérer trois paramètres, soit l'âge qui donne droit à des
prestations publiques de retraite, le montant de ces prestations et les pénalités rattachées au maintien sur le marché du travail. En nous appuyant sur
les analyses précédentes, nous pouvons anticiper que le versement de
pensions de vieillesse à partir de 65 ans, accompagnées du supplément de
revenu garanti versé aux personnes disposant de faibles revenus, crée un
effet de revenu et permet aux personnes âgées de se retirer avec un
minimum de qualité de vie. Cet effet de revenu se traduit par un déplacement vers la droite de la contrainte budgétaire de l'individu, puisque à toute
quantité de travail ou de loisirs donnée la personne peut bénéficier de revenus
totaux plus élevés. De cet effet de revenu peut résulter un retrait partiel ou

total de la main-d'œuvre. Plus le montant des prestations est élevé et plus l'âge de la retraite est rapproché, plus ce moment sera vraisemblablement anticipé. Finalement, s'il existe des pénalités qui réduisent les droits à la pension, si la personne travaille et dépasse un certain âge, les sorties du marché du travail auront tendance à se concentrer autour de cet âge.

En Europe, il y a un âge obligatoire de la retraite qui se situe autour de 63 ans. Cet âge a été réduit dans les années 1980 et 1990 de façon à encourager le départ des travailleurs plus âgés et de favoriser l'emploi des jeunes. Depuis quelques années toutefois, la tendance s'est inversée. Les gouvernements tentent par tous les moyens de le repousser le plus loin possible de façon à corriger les déséquilibres financiers prévus pour leurs principaux régimes publics de retraite.

Au Québec, nous n'avons pas d'âge de la retraite obligatoire mais, en revanche, plusieurs dispositions de nos régimes publics, dont le Régime des rentes du Québec (RRQ), incitent les gens à prendre leur retraite relativement tôt. Parmi ces incitations, on trouve des droits à des rentes dès l'âge de 60 ans, d'une part, et, d'autre part, des pénalités qui apparaissent dès que les travailleurs atteignent un certain âge. Ces pénalités, en réduisant les droits de pension, réduisent l'incitation au travail dès que la personne touche des revenus d'emploi au-delà de cet âge.

Cas n° 2 L'aide sociale

L'étude des effets des programmes d'aide sociale sur l'incitation au travail consiste à insérer une prestation d'aide sociale AS_0 dans l'analyse. Cette prestation constitue un revenu non salarial versé au bénéficiaire de l'aide sociale qui se qualifie pour ce type de programme. Dans ce cas, les «loisirs» sont égaux à la quantité maximale de loisirs et les revenus sont de AS_0. En règle générale, et jusqu'à tout récemment, on déduisait de la prestation AS_0 tout montant gagné par un travail. L'individu ne pouvait donc gagner plus que AS_0 tant que le produit de son taux de salaire par le temps travaillé ne dépassait pas son allocation de bien-être.

Les choix qui s'offrent à ces individus sont soit de travailler au salaire W_0 et de se situer au point C sur la contrainte budgétaire AB ou encore de demeurer bénéficiaire de l'aide sociale. Le niveau d'utilité associé à la première option peut toutefois livrer une utilité comparable à ne pas travailler puisqu'il y a des inconvénients (perte de liberté) et des coûts (vêtements, nourriture, transports) associés au travail. Dans ce cas, le salaire W_0 serait qualifié de salaire de réserve. Il s'agirait du salaire en dessous duquel le travailleur préfère ne pas offrir ses services sur le marché du travail. Dans notre exemple de la figure 3.8 cependant, nous avons tracé une courbe d'iso-utilité U^T qui s'avère inférieure à celle associée à la seconde option U^{AS}. L'individu décide de ne pas travailler. Autrement dit, l'octroi d'une prestation d'aide sociale peut avoir pour effet de décourager la ré-insertion des bénéficiaires de l'aide sociale sur le marché du travail. Plus cette prestation est élevée, plus grande est la désincitation au travail. Ceci crée un véritable dilemme pour les responsables politiques. Plus la presta-tion est généreuse, plus on risque de retarder ou de rendre difficile et coûteux le retour du bénéficiaire sur le marché du travail. Par contre, moins généreuse est la prestation d'aide et plus on s'éloigne de l'objectif d'assurer un revenu qui préserve la dignité des bénéficiaires et de leur famille.

FIGURE 3.8

Aide sociale et désincitation au travail

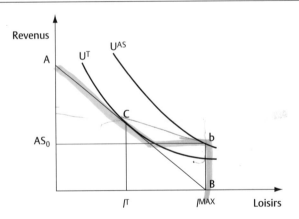

La solution à ce dilemme consiste en partie à donner aux bénéficiaires de l'aide sociale la permission de pouvoir garder une partie de leurs gains salariaux s'ils retournent travailler. Par exemple, ceci aurait pour effet de créer un segment de droite réunissant b et C qui refléterait les gains totaux que réaliserait le bénéficiaire s'il réduisait ses loisirs jusqu'en l^T. De toute évidence, une courbe d'iso-utilité plus éloignée de l'origine que U^T serait atteignable, mais il n'est pas certain qu'elle soit aussi plus éloignée que U^{AS}. Dans ce cas, il faudrait aussi rabaisser le niveau de prestation de base AS_0. Mais alors se pose à nouveau le problème d'une protection adéquate du revenu de citoyenneté. Le fait de permettre aux bénéficiaires de réaliser des gains nets en intégrant le marché du travail constitue une nette amélioration sur un système d'aide sociale traditionnel, même s'il ne règle pas tout le problème. Cette formule de supplémentation du revenu incite au travail puisqu'il faut travailler pour pouvoir en bénéficier.

Cas n° 3 L'assurance-chômage

L'assurance-chômage qu'on appelle assurance-emploi au Canada, constitue un dernier cas à l'étude. L'introduction d'un programme d'assurance-chômage peut être vue comme une mesure qui fractionne la contrainte budgétaire.

FIGURE 3.9

Assurance-chômage et incitation au travail

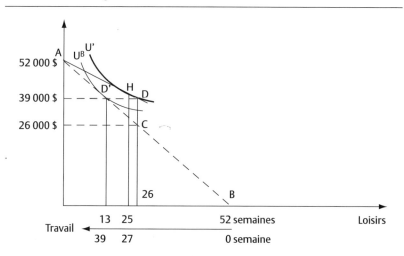

Au point de départ et tel qu'il est indiqué dans la figure 3.9, nous disposons d'une contrainte budgétaire AB régulière qui représente une situation où il n'y a pas de système de protection du revenu contre le chômage. Puis nous introduisons un programme d'assurance-chômage simple. Tant que l'individu n'a pas travaillé 26 semaines au cours de l'année, il n'a pas droit à l'assurance-chômage. À partir de ce moment toutefois, il pourrait avoir droit à 26 semaines de prestations au taux de remplacement salarial de 50 % de son ancien salaire. Si l'individu travaille moins de 26 semaines, il recevra comme prévu un salaire ou un revenu de travail qui correspond strictement à la contrainte budgétaire AB dans sa portion comprise entre 26 et 52 semaines de loisirs. À raison d'un salaire de 1 000 $ par semaine et en l'absence d'un programme d'assurance-chômage, le travailleur disposerait d'un salaire annuel de 26 000 $ s'il travaillait 26 semaines. C'est ce qu'on peut observer au point C du graphique.

En présence d'un système d'assurance-chômage toutefois, le même individu peut maintenant bénéficier d'un revenu annuel total de 39 000 $ (point D). Pourquoi ? Parce qu'il peut toucher ses premiers 26 000 $ de revenus de travail pour commencer puis compléter ces revenus par 13 000 $ de revenus en provenance de l'assurance-chômage pour les 26 autres semaines de l'année sans avoir à travailler, à condition qu'il ait perdu son emploi involontairement. Par ailleurs, s'il retourne travailler une semaine au cours de ces 26 semaines, il ne recevra que 500 $ additionnels, plutôt que 1 000 $ pour sa semaine de travail, car il devra abandonner sa prestation de 500 $ en raison des exigences du programme.

L'effet de revenu correspond au déplacement à la verticale de la nouvelle contrainte budgétaire par rapport à l'ancienne contrainte budgétaire. La portion AD de la nouvelle contrainte budgétaire est en effet située au-dessus de la portion AC correspondant à l'ancienne contrainte budgétaire. L'effet de substitution, pour sa part, correspond à la pente de la courbe de contrainte budgétaire qui relie le point D au point A et qui s'avère relativement plus faible que celle de la contrainte budgétaire AB initiale.

Pour reprendre notre exemple, nous dirions qu'un individu qui aurait choisi de travailler 39 semaines dans l'année (13 semaines de loisirs en D'), n'en travaillerait plus que 27 en H, à cause des effets de substitution et de revenus associés à l'introduction du programme d'assurance-chômage. Le problème s'apparente ici à un problème de contrôle des coûts et des dépenses.

La théorie des contrats de travail

Le problème de l'incitation à l'effort s'étudie à partir de la théorie des contrats de travail. La théorie des contrats de travail, quant à elle, se ramène, pour l'essentiel, à l'application de la théorie de l'agent et du principal au monde du travail. Dans la théorie générale de l'agent et du principal, le principal est celui qui engage des agents. Tandis que les agents reçoivent une compensation de la part du principal en retour de leur prestation de services. Dans le monde du travail, on l'aura compris, les agents sont les travailleurs, tandis que le principal est l'employeur.

Le problème que soulève la théorie de l'agent et du principal est que l'objectif ultime diffère pour les uns et les autres : les employeurs recherchent le profit tandis que les travailleurs recherchent leur bien-être. Et la recherche de l'un ne conduit pas forcément et automatiquement à la réalisation des objectifs de l'autre. Le problème consiste donc à trouver des modalités de contrats et à conclure des ententes qui puissent réconcilier les différents objectifs des uns et des autres, dans le contexte d'une activité ou d'un processus de production. Dans ce qui suit, nous parcourrons un ensemble de différentes ententes possibles. Nous y verrons, notamment, qu'il n'y a pas de formule de rémunération universelle et absolue qui dépasse toutes les autres en termes d'efficacité, que chaque formule adoptée dépend du contexte de l'entreprise, qu'elle comporte des avantages et des inconvénients et qu'elle doit souvent être accompagnée de mesures correctrices pour réduire certains de ses effets secondaires indésirables.

Payer à l'effort

Le processus de production peut être décrit de la façon suivante : la production « x » dépend de l'effort « e » plus ou moins un terme aléatoire « v » (bris de machine, délais de livraison, etc.) :

$$(1)\ x = x(e) \pm v$$

Si la maximisation du profit pour l'employeur passe par la maximisation de la production et si la maximisation de l'utilité ou du bien-être de l'employé passe par la maximisation de son revenu, alors payer à l'effort revient à maximiser les intérêts communs des travailleurs et des employeurs. En effet, si la modalité de compensation retenue par contrat consiste à lier le revenu « y » de chaque employé à son effort « e » :

$$(2)\ y = y(e)$$

alors, l'employé maximisera son revenu en déployant le maximum d'effort. Or, en déployant le maximum d'effort, on constate, à travers la formule (1), que cela aura aussi pour effet de mener au maximum de production.

Payer à la pièce

Dans plusieurs situations toutefois, il peut s'avérer difficile et même coûteux d'observer et d'apprécier l'effort. Cela prendrait, par exemple, un superviseur par personne pour contrôler des représentants sur la route, des écrivains ou certains travailleurs du vêtement à domicile. Dans ces cas, il est éminemment plus simple de mesurer la production, les ventes ou les revenus de ventes plutôt que de chercher à mesurer l'effort de chacun des travailleurs.

La rémunération à la pièce ou toute autre forme d'équivalent (commission pour les représentants de commerce, droits d'auteur pour les écrivains, paiement à l'acte pour les chirurgiens) deviennent de parfaits substituts à la rémunération à l'effort. En effet, si on retourne à l'équation (1) et qu'on admet que la production est une stricte fonction de l'effort pour « v » égal à zéro ou constituant une quantité négligeable, il s'ensuit que payer à la production « x » revient exactement au même que de payer à l'effort « e ».

Dans les faits, la rémunération à la pièce ou ses équivalents se compose tout d'abord d'un montant fixe w_b, jusqu'à concurrence d'un certain seuil de production « x_s », à partir duquel le salaire devient variable (figure 3.10). Le salaire versé au début des opérations doit être inférieur au revenu brut des ventes de façon à financer le capital investi, l'outillage et les frais fixes (assurances, chauffage, taxes, etc.). Le seuil « x_s » est ainsi établi qu'il

FIGURE 3.10

Un exemple de système de rémunération à la pièce

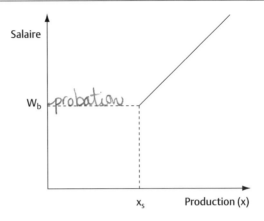

permet également à l'employeur de vérifier si l'employé répond aux normes minimales de rentabilité ou de production « s ». Par la suite, l'entreprise est effectivement disposée à partager les profits avec ses employés. Du côté des employés, le salaire w_b offre un revenu de base et une protection minimale contre les aléas de la production et de ses propres dispositions. Finalement, il convient de noter qu'en pratique, tout bon système de rémunération à la pièce doit être assorti d'un système parallèle et rigoureux de contrôle de la qualité. Autrement, la pression pour produire plus et plus rapidement peut tout aussi rapidement conduire à l'effondrement du système de production et de rémunération.

Organiser un tournoi

Bien qu'il existe plusieurs cas où la production d'un bien ou d'un service peut être associée à un individu en particulier (actes notariés, actes médicaux, pièces de vêtement, ventes de billets de loterie, déclarations des revenus…), ce n'est pas le cas de tous les biens et services. Qui a produit la soupe en conserve que nous allons consommer ? L'automobile ou l'autobus qui nous a mené au travail ou à l'université ?

Beaucoup de biens et de services sont en fait le fruit d'un travail d'équipe au sein de laquelle il est bien difficile, sinon impossible, d'isoler l'effort ou même d'apprécier la production de chacun des membres. Deux formules s'avèrent utiles pour convenir d'ententes mutuellement avantageuses sur le plan de la rémunération : les primes de groupe et les tournois. Lorsque la performance de chacun des membres d'une équipe ne peut être mesurée avec précision, mais qu'il est possible d'établir qui est le meilleur, on peut être tenté d'organiser un tournoi.

La formule du tournoi consiste à organiser un concours entre les membres d'une équipe en vue de la remise d'un prix substantiel à l'heureux gagnant. Ce type de formule peut à lui seul expliquer une grande partie des salaires versés à certains hauts dirigeants de grandes entreprises canadiennes ou américaines.

Dans ces entreprises, des tournois sont organisés de façon explicite ou implicite de telle sorte que tous les vice-présidents sont conviés à un concours et savent à l'avance qu'un seul d'entre eux en sortira gagnant. Le prix accordé au vainqueur V^c est constitué de la différence de salaires entre le président et les vice-présidents (figure 3.11). Le coût marginal de l'effort (Cm^e), quant à lui, est croissant parce qu'il implique un dévouement total à l'entreprise et des sacrifices personnels de plus en plus importants : longues heures de travail les jours de semaine et de fins de semaine, voyages d'affaires fréquents avec décalage horaire, longues absences du foyer, risques d'épuisement professionnel….

Si chaque vice-président procède comme à la figure 3.11 et compare le « gros lot » V^c au coût marginal de l'effort, la quantité d'effort qui sera livrée correspond au point « r ». Si tous les vice-présidents dans la course réagissent de la même manière, l'effort de chacun augmentera avec le prix octroyé et les profits de l'entreprise augmenteront en proportion de ces efforts. Au total, le prix accordé au vainqueur V^c sera fixé par la concurrence et engendrera un niveau d'effort maximal de la part de toute l'équipe.

Les limites de cette formule sont de deux ordres. Premièrement, pendant le déroulement du tournoi, elle peut paradoxalement conduire à de la nuisance, au sabotage du travail des autres et au refus de coopérer avec ses collègues concurrents. En effet, il y a deux façons de gagner une course, soit en étant le meilleur, soit en trichant et en faisant en sorte que les concurrents trébuchent. L'incitation à la compétition plutôt qu'à la coopéra-

FIGURE 3.11

Le calcul de l'effort

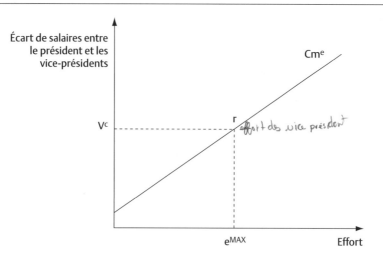

tion croît avec la taille du prix : plus le prix à gagner est élevé, plus la tentation de tricher est grande. Les règles du jeu doivent donc être claires et faire l'objet de vigilance de la part du comité de surveillance et d'évaluation.

Deuxièmement, à la suite du tournoi, les risques de relâchement dans la motivation du personnel de direction peuvent être élevés. Le vice-président gagnant peut décider de s'asseoir sur ses lauriers. Les vice-présidents peuvent être sous le coup d'un fort découragement, tandis que les cadres les plus jeunes qui ont assisté au « spectacle » peuvent juger que les risques de perdre sont sensiblement plus élevés que les chances de gagner. Pour pallier ces problèmes et augmenter les chances de gagner des plus jeunes, l'entreprise doit faciliter la retraite du président, offrir de généreuses conditions de départ (« parachutes dorés ») aux vice-présidents et se préparer à faire un nouveau concours avec de nouveaux participants.

Primes de groupe et régimes de participation aux profits

La formule de prime de groupe se présente comme une alternative à celle du tournoi lorsque la performance relative des membres d'une équipe ne peut être évaluée. La prime de groupe se définit comme un surplus ou une enveloppe salariale qui est remise à chacun des membres du groupe au prorata de leur participation à l'effort collectif (heures ou journées de présence). Le montant contenu dans l'enveloppe reflète la performance du groupe ou de l'entreprise en général. La prime de groupe est une formule flexible qui n'est pas récurrente : son montant est variable et son octroi peut être abandonné à tout moment. C'est une formule qui peut tout aussi bien convenir à la récompense d'un effort collectif exceptionnel au cours d'une brève période de pointe, par exemple, pendant le temps des fêtes ou au cours de la période précédant Noël.

Lorsque la prime de groupe est mathématiquement reliée par contrat aux profits de l'entreprise, on parle plutôt d'un régime de participation aux profits. Un régime de participation aux profits redistribue une partie des profits de l'entreprise au prorata du temps de présence des employés. En versant un montant proportionnel au temps de présence de chacun, personne n'a intérêt à nuire au travail des autres pour s'avantager personnellement et gagner plus que les autres : la formule de prime de groupe ou de partage des profits se prête donc à la coopération plutôt qu'à la compétition. En revanche cependant, et au même titre que toute forme de paiement égalitaire entre les employés, elle crée une incitation au resquillage et au nivellement par le bas.

Le resquillage

Si une tâche doit être donnée à plusieurs travailleurs en même temps et que le salaire est le même pour chacun, il pourra arriver que l'un d'entre eux ne fournisse pas tout l'effort requis, si l'effort individuel est difficile à observer. Par exemple, si on demande à plusieurs de transporter un objet lourd et de grande taille, certains pourront faire semblant alors que d'autres fourniront un réel effort. Celui qui simule l'effort s'appelle le resquilleur.

Le problème du resquillage se pose lorsque tout effort particulier d'un travailleur pour réduire les coûts de production ou améliorer la productivité du groupe ou de l'entreprise n'est récompensé qu'à hauteur de la fraction $1/N$ qu'il représente lui-même dans le total des employés N. Cette récompense personnelle pour un effort qui peut être coûteux ou même substantiel est d'autant infime qu'elle est partagée par un groupe de grande taille. À moins qu'il s'agisse de groupes de très petite taille, l'incitation à la prise d'initiatives est réduite et, jusqu'à un certain point, les travailleurs sont incités à en faire le moins possible, à s'en remettre aux autres pour s'approprier le fruit de leurs efforts et à leur laisser le soin d'effectuer le gros des opérations.

Les leçons à tirer de tout cela sont que de trop grandes inégalités dans la rémunération du travail peuvent mener à diverses formes de comportements non coopératifs, tandis que l'absence totale d'inégalités peut mener à l'inégalité dans la répartition de l'effort et au resquillage.

La rémunération au temps

Paradoxalement, la formule de rémunération au temps est à la fois la formule la plus répandue et la plus égalitaire. Cette formule l'emporte à chaque fois qu'elle s'avère moins coûteuse et comporte moins d'inconvénients que les autres. Pour réduire les risques de resquillage toutefois, elle doit être obligatoirement accompagnée de sauvegardes ou de dispositions complémentaires.

Dans le cas des employés rémunérés à l'heure, il importe que l'organisation du travail soit dotée d'une certaine forme de coordination, de supervision et de contrôle du travail de tous et chacun afin de renforcer les effets de coopération et d'éviter les effets de resquillage.

Dans le cas des employés rémunérés sur une base annuelle, il est plus difficile d'exercer une surveillance étroite : avocats du service du contentieux, comptables d'entreprise, économistes au service de la planification, conseillers en relations industrielles à la direction des ressources humaines. Le système de rémunération doit préférablement, sinon obligatoirement, s'accompagner de promotions, de chances d'avancement ou d'augmentations de salaire contingentes. Autrement, l'employeur court le risque de faire les frais d'un contrat de travail peu ou pas respecté.

Le graphique 3.12 décrit une entente ou une convention qui stipule que l'employé travaillera 35 heures par semaine pour son employeur (h_0) pour un revenu Y_0. Incidemment, si les heures maximales de loisirs sont de 70 heures, il disposera implicitement de 35 heures de loisirs par semaine. Suivant cette entente, l'employé bénéficiera d'un niveau d'utilité de U_0.

Laissé sans surveillance étroite, celui-ci pourrait être tenté de n'offrir que 25 heures de travail (h_1) au lieu des 35 heures promises et de disposer de 10 heures de loisirs *sur ses heures de travail* sous forme de pauses ou de dîners prolongés, de téléphones à des amis ou à la famille, d'échanges de courriels à des fins personnelles, etc. Son niveau d'utilité serait alors de U_1, plutôt que de U_0, et c'est l'employeur qui ferait les frais de ce gaspillage.

FIGURE 3.12

L'irrespect des contrats de travail

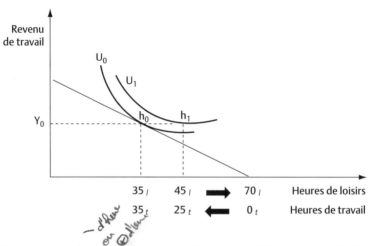

Dans ces cas et pour ces catégories de personnel, il se peut que l'adjonction d'un système de promotions ou d'augmentations de salaire contingentes modifie les incitations. En effet, il est à prévoir que ce genre de dispositions incite l'employé non seulement à respecter les termes du contrat initial, mais elles peuvent même le prédisposer à les dépasser, en travaillant tard le soir ou en apportant du travail à la maison, afin d'obtenir les promotions ou les augmentations en question qui maximiseront son salaire à vie plutôt que sur une courte période.

Le salaire différé

Le salaire différé institutionnalise la progression des salaires sous forme d'échelle salariale. La principale caractéristique d'un système de rémunération différée consiste à verser un salaire inférieur à la valeur de la productivité marginale (Vpm) de l'employé en début de carrière, puis de lui verser un salaire supérieur à sa valeur de productivité marginale en fin de carrière. La figure 3.13 illustre ces propos. Le salaire (en ligne continue) s'avère inférieur à la Vpm (en ligne discontinue) jusqu'au seuil « s », puis il la dépasse par la suite.

FIGURE 3.13

Système de salaire différé

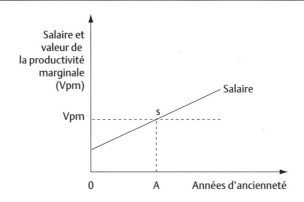

De zéro à « A » années d'ancienneté, le salaire progresse, mais demeure au-dessous de la valeur de la productivité marginale. Par après, il s'instaure un différentiel croissant entre le salaire et cette valeur de la productivité marginale.

Les bénéfices d'un tel système pour un employeur sont évidents. Premièrement, celui-ci paie moins que ce que son employé rapporte pendant une bonne partie de sa carrière. S'il arrivait que ce dernier soit pris en défaut puis congédié, l'employeur s'approprierait tout l'excédent des revenus sur les coûts, sans avoir à en verser la contrepartie en retour. Deuxièmement, un système de rémunération différée incite à la loyauté, à l'honnêteté, à l'assiduité et à l'effort de la part de l'employé. En effet, celui-ci a tout intérêt à faire preuve d'application au travail puisque ainsi il pourra bénéficier d'une rémunération plus élevée dans le futur. Troisièmement, un resserrement des liens de loyauté entre employeurs et employés aura pour effet de réduire le taux de roulement de la main-d'œuvre et les coûts de recrutement et de formation associés au remplacement des employés qui, autrement, auraient quitté l'entreprise.

Les bénéfices pour les employés sont aussi de trois ordres : première-ment, une espérance d'un meilleur salaire sur l'ensemble de leur carrière, car pour présenter quelque attrait pour les travailleurs, le plan doit offrir un meilleur salaire en moyenne ; deuxièmement, ce système assure une meilleure synchronisation de leur revenu avec l'âge, surtout s'il advenait que leur productivité diminue avec l'âge et ; troisièmement, il offre la garantie d'un fonds de pension au moment de leur retraite.

Pour garantir la solvabilité du système dans son ensemble, l'employeur doit, de quelque façon, disposer d'un système fermé. Un système qui serait ouvert en serait un qui inviterait l'employé à demeurer en poste indéfini-ment, ce qui s'avère insoutenable sur le plan financier, puisque l'employeur ne peut indéfiniment soutenir une situation où les salaires versés dépassent les revenus de production. Employeurs comme employés courent donc deux types de risques. L'employeur court le risque que ses employés refu-sent de prendre leur retraite au moment opportun. L'employé court le risque que son employeur ferme ses portes ou le congédie hâtivement et de façon arbitraire.

Afin de prévenir le premier risque, le fonds de pension doit mettre en évidence deux grands paramètres : la progression du montant de la pension avec le nombre d'années de service d'un côté, mais la diminution du nombre d'années à vivre de l'autre. Le tableau 3.1 donne un exemple de ces calculs et de l'enveloppe qui en résulte.

Dans cet exemple, l'entreprise signale nettement ses préférences pour un départ à x+3 années de service, car c'est à ce moment que l'enveloppe constituée du produit de l'espérance de vie par le montant de la pension est à son maximum (49 000 $).

Finalement, il convient de souligner que le travailleur doit, de son côté, disposer de fortes garanties contre toute forme de congédiement injuste ou opportuniste de la part de l'employeur. Il doit aussi prendre en considéra-tion la stabilité financière à long terme de l'entreprise et vérifier son souci de préserver une bonne réputation quant à ses engagements vis-à-vis des travailleurs les plus expérimentés.

TABLEAU 3.1

Calcul de l'enveloppe fiduciaire

Années de service	Prestations mensuelles	Espérance de vie en santé	Enveloppe
(x= minimum exigé)	(1)	(2)	(3) =(1) x (2)
x	4 000 $	10	40 000 $
x+1	5 000 $	9	45 000 $
x+2	6 000 $	8	48 000 $
x+3	7 000 $	7	49 000 $
x+4	8 000 $	6	48 000 $
x+5	9 000 $	5	45 000 $

Le surpaiement

Le surpaiement des employés est une autre approche qui peut exercer un effet sur l'effort et la productivité du travail. L'employé qui pense disposer d'une rémunération supérieure à ses « voisins », ou à ce dont il bénéficierait autrement sur le marché, a intérêt à répondre aux demandes de l'employeur et à faire preuve d'assiduité et d'application au travail. La théorie des salaires efficients prétend, pour cette raison, qu'il y a un lien direct entre le salaire et la productivité : plus le salaire est élevé, plus la productivité l'est. De plus, elle ajoute que la plus grande rétention de la main-d'œuvre qui en résulte accentue l'avantage compétitif.

Suivant les principes de cette théorie, le salaire devrait augmenter indépendamment du marché, c'est-à-dire jusqu'à ce qu'une augmentation additionnelle de 1 % conduise à une augmentation de moins de 1 % de la productivité. Cette théorie est donc en mesure d'expliquer pourquoi, dans les faits, nous observons un sous-ensemble d'entreprises qui versent des salaires systématiquement supérieurs à la moyenne.

Pour terminer, nous aimerions insister sur le fait que chaque formule attire des travailleurs dont les traits psychologiques sont tout à fait particuliers. En effet, l'attitude des candidats à l'embauche vis-à-vis l'une ou l'autre de ces formules de rémunération peut s'avérer très révélatrice de leurs préférences réelles. Par exemple, nous pouvons avancer qu'un employeur qui recherche des employés qui craignent moins le risque et qui ont des habiletés supérieures à la moyenne pour une fonction particulière aura tout intérêt à offrir un système de rémunération à la pièce, de même que les travailleurs qui sont attirés par un système de rémunération différée sont ceux qui ont de meilleures prédispositions pour assurer la relève dans l'entreprise et, enfin, que les candidats qui s'engagent dans un système de tournoi ne manquent pas de confiance en eux et sont capables d'une grande abnégation pour atteindre les objectifs de l'entreprise.

4

LES IMPERFECTIONS DE MARCHÉ

Jusqu'ici, nous avons supposé, bien souvent implicitement, que les entreprises étaient de taille modeste et qu'elles se faisaient concurrence les unes aux autres pour une même main-d'œuvre par ailleurs abondante. Nous avons supposé également que la main-d'œuvre était bien informée des opportunités d'emploi et des conditions de travail prévalant sur les différents marchés du travail. Finalement, nous avons supposé que les coûts de déplacements étaient nuls. Qu'en est-il dès lors que ce n'est plus le cas? Qu'en est-il plus particulièrement lorsque la concurrence n'est pas parfaite, que l'information est imparfaite et qu'il y a des coûts reliés à la mobilité de la main-d'œuvre? C'est cet ensemble de questions que nous soulèverons dans ce chapitre. Pour commencer, nous étudierons les répercussions des imperfections de marché sur la configuration du couple emploi-salaire puis nous poursuivrons notre étude avec l'analyse des répercussions de ces mêmes imperfections sur l'efficacité des marchés du travail en tant que mécanisme d'allocation et de ré-allocation des ressources humaines.

Le couple emploi-salaire

Pour étudier l'incidence des imperfections de marché sur la configuration du couple emploi-salaire, il convient de faire la distinction entre les imperfections du marché du produit d'un côté, et les imperfections du marché du travail de l'autre. Dans le premier cas, nous prendrons pour modèle le monopole. Dans le second cas, nous retiendrons le modèle du monopsone.

Le monopole

Le monopole constitue la forme limite ou extrême de la concurrence imparfaite. Une entreprise en monopole constitue la seule ou la principale productrice d'un bien ou d'un service. Les formes intermédiaires de marché entre la concurrence parfaite et la concurrence imparfaite sont les duopoles (deux entreprises), les oligopoles (quelques entreprises) opérant en cartel (ex. : OPEP [Organisation des pays exportateurs de pétrole]) ou non (banques canadiennes? compagnies pétrolières?) et la concurrence monopolistique (quelques entreprises qui se partagent le marché d'un produit légèrement différencié : lessive, dentifrice, etc.).

L'intérêt de l'étude du monopole pour la compréhension de la formation des salaires et de l'emploi sur les marchés du travail découle du fait que la demande de travail est une demande dérivée de la demande pour les produits. Si la demande pour le produit est modifiée par les imperfections de marché, il s'ensuit que la demande de travail en sera également modifiée. Pour comprendre comment une situation de monopole modifie la demande pour le produit puis, éventuellement, la demande de travail sur le plan de l'entreprise, il est nécessaire d'effectuer un bref retour au modèle de la concurrence.

En concurrence, nous devons faire la distinction entre le marché et l'entreprise. L'entreprise est une unité de décision qui porte sur la production d'un ou de plusieurs produits. L'entreprise, par exemple General Motors, peut compter un ou plusieurs établissements (usines) qui sont les lieux où s'opèrent la production de ces produits (automobiles). L'ensemble des entreprises (General Motors, Toyota, Ford, Kia…) qui produisent le même produit constitue le marché ou l'industrie (de l'automobile). Un marché est constitué d'une offre de produit O_X et d'une demande pour le produit D_X. L'offre pour le produit croît avec le prix, sa pente est positive. La demande pour le produit est inclinée négativement : les quantités demandées par les consommateurs diminuent au fur et à mesure que le prix augmente.

Le marché est le lieu où sont déterminés le prix et les quantités produites et échangées d'un même bien. En effet, et tel qu'il est indiqué à la figure 4.1a, le prix du bien P_X, par exemple le prix d'une automobile comparable d'une entreprise à l'autre, est déterminé par la rencontre de l'offre et de la demande. La quantité totale produite par le marché est X. En concurrence, l'entreprise est soumise au prix déterminé par le marché. On peut dire qu'elle l'importe du marché. Par exemple, à la figure 4.1b, la demande pour le produit de l'entreprise est d_X parfaitement horizontale au prix P_X déterminé par le marché à l'extérieur de l'entreprise. L'entreprise n'a plus alors, dans ce contexte, qu'à décider de la quantité à produire. Comment fait-elle ?

La comparaison des revenus et des coûts de production

Dans la figure 4.1b, nous avons tracé une fonction de demande d_X parfaitement horizontale au prix P_X importé du marché pour le produit X. Dans ce contexte, le prix du produit se trouve exactement égal au revenu marginal de production que nous écrirons Rmx. Le revenu marginal de production nous informe sur le revenu associé à la production d'une unité additionnelle. À la question de savoir combien rapporte la production d'une unité additionnelle du produit, la réponse, en situation de concurrence sur le marché du produit, est le prix. Combien rapporte à l'entreprise la production d'un automobile additionnelle dont le prix est de 30 000 $ l'unité sur le marché ? La réponse est 30 000 $.

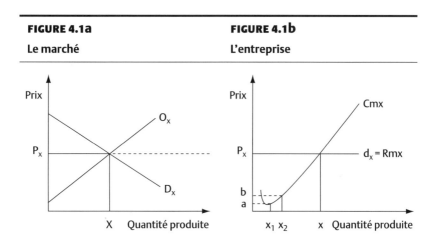

FIGURE 4.1a

Le marché

FIGURE 4.1b

L'entreprise

Pour savoir si l'entreprise doit la produire ou non, elle doit comparer ce revenu marginal avec son coût marginal de production. Nous avons tracé une courbe de coût marginal de production (Cmx) à la figure 4.1b. Cette courbe indique le coût de production spécifique associé à la production de chaque automobile supplémentaire. Nous supposons tout d'abord qu'il y a des rendements croissants, les coûts marginaux baissent pour un certain temps, puis ils sont suivis par des rendements décroissants : les coûts marginaux de production montent à partir de x_1. Produire de plus en plus avec le même équipement devient alors de plus en plus onéreux.

La décision de production de l'entreprise se fait en comparant successivement les coûts et les revenus marginaux. Si, comme en x_1, le coût « a » donné par la courbe Cmx est inférieur au prix P_X, l'entreprise réalise des profits, mais ce n'est pas suffisant, car en produisant x_2 elle produirait une nouvelle unité qui ajouterait à ses profits puisque le prix P_X serait à nouveau supérieur au coût (« b »). Tant et aussi longtemps que l'entreprise n'a pas atteint le niveau de production « x », elle a intérêt à produire davantage puisque, par cumul, cela gonfle ses profits. Au-delà de « x » toutefois, elle s'engagerait dans une activité qui coûte plus cher qu'elle ne rapporte. Au-delà de « x », la courbe du Cmx dépasse celle du Rmx. La règle de détermination de la production de l'entreprise capitaliste veut donc que la quantité produite de chaque bien se fixe là où le revenu marginal de production est égal au coût marginal de production :

$$(1)\ Rmx = Cmx$$

En situation de concurrence, les circonstances font, comme nous l'avons déjà vu, que le revenu marginal de production est égal au prix du produit et donc que la règle de détermination de la production est :

$$(2)\ P_X = Cmx$$

Au total, la somme des « x » produits par chaque entreprise forme la quantité produite totale « X » par l'ensemble du marché au prix d'équilibre P_X. Et c'est ce prix, net des coûts de production autres que le travail, qui donne de la valeur à la productivité marginale du travail et qui entre dans la détermination de la demande de travail. Comme nous nous apprêtons à le voir cependant, cette formule et la configuration qui lui est rattachée ne valent que pour une situation où les entreprises sont en concurrence les unes avec les autres pour un même produit. En situation de monopole, les règles de calcul sont les mêmes mais les données du problème sont différentes.

Dans le cas d'un monopole, il n'y a pas de distinction entre entreprise et marché. L'entreprise doit directement faire face à la demande D_X pour son produit. Elle est le marché. Et cela fait toute la différence car alors elle n'est plus preneuse de prix. L'entreprise en monopole a le pouvoir de déterminer le prix.

Les implications de cette importante différence dans l'environnement de l'entreprise sont que le revenu marginal de production (Rmx) n'est plus égal au prix P_X du produit, mais à une formule plus complexe :

$$(3)\ Rmx = P_X - [\ (\Delta P_X / \Delta X) \cdot X^a\ ]$$

Cette formule nous indique que le revenu marginal de production (Rmx) est égal au prix du produit P_X moins la baisse de prix qu'il a fallu concéder pour vendre une unité additionnelle du produit $(\Delta P_X / \Delta X)$ multipliée par la quantité autrement produite X^a. L'intuition derrière ce résultat est simple. Un monopole a le contrôle du prix mais il n'a pas le contrôle des quantités vendues. Hydro-Québec ne peut dire à quiconque que le prix de son produit est de 10 $ le kilowatt et qu'il devra consommer 10 millions de kilowatts au cours de l'année. Hydro-Québec fixe le prix. C'est aux ménages et aux dirigeants d'entreprise de régler leur consommation d'électricité en conséquence et de se chauffer ou de gérer leur entreprise comme bon leur semble avec la source d'énergie qui leur convient le mieux et qui est la plus économique. En conséquence, si le monopole veut vendre plus, il devra, pour ce faire, réduire son prix. Le revenu marginal d'une vente additionnelle est donc égal au prix qu'il obtient pour cette production moins la baisse de revenu qu'il a dû céder pour vendre plus. L'exemple numérique du tableau 4.1 sert à illustrer cette formulation.

Les deux premières colonnes du tableau 4.1 donnent forme à la demande pour le produit. Quand le prix est de 10 $ (première rangée de la première colonne), l'entreprise ne vend qu'une unité (première rangée, deuxième colonne). Si son prix baisse à 1 $, elle peut espérer en vendre 10 (dernière rangée). En fait, nous pouvons observer qu'à chaque fois qu'elle

TABLEAU 4.1

Calcul du revenu marginal de production pour un monopole

(1) Prix	(2) Qté produite	(3) Revenus	(4) Rmx	(5) Rmx selon la formule (1)
10 $	1	10 $	–	–
9 $	2	18 $	8	9 – (1·1)
8 $	3	24 $	6	8 – (1·2)
7 $	4	28 $	4	7 – (1·3)
6 $	5	30 $	2	6 – (1·4)
5 $	6	30 $	0	5 – (1·5)
4 $	7	28 $	–2	4 – (1·6)
3 $	8	24 $	–4	3 – (1·7)
2 $	9	18 $	–6	2 – (1·8)
1 $	10	10 $	–8	1 – (1·9)

désire vendre une unité additionnelle, l'entreprise doit baisser son prix de un dollar. La demande pour le produit D_X fournit donc la liste des prix maximaux qu'elle peut obtenir pour chaque quantité produite.

La troisième colonne du tableau 4.1 rapporte les revenus de production. Ceux-ci sont égaux à la multiplication de la première colonne par la deuxième colonne, soit le prix multiplié par la quantité produite. La quatrième colonne donne le revenu marginal de production (Rmx). Le revenu marginal de production se définit par la variation du revenu associée à la production d'une unité additionnelle du produit : comme indiqué à la troisième rangée du tableau 4.1, produire trois unités du produit plutôt que deux fait varier le revenu de 6 $ car les revenus totaux de production passent successivement de 18 $ à 24 $.

La cinquième colonne donne le calcul du Rmx en s'appuyant sur la formule (3). On y observe, comme prévu, que la vente d'une troisième unité rapporte son prix : 8 $, duquel il faut déduire la baisse de prix qu'il a fallu céder (1 $) multiplié par les deux autres unités vendues 8 $ au lieu des 9 $ que l'on aurait obtenu si on s'en était tenu à une production de deux unités seulement. Au total, le revenu marginal de production n'est plus égal au prix du produit comme c'était le cas en concurrence, mais il sera plutôt égal au prix du produit **moins** quelque chose. Autrement dit, la courbe qui rapporte les diverses valeurs du revenu marginal de production (Rmx) s'avérera systématiquement inférieure à la demande pour le produit (D_X) qui indique les prix maximaux qu'une entreprise en monopole peut demander au consommateur. Ces considérations comportent, comme nous nous apprêtons à le voir, deux répercussions majeures. Premièrement, un monopole non réglementé et laissé à lui-même demandera des prix plus élevés et produira une quantité ou une qualité moindre de biens ou de services à la population. Deuxièmement, l'emploi sera plus faible en situation de monopole qu'en situation de concurrence.

Des prix plus élevés et des quantités et qualités de produits inférieures

Si, comme indiqué dans la figure 4.2, la demande pour le produit représente la liste des prix maximaux qu'une entreprise en monopole peut obtenir pour la vente de son produit, si les coûts marginaux de production sont les mêmes en concurrence qu'en monopole et si le revenu marginal de production (Rmx) figure, comme il se doit, sous la courbe de demande pour le produit (Dx), alors l'application de la règle de détermination de la production (1) Rmx = Cmx conduit à un niveau de production de monopole inférieur à celui de la concurrence. En effet, au point de rencontre M entre les courbes du revenu marginal de production (Rmx) et des coûts marginaux de production (Cmx) nous obtenons un niveau de production de monopole X^M inférieur à celui qui prévaudrait en concurrence X^C qui, lui-même, correspond au point de rencontre C entre l'offre (O_X = Cmx) et la demande (D_X) pour le produit. Par ailleurs et, tel qu'il est indiqué dans cette même figure, le prix maximum que l'entreprise en monopole peut obtenir pour cette quantité X^M produite est P^M supérieur au prix P^C qui prévaudrait en concurrence. Dans ces conditions, le monopole, laissé à lui-même, a pour effet de vendre plus cher et d'offrir moins de biens ou de services qu'en offrirait la concurrence.

FIGURE 4.2

Détermination du prix et de la quantité produite en monopole non réglementé

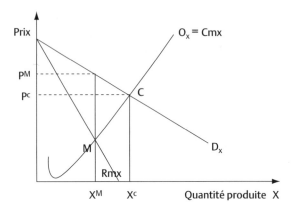

Un niveau d'emploi plus bas

Dans le cas du marché du travail, nous avons vu qu'un employeur avait intérêt à comparer ce que rapportait chaque employé à ce qu'il coûtait. Autrement dit, l'employeur comparait le revenu marginal du travail (Rmt) avec son coût marginal (Cmt). En concurrence, la liste de ce que rapportait chaque employé était donnée par la valeur de la productivité marginale. Autrement dit, le revenu marginal du travail était égal au prix multiplié par la productivité marginale attribuable à chaque travailleur. En monopole toutefois et à partir du moment où l'embauche de nouveaux employés conduit à une augmentation de la production, le revenu marginal du travail n'est plus égal au prix fois la productivité marginale du travail. Car en situation de monopole, l'augmentation des ventes et de la production ne pourra se faire qu'à la condition que le prix baisse sur toutes les unités produites. En situation de monopole, le revenu marginal du travail (Rmt) sera égal à la multiplication de la productivité marginale du travail (Pmt) par le *revenu marginal de production (Rmx)* que l'on sait être plus petit que le prix. Autrement dit, la demande de travail n'est plus égale à la Vpm qui dépend du prix, mais au Rmt qui dépend d'un revenu marginal de production, qui est inférieur à ce prix. Graphiquement et tel qu'il est indiqué dans la figure 4.3, cela donne une courbe du Rmt située sous la courbe de la Vpm.

Pour un salaire W donné par le marché, l'emploi sera plus petit en situation de monopole que celui qui prévaudrait en situation de concurrence sur le marché du produit. Dans ce dernier cas, l'emploi se détermine là où la Vpm égale le salaire. Dans le premier cas, il s'arrête à E^M, c'est-à-dire là où le salaire est égal au Rmt. Pourquoi? Parce qu'embaucher plus signifierait, pour le monopole, embaucher des employés qui rapportent moins (Rmt) que ce qu'ils coûtent W.

FIGURE 4.3

La fixation du niveau d'emploi en situation de monopole

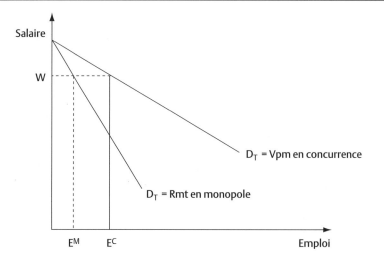

Le monopsone

Le monopole n'est pas la seule forme d'imperfection de marché. Le monopsone en constitue une autre. De façon générale cependant, le monopsone s'adresse plus spécifiquement au marché du travail. Un monopsone sur le marché du travail se définit par une situation où l'entreprise est la seule ou la principale acheteuse de services de travail sur le marché du travail et, contrairement à la concurrence, une entreprise en situation de monopsone sur le marché du travail n'est pas « preneuse » de salaire, elle fixe le salaire. Dans cette section, nous examinerons la façon dont le couple emploi/salaire est modifié par la présence de forces monopsoniques.

Pour bien comprendre ce que peut représenter un monopsone, on peut s'imaginer un petit village parfaitement isolé où vivent des pêcheurs et des chasseurs. Parmi les personnes qui habitent ce village, il y a celles qui, à un extrême, sont très habiles à la pêche ou à la chasse et qui rapportent leur butin ou leurs moyens de subsistance et plus ; et puis, à l'autre extrême, il y a les autres qui ont de la difficulté à attirer quelques prises qui sont à peine suffisantes pour assurer leur propre subsistance.

Arrive alors une entreprise de mise en conserve de poisson et de gibier qui cherche à s'installer et à s'implanter dans ce village. Son désir d'obtenir de la main-d'œuvre et sa capacité d'attirer les quantités de travail souhaitées ne seront limités que par le salaire qu'elle saura offrir sur le marché du travail. En effet, l'entreprise ne réussira à détourner de leurs activités quotidiennes que les pêcheurs et les chasseurs qui trouvent que leur sort s'améliorera en travaillant pour elle. En bas de 4 $ l'heure, elle ne trouvera personne parce que même les moins bons pêcheurs ou chasseurs préféreront leur liberté et leur maigre pitance à un salaire de 3,99 $ ou moins l'heure. Le salaire de 4 $ l'heure est le salaire de réserve c'est-à-dire, comme nous l'avons expliqué dans le cas n° 2 du chapitre précédent, le salaire en dessous duquel le travailleur réserve ou retient sa participation au marché du travail.

Par ailleurs, et tel qu'il est indiqué au tableau 4.2, l'entreprise devra offrir des salaires de plus en plus élevés pour détourner de leurs activités usuelles un nombre de plus en plus élevé de pêcheurs et de chasseurs qui, autrement, auraient préféré se livrer à la pêche ou à la chasse. Ce tableau nous indique, de plus, qu'il faut accorder une augmentation de 1 $ l'heure à **tous** les travailleurs à chaque fois que l'entreprise veut **un** travailleur additionnel.

Dans ces circonstances, le coût marginal du travail dépasse le taux de salaire déterminé sur le marché du travail. Il est constitué du salaire plus un surplus qui est égal à la variation de salaire nécessaire pour attirer chaque travailleur supplémentaire multipliée par le nombre de travailleurs déjà au travail. Mathématiquement cela s'écrit :

$$(4)\ Cmt = W + [(\Delta W/\Delta T) \cdot T^n]$$

où Cmt = le coût marginal du travail ; ($\Delta W/\Delta T$) est l'augmentation de salaire nécessaire pour attirer une unité de travail supplémentaire ; T^a est la quantité de travailleurs déjà embauchés auxquels l'entreprise est contrainte de verser le nouveau salaire.

TABLEAU 4.2

La détermination de l'emploi et du salaire en monopsone

Salaire	Quantité de travail offerte	Coût du travail	Coût marginal du travail	Valeur de la productivité marginale	Salaire qui prévaudrait en concurrence
W (1)	T (2)	CT = W·T (3)	Cmt (4)	Vpm (5)	W^C (6)
1	0	0	–	13	7
2	0	0	–	12	7
3	0	0	–	11	7
4	1	4	4	10	7
5	2	10	6	9	7
6	3	18	8	8	7
7	4	28	10	7	7
8	5	40	12	6	7
9	6	54	14	5	7
10	7	70	16	4	7

Les implications de cette configuration du coût marginal du travail sont illustrées à la figure 4.4. Dans cette figure, on note que l'employeur déterminera le niveau d'emploi de monopsone E^m qui maximise ses profits à partir du point de rencontre « a » entre les courbes de coût marginal du travail (Cmt) et de la demande de travail (D_T). Puis, une fois trouvé ce niveau d'emploi E^m souhaité au point « b », elle fixera le salaire de monopsone W^m qui se trouve sur la courbe d'offre de travail O_T au point « c ». Par comparaison, en concurrence, au point de rencontre entre l'offre O_T et la demande D_T, le salaire serait de W^C et l'emploi serait de E^C supérieurs à ceux du monopsone. Les implications du monopsone sur le marché du travail sont de deux ordres. Premièrement, comme nous venons de le voir, un monopsone embauche moins et paie moins cher sa main-d'œuvre qu'en concurrence : $E^m < E^C$ et $W^m < W^C$. Deuxièmement, l'enveloppe salariale, c'est-à-dire le produit du salaire par l'emploi, est plus petite qu'en concurrence : $W^m \cdot E^m < W^C \cdot E^C$.

FIGURE 4.4

La détermination de l'emploi et du salaire en monopsone

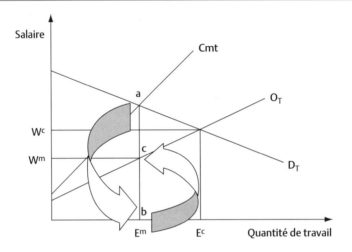

Un retour au tableau 4.2 nous permet de vérifier ces conclusions. À l'égalité du coût marginal du travail et de la valeur de la productivité marginale (Cmt = Vpm = 8 \$) qui figure à la sixième ligne de ce tableau, nous trouvons un niveau d'emploi de 3 et un salaire de 6 \$ l'heure. Le couple emploi-salaire est donc de 6/3 : l'entreprise paie un salaire de 6 \$ et engage 3 employés.

Par ailleurs, à l'égalité du salaire avec la valeur de la productivité marginale du travail, là où W^C = Vpm = 7 \$ dans la septième ligne du même tableau, nous trouvons un niveau d'emploi de 4. Le couple emploi/salaire est maintenant passé à la combinaison 7/4 : les entreprises en concurrence paient donc un salaire de 7 \$ l'heure et embauchent, dans leur ensemble, un total de 4 unités de travail.

Synthèse

Avant de passer à la section suivante, nous présentons un ensemble de graphiques qui, s'ils étaient combinés les uns aux autres, livreraient toutes les diverses configurations possibles du couple emploi-salaire. La figure 4.5a du haut à gauche donne la configuration de la demande de travail pour une situation où l'entreprise est en concurrence sur le marché du produit. Cette figure nous dit que du côté de l'employeur, il s'établit une relation inverse entre le salaire et la quantité de travail demandée et que la Vpm ou valeur de la productivité marginale du travail constitue ni plus ni moins que la liste de ce que chaque travailleur rapporte à la firme lorsque celle-ci n'a aucune emprise sur les prix déterminés par le marché.

La figure 4.5c du bas à gauche donne une situation où l'entreprise serait en situation de monopole sur le marché du produit. La liste de ce que rapporte chaque travailleur diffère de celle de la concurrence parce qu'elle tient compte du fait que le monopole doit réduire son prix lorsqu'il cherche à produire et vendre davantage de son produit. La demande de travail y est définie par un revenu marginal du travail inférieur à la valeur de la productivité marginale (qui n'apparaît ici que sous forme virtuelle).

Dans la figure 4.5b du haut à droite, nous avons une situation de concurrence sur le marché du travail. L'offre de travail de la firme y est parfaitement élastique au taux de salaire W déterminé par le marché. Cette représentation graphique nous permet de réaliser que l'entreprise en concurrence sur le marché du travail n'a aucune emprise sur le salaire. Celui-ci est strictement déterminé par le marché. En concurrence, l'entreprise n'a pour ainsi dire de contrôle que sur l'emploi.

Dans la figure 4.5d du bas à droite, nous disposons d'une situation de monopsone. Le monopsone fait apparaître des quantités de travail offertes qui varient avec le salaire et un coût marginal du travail qui se distingue de plus en plus nettement du taux de salaire. Sa contribution à l'explication de la formation de l'emploi et des salaires consiste à préciser les conséquences des situations où l'employeur exerce un contrôle élevé sur les salaires.

La notion d'élasticité en économie

Souvent, en économie, il est dit que la hausse d'un prix engendre la baisse des quantités vendues. Ce théorème est rarement contredit sauf dans certains cas de biens de luxe (parfums par exemple) dits biens de Giffen. L'important toutefois consiste à savoir de combien se réduisent les quantités vendues pour chaque hausse de prix. C'est l'élasticité de la demande qui nous fournira cette information. Par exemple, si les quantités vendues baissent de un dixième de 1 % pour chaque augmentation de 10 % du prix, comme ce pourrait être le cas du pétrole à court terme, on dira que la demande est inélastique. Si, par contre, les quantités vendues diminuent de 20 % à la suite de la même augmentation de prix, comme ce pourrait être le cas par exemple du chocolat ou du sirop d'érable, on dira que la demande pour le produit est élastique. Dans le premier cas, l'élasticité est égale à – 0,01. Dans le second cas, elle est égale à – 2. L'élasticité-prix « ε_p » se mesure donc par la division de la variation en pourcentage des quantités par la variation en pourcentage des prix : $\varepsilon_p = (\Delta X/X)/(\Delta P/P)$.

Dans le cas de la demande de travail, il suffit de remplacer X par E et P par W pour obtenir l'élasticité (salaire) de la demande de travail : $\varepsilon_w = \varepsilon(\Delta E/E)/(\Delta W/W)$, soit le ratio de la variation en pourcentage de l'emploi sur la variation en pourcentage du salaire.

Graphiquement, cela donne des demandes de travail dont les pentes sont variables comme indiqué au graphique 4.1. Toute variation de salaire de W0 à W1 qui réduit faiblement l'emploi de E0 à E1 caractérise une demande inélastique comme c'est le cas de la demande de travail DT1. Toute augmentation identique de salaire de W0 à W1 qui réduit l'emploi de façon appréciable de E0 à E2 caractérise une demande élastique comme c'est le cas de la demande de travail DT2.

GRAPHIQUE 4.1

Élasticité de la demande de travail

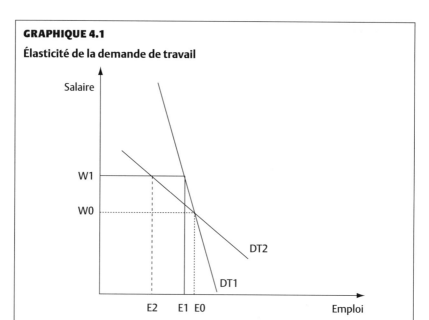

Lorsque la demande est parfaitement verticale, on parle d'une demande parfaitement inélastique : $\varepsilon_w = 0$. Les quantités vendues ne diminuent pas lorsque le prix augmente. Lorsque la demande est parfaitement horizontale, on parle d'une demande parfaitement élastique : $\varepsilon_w = \infty$. L'entreprise perd tout son marché si elle demande un prix plus élevé que la concurrence.

Le concept d'élasticité s'applique aussi bien à l'offre qu'à la demande. Dans ce dernier cas, on parle de la variation en pourcentage des quantités offertes par rapport à la variation en pourcentage du salaire. Lorsque les variations des quantités offertes sont grandes par rapport aux variations de salaire, on parle d'une forte élasticité de l'offre et la courbe d'offre de travail est horizontale. Lorsque ces variations sont petites, cette courbe est verticale. À court terme, l'offre de travail pour les professions hautement spécialisées est inélastique, mais elle est plus élastique à long terme.

FIGURE 4.5a

Configuration de la demande
de travail lorsque l'entreprise est en
concurrence sur le marché du produit

FIGURE 4.5b

Configuration de l'offre de travail
lorsque l'entreprise est en concurrence sur le marché du travail

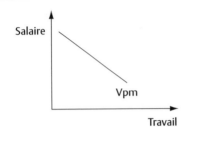

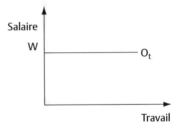

FIGURE 4.5c

Configuration de la demande
de travail lorsque l'entreprise est en
monopole sur le marché du produit

FIGURE 4.5d

Configuration de l'offre de travail
lorsque l'entreprise est en monopsone sur le marché du travail

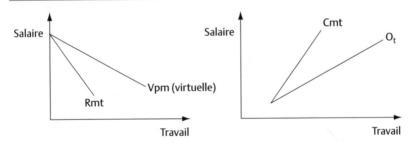

Diverses formes de configuration de couples emploi-salaire peuvent coexister. La combinaison de la figure 4.5a avec la figure 4.5b nous donne la situation où il y a concurrence sur les deux marchés. C'est la situation classique de départ. Le salaire et l'emploi se déterminent au point de rencontre entre O_t et Vpm.

La combinaison de la figure 4.5a avec la figure 4.5d donne le monopsone sur le marché du travail (village isolé, profession qui n'a pratiquement qu'un employeur ou coûts importants de recherche d'emploi) et la concurrence sur le marché du produit (le produit est fabriqué par plusieurs concurrents). Comme nous l'avons vu précédemment, l'emploi et le salaire sont plus bas qu'en situation de concurrence sur les deux marchés.

La combinaison de la figure 4.5c avec la figure 4.5b donne un monopole (Hydro-Québec) qui opère sur un marché du travail concurrentiel (secrétaires). Seul l'emploi se distingue de la situation qui prévaudrait en concurrence. Finalement, la dernière combinaison donne un monopole sur le marché du produit (figure 4.5c) et un monopsone sur le marché du travail (figure 4.5d). C'est la pire des situations tant en ce qui a trait à l'emploi qu'au salaire. Dans ce cas, l'emploi serait fixé à partir de la rencontre entre les coûts marginaux du travail Cmt et les revenus marginaux du travail Rmt. Le salaire serait celui qui figure sur l'offre de travail pour ce niveau d'emploi.

La répartition des ressources humaines

Les imperfections de marché, qu'elles proviennent de monopoles ou de monopsones, occasionnent un écart entre la valeur de la productivité marginale d'un côté et la rémunération du travail de l'autre.

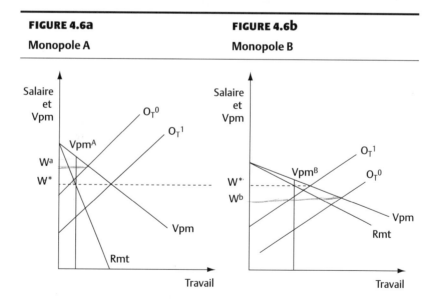

FIGURE 4.6a

Monopole A

FIGURE 4.6b

Monopole B

Dans l'exemple des monopoles A et B que nous présentons aux figures 4.6a et 4.6b, les salaires étaient différents au point de départ (W^a et W^b

respectivement), puis la main-d'œuvre s'est déplacée jusqu'à ce que les salaires soient égaux à W* sur les deux marchés. Il y aurait avantage à ce que la main-d'œuvre se déplace davantage du secteur B vers le secteur A parce que chaque déplacement nous ferait perdre une valeur de productivité marginale égale à Vpm^B mais conduirait à un emploi dont la valeur de la productivité marginale Vpm^A serait supérieure. Par exemple, si la valeur de la productivité marginale égale 15 $ sur le marché A alors qu'elle n'est égale qu'à 10 $ sur le marché B, cela veut dire que la société gagnerait 5 $ nets parce qu'elle disposerait de 5 $ de plus en biens ou en services à cause de ce transfert. C'est pourquoi on dit aussi que la valeur de la productivité marginale qui représente la valeur des biens et des services produits par le travail représente la contribution productive du travail. Toutefois, l'égalisation du salaire attribuable à la mobilité de la main-d'œuvre empêche tout mouvement ou tout déplacement supplémentaire. Il en résulte que la production et les revenus sont inférieurs à ce qu'ils auraient été en situation de concurrence. En situation de concurrence, ce type de problème ne se produit pas parce que le salaire est toujours égal à la valeur de la productivité marginale. Lorsque les salaires sont égaux entre les marchés, comme ils ont tendance à l'être en concurrence, leur valeur de productivité marginale ou la contribution productive du travail est aussi égale sur les différents marchés du travail et il n'y aucun avantage à effectuer des transferts additionnels de main-d'oeuvre.

Les figures 4.7a et 4.7b reprennent le même genre d'exercice pour les cas de monopsones avec, au point de départ, des salaires qui sont tout d'abord inégaux entre les marchés du travail A et B, soit les salaires W^a et W^b respectivement. Nous y constatons également une disparité entre les salaires et les valeurs de productivité marginale pour l'un comme pour l'autre monopsone. À l'équilibre, une fois que les salaires et la main-d'œuvre se sont complètement ajustés, la valeur de la contribution productive des travailleurs sur le marché du travail A est différente de la contribution productive des travailleurs sur le marché B. La mobilité de la main-d'œuvre dans ce cas-ci s'est avérée plus que suffisante. Trop de gens se sont déplacés du marché B vers le marché A, la productivité marginale ou contribution productive des travailleurs en A est maintenant plus petite que celle des travailleurs en B. Les conséquences sont toutefois les mêmes que précédemment : la répartition de la main-d'œuvre est incorrecte et les niveaux de revenus et de production sont sous-optimaux.

Il peut paraître contradictoire de supposer que la main-d'œuvre puisse se déplacer d'un marché à l'autre puisque les conditions mêmes du monopsone stipulent qu'il ne peut y avoir de mobilité de la main-d'oeuvre entre les différents marchés du travail. Dans les faits cependant, il convient de souligner que la seule présence de coûts de recherche d'emploi et de coûts de déplacements est suffisante pour faire en sorte que l'offre de travail de l'entreprise ne soit pas parfaitement élastique.

FIGURE 4.7a　　　　　　　　　**FIGURE 4.7b**

Entreprise A　　　　　　　　**Entreprise B**

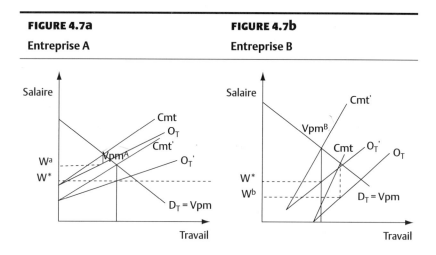

En effet, l'entreprise qui veut attirer plus de main-d'œuvre devra parfois augmenter son salaire pour compenser ces coûts de déplacements. En conséquence, l'augmentation de salaire ainsi consentie devra s'appliquer tôt ou tard à tous les autres travailleurs. Dans ce cas, l'offre de travail n'est plus parfaitement élastique au salaire du marché, le coût marginal du travail n'est plus égal au taux de salaire et l'analyse par le coût marginal du travail de type monopsone s'applique. Ce qui nous fait dire que la pertinence du modèle de monopsone est proportionnelle aux coûts de l'information et de la mobilité de la main-d'œuvre sur les marchés du travail.

5

LES THÉORIES DU SALAIRE

Dans le premier chapitre, nous avons vu que la comparaison des salaires d'une entreprise avec ceux des firmes concurrentes avait un rôle important à jouer pour assurer l'équité externe, mais cette règle ne suffit pas pour assurer l'équité interne au sein même de l'entreprise. Or, une politique de rémunération responsable nécessite que ces deux critères soient simultanément respectés. Pour ce faire, l'administrateur doit disposer de critères objectifs et reconnus autant par les employés que par la direction au sein même de l'entreprise. La liste des facteurs qui peuvent servir à adopter ou, au contraire, à rejeter certains critères de rémunération peut être extraite des travaux scientifiques. Ces facteurs sont : la scolarité, l'expérience, l'ancienneté, le statut syndical, le sexe et la race, les caractéristiques techniques des emplois, l'industrie, l'occupation, la région et la taille de l'entreprise. Sauf pour la taille des entreprises, nous disposons de théories spécifiques pour chacune de ces variables. Ces théories sont la théorie du capital humain et la théorie des signaux (scolarité, expérience et ancienneté), les théories de la discrimination (sexe et race), la théorie du marché (industrie, occupation et région) et la théorie hédonique des salaires (caractéristiques techniques des emplois). À l'exception de la théorie des marchés qui a fait l'objet des chapitres précédents, nous examinerons tour à tour, dans les sections suivantes, chacune de ces théories. La dimension syndicale fera l'objet d'un chapitre à part.

La théorie du capital humain

La théorie du capital humain est issue d'une théorie plus ancienne : la théorie des différences de salaires compensatoires. Cette dernière théorie a été avancée par Adam Smith en 1779, 10 ans avant la Révolution française. Cette théorie prétendait que ce ne sont pas les salaires qui doivent être égaux entre eux mais plutôt la somme des avantages et des désavantages des emplois qui doit l'être. Par exemple, une personne qui exerce un métier dans des conditions difficiles mais est payée le même salaire qu'une autre qui n'a pas à affronter ce type d'environnement, cherchera à quitter son emploi à la première occasion pour prendre l'emploi plus facile mais aussi bien payé. Pour retenir leur main-d'œuvre, les employeurs devront donc accepter de payer plus cher les travailleurs qui occupent des emplois comportant plus d'inconvénients que d'autres.

La liste des inconvénients auxquels avait pensé Adam Smith était constituée des cinq éléments suivants : 1- la pénibilité du travail ; 2 - la formation ou l'apprentissage ; 3 - le degré de responsabilités ; 4 - l'irrégularité de l'emploi ; et 5 - les risques d'insuccès. La notion de formation ou d'apprentissage figurait donc explicitement dans cette liste et c'est cette notion qui a été reprise en 1964 par Gary Becker pour donner lieu et place à la « Théorie du capital humain ».

Le contenu de la théorie du capital humain est relativement simple. Il consiste à considérer que la poursuite d'études post-secondaires est comparable à un investissement. Pour bien saisir l'analogie entre un investissement et des études post-secondaires, il convient de se référer à la théorie générale des investissements.

Selon la théorie générale des investissements, un investissement se définit par une dépense effectuée dans l'immédiat en vue de réaliser des revenus supérieurs étalés dans le futur. Pour qu'un investissement soit rentable sur le plan financier, il faut que la somme des revenus actualisés soit égale ou supérieure aux dépenses effectuées. Si nous écrivons la dépense Ct et si nous écrivons les revenus $Y1 + Y2 + Y3 + \ldots Yn = \Sigma_{t=1}^{n} Yt$, alors, il faut que $\Sigma_{t=1}^{n}[Yt/(1+i)^t] \geq Ct$, où i est le taux d'actualisation et où la partie gauche de l'inégalité constitue la formule d'actualisation des revenus.

Il existe aussi une autre façon d'analyser la rentabilité d'un investissement. Celle-ci consiste à trouver son taux de rendement interne. Le taux de rendement interne d'un investissement se trouve en calculant le taux « i » qui, dans la formule précédente, fait en sorte que la valeur actualisée des revenus est exactement égale au coût de l'investissement. La valeur ainsi obtenue de « i » nous donne le taux d'intérêt que nous rapporte le placement. Ce calcul est très pratique parce qu'il permet de comparer ce taux avec les taux d'intérêt auxquels nous pouvons emprunter. Si le taux de rendement de l'investissement en question est supérieur au taux d'intérêt sur le marché, nous procédons à l'investissement, sinon il vaut mieux y renoncer.

En quoi la poursuite des études post-secondaires peut-elle se comparer à un investissement ? Pour y répondre, il suffit de considérer qu'étudier comporte des coûts immédiats en vue de réaliser des revenus supérieurs dans le futur. Mais de quoi se composent alors ces coûts et ces revenus ?

Le coût des études post-secondaires se compose de trois éléments. Le premier de ces éléments est le salaire auquel l'étudiant doit renoncer pendant ses études. Ce manque à gagner représente le coût le plus important des études. Le deuxième élément est celui des frais de scolarités. Le troisième élément est les frais de matériel et de fournitures scolaires : photocopies, livres, etc.

Les revenus, quant à eux, se définissent par l'écart entre le salaire d'un diplômé du post-secondaire par rapport au salaire d'un diplômé du secondaire.

Dans l'exemple du tableau 5.1, nous avons rapporté, dans la première colonne, quelques échantillons fictifs mais réalistes du salaire que toucherait un diplômé du secondaire entre sa 23e année et ses 63 ans. Nous supposons ici qu'il prendrait sa retraite à 63 ans. Dans la deuxième colonne, nous avons inscrit le salaire que ferait la même personne si elle avait complété des études de baccalauréat.

Si, au point de départ, on considère que les études universitaires prennent cinq ans après le diplôme du secondaire pour être complétées : deux ans pour le cégep et trois ans pour le baccalauréat, et si on suppose que le principal coût des études est le manque à gagner un salaire à plein temps de 20 000 $ par année pendant cinq ans, le coût des études universitaires est

TABLEAU 5.1

Revenu comparé d'un diplômé du secondaire avec un diplômé du baccalauréat.

Âge	*(1)* *Salaire du diplômé* *du secondaire*	*(2)* *Salaire du diplômé* *universitaire*	*(3)* *Y= 1 –2*
23	25 000 $	40 000 $	15 000 $
24	26 000 $	42 000 $	16 000 $
25	27 000 $	44 000 $	17 000 $
.	.	.	.
.	.	.	.
.	.	.	.
63	35 000 $	85 000 $	50 000 $

de l'ordre de 100 000 $. Le bénéfice des études, quant à lui, est égal à la somme de chacun des éléments de la dernière colonne actualisée de la façon appropriée, soit $15\ 000/(1+i)^6 + 16\ 000/(1+i)^7 + 17\ 000/(1+i)^8 + \ldots + 50\ 000/(1+i)^{41}$. Pour être plus précis, le 100 000 $ devrait aussi être actualisé sur la base de $20\ 000\ \$/(1+i)^1$ la première année, de $20\ 000\ \$/(1+i)^2$ la deuxième année, et ainsi de suite jusqu'à la cinquième année d'études. Si la somme actualisée des revenus dépasse les coûts (actualisés), on dira de cet investissement qu'il est rentable. Sinon, on dira qu'il n'est pas rentable sur le plan financier.

Une représentation graphique nous permet d'observer que les individus défraient tous les coûts de leur formation d'un côté alors qu'ils touchent tous les bénéfices de l'autre. Par exemple, dans la figure 5.1, nous pouvons observer qu'entre 18 et 23 ans les futurs diplômés universitaires ont un manque à gagner qui correspond au salaire qu'ils auraient touché s'ils ne s'étaient pas engagés dans un pareil programme.

Les coûts sont égaux à la surface C, tandis que les bénéfices sont égaux à la surface B. Au total, si la surface B actualisée dépasse la surface C (actualisée), on dira que l'investissement est rentable.

FIGURE 5.1

Modèle du capital humain

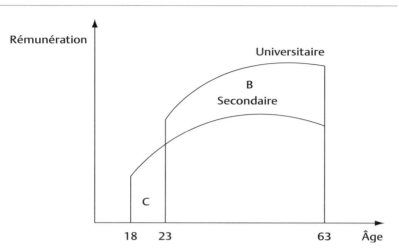

Le modèle des signaux

Historiquement, le modèle des signaux est venu apporter un peu de contestation à la théorie du capital humain. Ce modèle prétend que la scolarité fonctionne à la manière d'un test d'aptitudes qui sélectionne les élèves les plus habiles.

La théorie des signaux fonctionne de la façon suivante : d'un côté, nous supposons qu'il y a deux emplois dans l'économie. Un emploi est deux fois plus productif que l'autre, sa valeur est de 2 comparativement à l'autre qui n'a qu'une valeur de 1. De l'autre côté, nous supposons qu'il y a deux individus pour combler ces emplois. Un de ces individus est très talentueux, appelons-le l'individu TT. L'autre est moins talentueux, appelons-le MT. Pour bien marquer la différence entre ces deux individus, nous supposerons que les coûts d'acquisition des études sont trois fois plus élevés pour les individus moins talentueux que pour les plus talentueux. Ces coûts peuvent être aussi bien psychologiques que monétaires. Il est plus difficile et donc plus « coûteux » d'apprendre pour MT que pour TT.

La figure 5.2 illustre chacune de ces situations. Pour simplifier la présentation, nous supposerons que l'emploi BP à basse productivité est payé 1 $ tandis que le deuxième emploi HP à haute productivité est payé 2 $.

FIGURE 5.2

Le choix des études post-secondaires

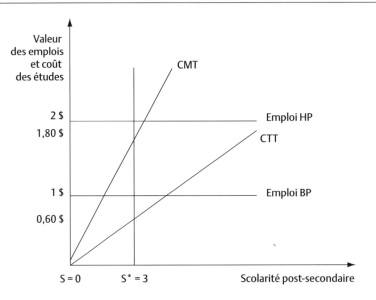

L'individu moins talentueux fait face à des coûts d'apprentissage élevés. Sa courbe de coûts d'apprentissage est CMT. Trois années d'études post-secondaires lui coûtent 1,80 $ au total, soit 0,60 $ par année. Ces mêmes trois années coûtent trois fois moins cher à l'individu TT, soit 0,60 $ tel qu'il est indiqué par la courbe CTT de la figure, ou encore une moyenne 0,20 $ par année pour chacune de ces trois années. Le problème qui se pose à l'employeur est qu'il sait très bien que les deux individus veulent l'emploi à 2 $ alors qu'il ne dispose d'aucun moyen pour discerner lequel des deux est le plus apte à répondre aux exigences du poste à plus haute productivité. La théorie des signaux postule alors que les études post-secondaires peuvent servir de signal pour indiquer aux employeurs éventuels lesquels des individus sont les mieux aptes à remplir les fonctions de l'emploi à haute productivité. Pour que ce signal soit efficace, il faut que le nombre d'années de scolarité post-secondaire requis constitue un signal séparateur.

Dans notre exemple, tout est en place pour savoir si le nombre d'années de scolarité post-secondaire que nous avons postulé ($S^* = 3$ à la figure 5.1) est un signal séparateur. Un signal est dit séparateur lorsque les individus les moins aptes ne trouvent pas d'intérêt financier à faire les efforts pour l'acquérir, tandis que les individus les plus talentueux y trouveraient leur compte. Pour savoir si un signal est séparateur, il convient de procéder à une analyse bénéfices-coûts, pour chacun des individus, de chacune des options qui leur sont offertes.

L'individu MT fait face à deux options. La première de ces options consiste à acquérir le signal S^* et de poursuive des études de trois ans au-delà du secondaire. Le bénéfice brut de ces études serait un emploi HP à 2 $. Il obtient un salaire de 2 $, mais il lui en a coûté 1,80 $ pour l'obtenir. Son bénéfice net est de 0,20 $.

S'il n'avait pas poursuivi des études au-delà du secondaire, il aurait obtenu automatiquement l'emploi BP à basse productivité. Son salaire serait de 1 $ et ses coûts seraient nuls ($S = 0$ à la figure 5.2). Au total, ses bénéfices nets de l'emploi BP seraient de 1 $. Pour cet individu, il est donc plus rentable de ne pas acquérir le signal S^* et d'opter pour l'emploi BP. Le signal est séparateur parce qu'il rend avantageux pour la personne moins apte de ne pas entreprendre les démarches pour l'acquérir. Mais, le même signal encourage-t-il les personnes plus talentueuses à poursuivre de longues études ? En d'autres termes, le signal est-il parfaitement séparateur ? Pour répondre à ces questions, il faut procéder au calcul des bénéfices et des coûts pour ces autres personnes.

Dans le cas de l'individu TT, les bénéfices nets associés à la décision d'arrêter ses études secondaires sont de 1 $. À $S = 0$ dans la figure 5.2, les bénéfices bruts sont de 1 $ et les coûts de scolarité sont nuls.

Par contre, le bénéfice net associé à l'acquisition du signal S^* par l'individu TT est supérieur à l'unité. En effet, le bénéfice brut est de 2 $ alors que coût total des trois années d'études supplémentaires n'est que de 0,60 $. Le résultat est un bénéfice net de 1,40 $, ce qui s'avère supérieur à la première option. L'individu TT est donc incité à poursuivre de plus longues études. Le poste à plus haute productivité sera comblé par l'individu le plus talentueux et nous pouvons en conclure que le signal adopté par le marché (S* = 3) est un signal parfaitement séparateur.

La formation spécifique

La théorie de la formation spécifique ajoute un complément d'analyse à la théorie du capital humain. Dans la théorie du capital humain, nous avons déjà vu que les individus payaient tous les coûts de leur formation mais qu'ils en récoltaient aussi tous les bénéfices.

Dans le cas de la formation donnée en entreprise, les choses en vont différemment.

Si l'entreprise décide de donner ou de compléter la formation de ses employés, il y aura des coûts composés du salaire versé au personnel affecté à cette tâche, du matériel, des locaux réservés à cette fin, etc., ainsi que du salaire payé au stagiaire ou à l'apprenti. Les bénéfices attendus après la formation sont une plus haute productivité. La figure 5.3 donne une représentation des enjeux rattachés à un programme de formation dont la durée est F.

FIGURE 5.3

Les coûts et les bénéfices de la formation en entreprise

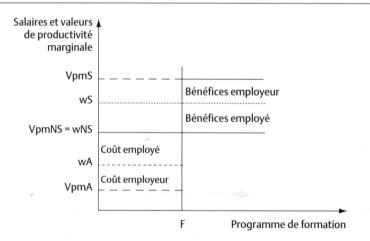

Pendant la période de formation F, la productivité de l'apprenti VpmA est relativement basse puisqu'il est en mode d'apprentissage plutôt que de production. Elle est plus basse que celle du travailleur non spécialisé qui ne suit pas de formation et qui est payé wNS. Une fois la formation complétée toutefois, la productivité monte à VpmS, soit un niveau largement supérieur à la productivité du travailleur non spécialisé (=VpmNS). L'espace entre VpmS et VpmNS représente les gains de productivité associés à la formation F.

Si l'employeur payait tous les coûts de la formation, il pourrait espérer en récolter tous les bénéfices. Dans les faits cependant, il court le risque de voir son employé quitter l'entreprise quelque temps après sa formation et alors, il aurait payé tous les coûts et ne toucherait à peu près aucun bénéfice. Pour se protéger de cette éventualité, il sera intéressé à partager les coûts et les bénéfices avec ses employés.

Il paiera un salaire d'apprenti égal à wA, inférieur à celui versé à wNS, mais supérieur à sa productivité VpmA. Le coût pour l'employeur sera donc égal à la différence entre le salaire qu'il paie à l'apprenti wA et la valeur de la productivité marginale VpmA de cet apprenti. L'employé assumera également un coût. Celui-ci sera égal à la différence entre le salaire wNS auquel il renonce et le salaire wA qui lui est versé en tant qu'apprenti.

Les bénéfices, quant à eux, seront divisés de la façon suivante. Une fois formé et productif, l'employé touchera une prime de qualification égale à l'écart entre son salaire d'employé spécialisé wS et le salaire wNS qu'il aurait touché autrement s'il n'avait pas suivi de formation. Les bénéfices pour l'employeur sont égaux à l'écart entre la nouvelle productivité de l'employé VpmS et le salaire wS qu'il lui verse, soit VpmS-wS.

La répartition des coûts et des bénéfices de ce type de formation entre les employeurs et les employés dépend en grande partie de la composante formation générale incorporée dans la formation donnée en entreprise. Dans les faits, il est rare que la formation donnée en entreprise ne comporte qu'une formation qui n'a de la valeur que pour cette entreprise spécifique à l'exclusion de toutes les autres. Si on initie du personnel à la tenue des livres de l'entreprise, on véhicule, par la même occasion, des notions générales de comptabilité qui peuvent servir ailleurs. Plus la part de la formation donnée en entreprise est générale, plus ce sera l'employé qui en défrayera les coûts et, inversement, plus la formation donnée en entreprise est spécifique à l'entreprise plus ce sera l'employeur qui en assumera les frais.

En somme, la théorie de la formation spécifique nous apprend que les employeurs et les employés ont intérêt à partager les coûts et les bénéfices de la formation en entreprise et que ce partage varie en fonction des risques de départ de l'employé, et du dosage de formation générale et de la formation spécifique incorporées dans la formation en entreprise.

La théorie hédonique des salaires

La théorie hédonique des salaires constitue une version moderne de la théorie des différences de salaires compensatoires développée par Adam Smith près de deux cents ans plus tôt. Pour l'essentiel, le cadre formel de la théorie hédonique des salaires repose sur des courbes d'iso-utilité qui sont confrontées à des courbes d'iso-profits.

Les courbes d'iso-utilité

Les courbes d'iso-utitlité sont des représentations graphiques qui donnent l'ensemble des combinaisons d'exigences des emplois d'un côté et de salaires de l'autre, qui engendrent un même niveau de bien-être. Dans ces conditions, on reconnaît qu'un employeur devra payer plus cher un employé qui occupe un emploi qui comporte plus d'exigences, comme d'avoir à travailler dans des conditions ou un milieu plus difficile (poussière, froid, humidité, etc.) ou risqué pour sa santé et sa sécurité au travail (risques de chutes, de contamination, de blessures…). Pour simplifier les choses, nous considérons que le désavantage en question est celui des risques d'accident du travail ρ. La figure 5.4 représente à cet égard les grands arbitrages qui s'établissent entre un emploi risqué mais plus rémunérateur et un emploi moins risqué ou plus sécuritaire et une rémunération moins élevée.

À un niveau de risque faible ρ_0 (=1 décès professionnel par 10 millions), le salaire exigé pour occuper cet emploi est de W_0. À un niveau de risque ρ_1 (= 1 décès par 100 000) beaucoup plus élevé, le salaire exigé est $W_1 >> W_0$. Par extension, la courbe d'indifférence U_0 donne l'ensemble des combinai-

FIGURE 5.4

Arbitrage entre sécurité au travail et salaire

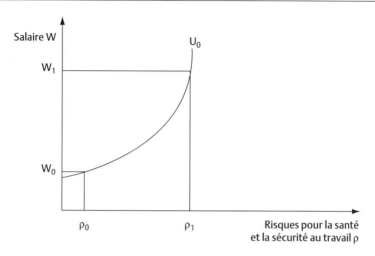

sons de risques et de salaires qui engendrent le même niveau d'utilité, et il en est de même pour toute autre courbe d'utilité. Ces courbes sont convexes par rapport à l'abscisse : *l'accroissement* de salaire exigé pour accepter des risques plus grands augmente au fur et à mesure que ces risques deviennent éminents ; autrement dit, la pente de la courbe d'utilité augmente de gauche à droite au fur et à mesure que le niveau de risques augmente.

La carte des courbes d'utilité qui apparaît dans la figure 5.5 indique des niveaux de bien-être croissants au fur et à mesure que ces courbes se rapprochent de l'ordonnée. Elles comportent des salaires plus élevés pour le même niveau de risque. C'est le cas, par exemple, de la courbe U_2 par rapport aux courbes U_1 et U_0 de la figure 5.5. À l'inverse, nous pouvons dire qu'une courbe d'iso-utilité plus rapprochée de l'abscisse est une courbe qui indique un niveau d'utilité plus bas.

Comme indiqué dans ce même graphique, les courbes d'iso-utilité ne peuvent se couper. Cela signifierait qu'une même combinaison de risques et de salaires engendre deux niveaux différents d'utilité et de bien-être *pour une même personne,* ce qui est impossible.

FIGURE 5.5

Carte de courbes d'iso-utilité devant le risque

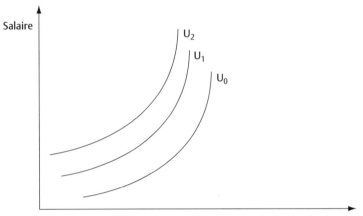

L'aversion au risque

L'aversion au risque varie grandement d'un individu à l'autre. Les gens qui craignent beaucoup le risque auront des courbes d'iso-utilité particulièrement accentuées. Les gens qui le craignent moins auront des courbes d'iso-utilité dont la pente est beaucoup moins accentuée. Dans un cas, et tel qu'il est indiqué à la figure 5.6, la pente de la courbe d'iso-utilité de l'individu A est aiguë. Cet individu, que l'on peut qualifier de riscophobe, demande un salaire W_A beaucoup plus élevé que l'individu B pour le compenser d'un risque ρ_1. On dit aussi que la prime salariale de risque est de $0W_A$ dans le cas de l'individu A, alors qu'elle est de $0W_B$ dans le cas de l'individu B. La prime salariale de risque se définit donc par la différence de salaire compensatoire qu'exige un travailleur pour accepter un emploi plus risqué qu'un autre.

FIGURE 5.6

La compensation des risques selon le degré d'aversion au risque

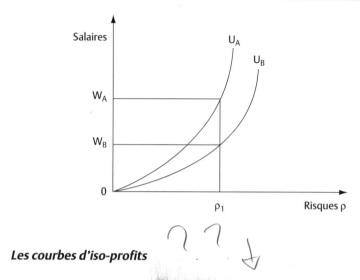

Les courbes d'iso-profits

Les courbes d'iso-profits représentent la contrepartie des courbes d'iso-utilité. En supposant que la réduction des risques comporte des coûts pour l'entreprise, il faut que les salaires diminuent au fur et à mesure que les risques diminuent pour que le niveau des profits demeure le même. Les courbes d'iso-profits expriment les combinaisons de risques et de salaires qui, *par construction*, engendrent le même niveau de profits à l'entreprise. Elles sont concaves par rapport à l'abscisse parce qu'on suppose qu'il en coûte de plus en plus cher de réduire les risques au fur et à mesure que ceux-ci baissent. En effet, il est raisonnable de supposer que les entreprises chercheront à réduire tout d'abord les risques les plus graves ainsi que ceux qui peuvent être évités à moindre prix puis qu'elles s'attaqueront progressivement aux autres risques plus coûteux et plus difficiles à éliminer.

Plus la courbe d'iso-profits est éloignée de l'abscisse plus bas est le niveau de profits. Ceci parce que les salaires versés sont plus élevés pour le même niveau de risque. La courbe Π_0 de la figure 5.7 indique ici le niveau de profit fixé par le jeu de la concurrence entre les entreprises. Un profit plus élevé constituerait une rente économique, c'est-à-dire un profit supérieur à ce qui est nécessaire pour rémunérer les actionnaires de façon

FIGURE 5.7

Courbes d'iso-profits des entreprises

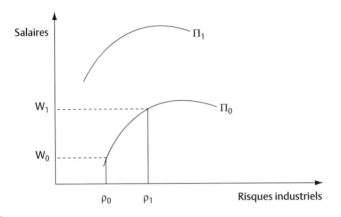

concurrentielle. Un profit plus bas menacerait l'existence de l'entreprise, les actionnaires préférant placer leur argent ailleurs.

Tout comme il y a plusieurs sortes d'individus, il y a plusieurs sortes d'entreprises. Dans notre exemple, il y aura donc des entreprises pour lesquelles il est plus coûteux de réduire les risques et il y a les entreprises où la réduction des risques est peu coûteuse.

La figure 5.8 présente la situation de deux entreprises différentes appartenant à deux secteurs d'activité différents et pour lesquels la réduction des risques comporte des coûts différents. Dans le cas de l'entreprise « a », la réduction des risques de ρ_1 à ρ_0 est très peu coûteuse et entraîne peu de dépenses. La pente de la courbe d'iso-profits est basse. Dans le cas de l'entreprise « b », la réduction de ces mêmes risques entraînerait des coûts importants ; la pente de la courbe d'iso-profits est élevée. Dans le premier cas, les salaires n'ont qu'à diminuer de W_1 à W_0 tandis que dans le second cas, ils doivent plutôt diminuer de W1 à W_0 pour obtenir le même résultat.

La courbe enveloppe

La courbe enveloppe représente la portion supérieure ou externe des courbes d'iso-profits concurrentiels de chacune des entreprises, soit la

FIGURE 5.8

Différences dans les pentes des iso-profits

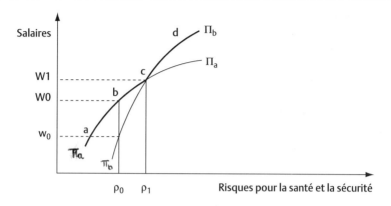

portion « abcd » de la figure 5.8. D'un côté, nous pouvons observer qu'il ne sert à rien à l'entreprise « b » d'annoncer des postes à faibles risques ni même d'investir dans la réduction des risques sous la barre des ρ_1. Elle n'a aucun avantage comparatif car, en tout temps, les entreprises de type « a » la battraient au jeu de la concurrence. Pour de bas risques, les entreprises de type « a » peuvent toujours offrir des salaires plus élevés $W0 > w_0$. Par contre, c'est le contraire qui se produit pour des emplois plus risqués. En effet, pour des emplois à risques supérieurs à ρ_1, l'entreprise « b » pourra offrir des salaires plus élevés que les entreprises de type « a ». De la sorte, nous ne verrons sur le marché que la portion « abcd » des combinaisons d'emplois et de salaires possibles. Cette courbe est appelée la courbe enveloppe ou courbe des emplois offerts sur le marché.

La courbe des contrats

Si, d'un côté, on dessine la courbe enveloppe de toutes les courbes d'iso-profits de toutes les entreprises de l'économie et si, de l'autre côté, on plaque l'ensemble des courbes d'iso-utilité de chacun des individus sur cette courbe, nous obtiendrons la courbe des contrats qui donne l'ensemble des combinaisons d'emplois et de salaires qui existent dans l'économie. Cette courbe de contrats renferme des résultats fort intéressants que nous pouvons déduire de la figure 5.9.

Premièrement, il ressort de la figure 5.9 que les emplois les moins risqués ρ_a sont aussi les moins payants (toutes choses égales par ailleurs) alors que les emplois les plus dangereux ρ_z comportent une prime salariale de risques.

Deuxièmement, et de façon encore plus intéressante, nous trouvons que les emplois les plus sécuritaires se concentrent dans les entreprises « a » pour lesquelles il n'en coûte pas cher de réduire les risques, alors que les emplois les plus dangereux se concentrent dans les entreprises « z » pour lesquelles il est très onéreux de réduire les risques inhérents à l'industrie ou à l'occupation.

Troisièmement, nous trouvons que ce sont les individus « A » qui ont le plus d'aversion aux risques qui occupent les emplois les moins risqués alors que ce sont les individus « Z » qui ont le moins d'aversion aux risques qui occupent les emplois les plus risqués. En effet, tel qu'il est indiqué dans la figure 5.9, il apparaît, le long de la courbe de contrats CC, que les individus de type A sont plus craintifs (pente d'iso-utilité U^A plus élevée) et que le point de tangence entre leur courbe d'iso-utilité la plus éloignée de l'abscisse et la courbe enveloppe donne une combinaison de faibles risques ρ_a et de faible salaire W_a. Par contraste, les individus de type Z sont beaucoup moins craintifs (pente d'iso-utilité U^Z plus faible) et travaillent dans les entreprises et les industries les plus dangereuses (pente d'iso-profits Π_z plus accentuée) avec des salaires W_z qui, toutes choses égales par ailleurs, sont plus élevés que dans les industries moins dangereuses.

En somme, nous pouvons en conclure que ce sont les individus qui ont le plus d'aversion aux risques qui travaillent dans les emplois à plus bas risques et à plus bas salaire dans les entreprises pour lesquelles il en coûte moins cher de réduire les risques, tandis que ce sont les individus qui ont le moins d'aversion aux risques qui travaillent dans les emplois les plus risqués et à plus haut salaire dans les entreprises pour lesquelles il en coûte plus cher de réduire les risques.

FIGURE 5.9

Courbe de contrats CC

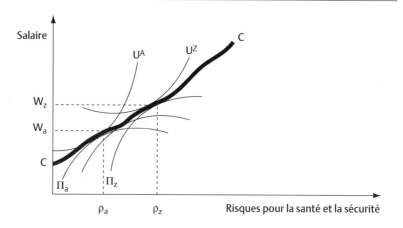

Application

Une des applications les plus évidentes de la théorie hédonique des salaires réside dans les systèmes d'évaluation des emplois. Ces systèmes ont ceci en commun qu'ils visent à rémunérer équitablement les exigences des emplois. Ces exigences sont généralement au nombre de cinq, soit : 1- les qualifications, c'est-à-dire la scolarité, l'expérience préalable, les habiletés de communication, etc. ; 2- les responsabilités, c'est-à-dire les responsabilités financières, les responsabilités administratives ou encore les responsabilités pour la santé et la sécurité d'autrui ; 3- les efforts physiques ou psychologiques comme, par exemple, avoir à soulever des poids dans un cas ou devoir porter une attention et une concentration soutenues pendant de longues périodes de temps dans le second cas ; 4- les conditions de l'environnement comme, par exemple, l'exposition à des produits contaminés, à de la poussière, de la chaleur, du froid, des situations tendues ou stressantes, etc. L'intensité de chacune de ces exigences est ensuite comptabilisée pour chaque emploi. Une pondération est appliquée à chaque facteur puis le total de points est effectué. Finalement, la régression statistique des salaires versés sur le nombre de points établit l'échelle salariale.

Dans le domaine de l'équité salariale, l'exercice n'est effectué que pour les emplois à prédominance masculine (60 à 70 % d'hommes) et le résultat de l'estimation de l'échelle salariale est appliqué aux emplois à prédominance féminine (60 % à 70 % de femmes). De la sorte, le salaire des emplois à prédominance féminine est porté à égalité avec le salaire des emplois à prédominance masculine.

La théorie des différences de salaires compensatoires, dans sa version moderne, peut donc servir de fondement analytique à l'évaluation des emplois, à leur rangement et à leur rémunération de même qu'à l'application des politiques d'équité salariale entre les hommes et les femmes en vue d'enrayer la discrimination salariale qui prévaut entre eux.

Les théories de la discrimination

Plusieurs théories de la discrimination s'adressent à l'étude des écarts salariaux fondés sur le sexe, l'ethnie ou la race.

La théorie de la discrimination pure

À la base, la théorie de la discrimination pure pose que des employeurs, pour des motifs irrationnels, nourrissent des préjugés à l'égard des groupes discriminés. Pour ces employeurs, les travailleurs discriminés sont moins productifs que les autres. Dans ce cas, ils chercheront soit à les payer moins cher soit à en employer le moins possible.

En théorie, les salaires sont égaux à la valeur de la productivité marginale pour ces employeurs comme pour les autres. Néanmoins, du point de vue de ces employeurs, la valeur de la productivité marginale des travailleurs discriminés serait plus petite que la valeur de la productivité marginale des travailleurs non discriminés, soit :

$$(1)\ \mathrm{Vpm}^d = \mathrm{Vpm}^{nd} - \delta$$

Où Vpm^d = valeur de la productivité marginale des travailleurs discriminés ;

Vpm^{nd} = valeur de la productivité marginale des travailleurs non discriminés ;

δ = taux de discrimination.

Le salaire d'équilibre pour ce groupe devra donc être $Wd = Vpm^d = Vpm^{nd} - \delta$ et, puisque $Wnd = Vpm^{nd}$, il s'ensuit que le salaire du groupe discriminé Wd sera égal au salaire du travailleur non discriminé moins le taux de discrimination δ, soit $Wd = Wnd - \delta$.

Il est important de noter que la discrimination pure conduit à des profits qui sont inférieurs à ceux qui existeraient si l'employeur ne discriminait pas. En effet, en embauchant peu de travailleurs discriminés, l'employeur renonce à engager des employés qui rapporteraient plus qu'ils ne coûtent puisque leur productivité réelle est plus grande que le salaire qu'ils les paient. Le concurrent qui s'aperçoit de la chose aura tôt fait de faire plus de profits et de le mener à la faillite.

La discrimination statistique

La théorie de la discrimination statistique postule que les employeurs, dans leur processus d'embauche et de rémunération, s'appuient non pas sur des préjugés mais sur des généralités ou des statistiques plutôt que sur l'analyse des dossiers individuels. Par exemple, un employeur qui s'appuierait sur les statistiques de roulement ou d'absentéisme pour un groupe discriminé aura tendance à éviter l'embauche de ce groupe ou encore à le sous-payer. En fait, la discrimination statistique se résume à donner du poids à l'appartenance à un groupe social ou racial, c'est-à-dire à juger de la productivité d'un individu d'après les statistiques moyennes qui se rapportent à son groupe plutôt que d'après ses qualités personnelles. Cette forme de gestion minimise les coûts d'acquisition de l'information sur les individus mais elle n'en constitue pas moins une forme de discrimination contre ceux et celles qui en font les frais.

La ségrégation

La ségrégation est une autre caractéristique des marchés du travail qui peut mener à des différences persistantes de salaires entre groupes de main-d'œuvre. La ségrégation se définit par une sur ou une sous-représentation d'un groupe dans un emploi ou une occupation particulière. Par exemple, les femmes sont clairement sur-représentées dans les professions d'infirmières, d'enseignantes et de secrétaires. Les hommes, pour leur part, sont clairement sur-représentés dans les métiers de la construction et dans les services informatiques. Il y a donc ségrégation lorsque les gens d'un sexe se retrouvent en plus fortes concentrations dans certains emplois alors que les gens de l'autre sexe se trouvent plutôt concentrés dans d'autres emplois. La ségrégation peut être le résultat de la discrimination, mais elle peut résulter de toute autre cause comme l'éducation des jeunes, les rôles sociaux qui sont confiés aux hommes et aux femmes, les modèles différents qui sont proposés aux garçons ou aux filles, etc. Il ne faut donc pas associer automatiquement ségrégation et discrimination. Néanmoins, elles peuvent, dans un cas comme dans l'autre, conduire au même résultat, c'est-à-dire à un salaire inférieur lorsqu'un marché du travail est littéralement « noyé » par un sous-groupe particulier de la main-d'œuvre.

La discrimination systémique

La discrimination systémique résulterait d'un processus involontaire qui mène à de plus bas salaires pour les groupes victimes de discrimination. Cette même source de discrimination pourrait aussi expliquer la concentration de ces groupes dans certains emplois et leur exclusion dans d'autres. Les causes de la discrimination systémique sont multiples et variées. Elles sont en partie historiques et culturelles au sens large du terme.

Autrefois, les enseignantes du Québec touchaient des salaires plus bas parce qu'on disait qu'elles étaient célibataires. On pouvait prétendre également que le revenu des femmes était un revenu d'appoint et non un revenu de chef de famille. Finalement, on pouvait constater que de nombreux employeurs étaient habitués de cantonner les femmes dans des emplois spécifiques et les hommes dans d'autres emplois.

En somme, tout se conjuguait pour donner des salaires plus bas aux femmes et imprimer de la sorte des tendances qui s'ancraient dans les esprits et les institutions et qui se perpétuent encore aujourd'hui.

Quelle que soit la cause des différences de salaires entre les hommes et les femmes, ces différences sont réelles et persistantes.

Diverses lois ont été mises de l'avant pour irradier ce phénomène. Il y eut des lois contre la discrimination qui interdisaient de payer des salaires différents pour des emplois identiques, puis il y eut d'autres lois qui visaient à verser un salaire égal pour des emplois équivalents. Mais, il semble que la brèche tarde à se refermer.

Par ailleurs, il importe de rappeler qu'il y a d'autres formes de discrimination dont la discrimination en emploi. Les femmes et les autres groupes discriminés n'ont pas un égal accès à tous les emplois et, en particulier, aux mêmes emplois que les hommes de race blanche, dont ceux de cadres supérieurs dans les grandes entreprises. Finalement, nous aimerions souligner qu'une discrimination importante peut s'exercer vis-à-vis des immigrants et en particulier des minorités visibles. Malgré une certaine abondance de recherches dans ce domaine, il reste encore beaucoup à faire.

6

SYNDICALISME ET NÉGOCIATION COLLECTIVE

En concurrence parfaite, les syndicats interviennent sur le marché, tronquent l'offre de travail à un niveau de salaire supérieur au taux de salaire d'équilibre, ce qui améliore la rémunération de leurs membres d'un côté, mais réduit l'emploi de l'autre côté.

Dans une économie où la main-d'œuvre est mobile et où les salaires sont flexibles, les déplacements des chômeurs vers le secteur non syndiqué engendrent des pressions à la baisse sur les salaires des travailleurs non syndiqués, si bien que les gains enregistrés par les syndiqués sont parfaitement annulés par les pertes des non-syndiqués.

En concurrence imparfaite toutefois, le syndicalisme peut, au contraire, conduire à une augmentation simultanée du salaire et de l'emploi. Mais le modèle de la concurrence imparfaite et du monopsone n'a jamais été très populaire chez les économistes et il l'est encore moins chez les étudiants à cause, possiblement, de sa complexité. En revanche, l'analyse qu'ont développée Freeman et Medoff dans leur ouvrage intitulé *What Do Unions Do ?* a reçu un accueil plus favorable. Cette approche s'appuie sur les travaux antérieurs de Hirschman (1970) à partir de l'ouvrage intitulé *Exit, Voice and Loyalty*.

Pour Hirschman, les institutions modernes disposent de deux mécanismes pour corriger une situation qui se détériore : l'*Exit* ou le *Voice*.

Un exemple peut servir à comprendre. Supposons qu'un restaurant serve des repas trop salés ou encore qu'un compagnie automobile fabrique des modèles qui rouillent rapidement, les consommateurs délaisseront l'établissement ou le produit. Les entreprises concernées se rendront compte de la situation et, pourvu que la fuite ne soit pas trop rapide et massive — ce qui se produit normalement s'il y a une certaine loyauté à l'égard de la marque ou du produit —, procéderont aux corrections et aux ajustements nécessaires. Et c'est ainsi qu'à chaque jour, pour de très nombreuses situations, les *marchés* se corrigent et s'ajustent d'eux-mêmes. Mais la solution du marché n'est pas toujours la meilleure. On peut trouver des cas où, plutôt que d'améliorer les choses, ce même marché peut, au contraire, gravement contribuer à les détériorer.

Dans son livre, Hischman donne l'exemple d'un train financé par l'État, dont les horaires n'étaient aucunement respectés et dont les conditions de salubrité laissaient à désirer. Le mécanisme de « fuite » des consommateurs contribuait à empirer la situation puisque l'usage grandissant de l'automobile ou d'autres moyens de transports en remplacement du train privait la compagnie ferroviaire gouvernementale de revenus dont elle aurait eu grand besoin pour régulariser sa situation et augmenter la qualité de ses services. Selon Hirschman, un mécanisme de protestation et une mobilisation collective auraient constitué un outil plus approprié, car les citoyens, en s'organisant et en protestant, auraient eu plus de chances de voir la situation s'améliorer. De fait, les gens qui accordaient le plus d'importance à l'efficacité des transports se sont dispersés et la situation n'a eu de cesse de se détériorer. Donc, l'*Exit* n'a pas conduit aux résultats escomptés et la conclusion générale est que malgré le fait qu'il y ait des cas où le mécanisme de marché est efficace, il y en a d'autres où la pression populaire s'avère supérieure.

Freeman et Medoff (1984) mettent cette approche à profit pour étudier le fonctionnement des marchés du travail en présence d'un syndicat.

Supposons une situation où les employés d'une entreprise sont mécontents des conditions de l'environnement de travail : il y a trop de bruit, le superviseur est irritant, il fait trop chaud, l'éclairage est mauvais. Pour l'une ou l'autre de ces raisons qui sont liées à une production insuffisante ou inadéquate de biens publics ou d'un contexte où il y a trop de nuisances publiques, il y a des employés qui quittent l'entreprise, sans que l'employeur sache exactement pourquoi. Les employés qui restent en poste n'ont pas intérêt à s'en plaindre ou à s'en ouvrir à leur contremaître parce qu'ils risqueraient tout simplement de passer pour des mécontents et des trouble-fêtes. Ils risqueraient éventuellement d'être congédiés sur-le-champ.

Afin de minimiser les coûts de roulement de sa main-d'œuvre, l'employeur pourra être tenté de chercher, par entrevue, à trouver la cause des départs. On peut prévoir toutefois que cette démarche sera infructueuse parce que si on se place du point de vue du travailleur, les bénéfices qu'il peut espérer tirer de sa franchise à son entrevue de départ sont nuls : il quitte l'entreprise, donc il ne profitera pas des corrections s'il y en a. Tandis que les coûts escomptés peuvent s'avérer élevés pour lui. En effet, il ne peut en même temps être franc, déplorer ouvertement certaines conditions de travail et espérer obtenir une recommandation positive auprès d'un employeur éventuel. Donc, tant pour les employés qui restent que pour ceux qui partent, c'est la loi du silence et l'employeur n'a pas moyen de savoir ce qui cloche vraiment dans son entreprise.

Non seulement le mécanisme d'*Exit* ne fonctionne pas dans pareilles circonstances, mais Freeman et Medoff prétendent que le processus ne converge pas naturellement vers un réaménagement stable et optimal des dépenses de l'employeur ou une réorganisation efficace du travail. Les employeurs corrigent à tâtons en essayant diverses solutions à grands frais sans jamais savoir si ce sont les bonnes.

Comme dans le cas du train de l'exemple précédent, la solution de représentation collective apparaît nettement supérieure à la solution de marché. Or, dans le monde du travail, la solution de représentation collective est celle d'un syndicat.

Le rôle que Freeman et Medoff attribuent au syndicalisme et ses effets attendus sur diverses variables propres aux relations industrielles sont les suivants. Si, d'un côté, le syndicalisme agit comme courroie de transmission des préférences collectives pour les biens publics dans l'entreprise et si, de l'autre côté, l'entreprise est à l'écoute de ce message, alors il est à prévoir que :

1. L'entreprise saura ce qui fait défaut et pourra mieux répartir les dépenses destinées à rémunérer et à encadrer ses travailleurs. Ceux-ci, sous le couvert de l'anonymat, c'est-à-dire par l'intermédiaire de leur représentant syndical, pourront transmettre leurs malaises et les pistes de solution sans craindre les représailles de leur employeur.

2. Une meilleure répartition des dépenses affectées aux conditions et à l'organisation du travail aura pour effet direct d'améliorer le bien-être des travailleurs. Elle augmentera leur satisfaction au travail, ce qui contribuera à améliorer le moral des troupes et leur productivité d'un côté de même qu'à réduire le taux de roulement de la main-d'œuvre de l'autre côté.

3. La réduction du taux de roulement de la main-d'œuvre rehaussera la profitabilité des projets de formation en entreprise et incitera cette dernière à investir davantage en formation spécifique, ce qui accentuera le relèvement de la productivité du travail.

Donc, pour toutes ces raisons, les entreprises syndiquées pourraient très bien s'avérer plus productives que les entreprises non syndiquées.

Dans l'ensemble, l'analyse de Freeman et Medoff (1984) ne rejette pas le modèle de monopole syndical classique. Ils considèrent toujours que le monopole de représentation accordé par l'État aux syndicats en Amérique du Nord impose des coûts plus élevés aux entreprises syndiquées, mais ils argumentent que ces coûts sont en partie compensés par leurs effets sur la productivité d'un côté et par une réduction des inégalités des revenus de l'autre.

L'analyse développée parallèlement par MacDonald et Solow (1981) propose toutefois une alternative au modèle traditionnel du monopole syndical. Dans les sections qui suivent, nous verrons successivement le modèle classique de l'offre et de la demande, le modèle néo-classique des imperfections de marché, le modèle du monopole syndical et le modèle coopératif.

La modèle classique

Le modèle classique consiste à considérer qu'un syndicat a le pouvoir de tronquer l'offre de travail à un salaire Ws qui s'avère supérieur au salaire d'équilibre We. Dans la figure 6.1a, nous constatons que l'offre de travail n'est plus une courbe à pente positive reliant dans un rapport direct et continu le salaire et la quantité offerte de travail. En vertu de son pouvoir de monopole de représentation, le syndicat a la capacité de faire savoir à l'employeur que si ce dernier ne paie pas le salaire Ws, personne ne se présentera au travail parce que les employés feront la grève. Dans ces conditions, toutefois, l'emploi sur le marché du travail syndiqué ne sera pas Ee mais Es inférieur à l'emploi d'équilibre.

FIGURE 6.1a

Marché syndiqué

FIGURE 6.1b

Marché non syndiqué

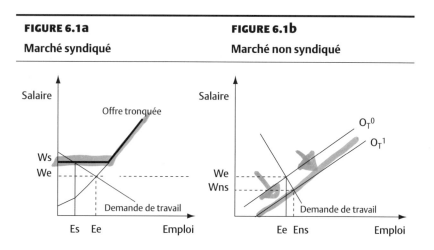

La main-d'œuvre excédentaire sera refoulée du marché syndiqué (figure 6.1a) vers le marché du travail non syndiqué (figure 6.1b). En conséquence, l'offre de travail sur le marché non syndiqué se déplacera de O_T^0 à O_T^1 et le salaire diminuera à Wns. En somme, non seulement il n'y aura eu aucune création de richesse collective, mais il apparaît que ce que gagne le syndicat pour ses membres se fasse strictement aux dépens des non-membres.

La concurrence imparfaite

Dans le modèle classique, on suppose implicitement qu'il y a concurrence pure et parfaite. Dans la mesure toutefois où la concurrence n'est pas parfaite, ce modèle pourrait conduire à des conclusions erronées.

Le modèle à retenir, dans les circonstances, est celui du monopsone. Dans le modèle du monopsone, l'employeur doit, pour s'attirer une unité additionnelle de travail, verser un salaire supérieur à celui qu'il verse déjà à ses employés qui sont déjà en place. Cela représente donc en soi un coût supplémentaire mais ce n'est pas le coût le plus important car, pour avoir la paix industrielle, il devra accorder ce même salaire et cette même augmentation à tous ses autres employés.

Dans la figure 6.2, la courbe d'offre de travail O_T représente la liste des salaires que doit payer l'employeur pour s'attirer diverses quantités de travail. La courbe de coût marginal du travail (Cmt) mesure, quant à elle, l'ampleur du coût associé à l'embauche de chacun des travailleurs additionnels. Le coût marginal du travail inclut le salaire supérieur qui doit être versé à chaque nouvel employé plus l'augmentation de salaire qui doit être accordée à tous les autres employés.

FIGURE 6.2

Le modèle du monopsone

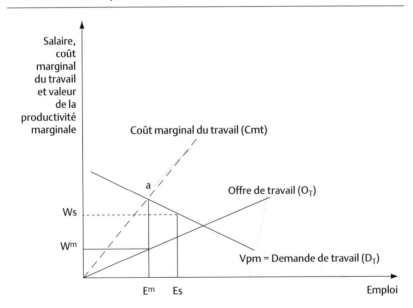

La courbe de coût marginal du travail (Cmt) se situe donc au-dessus de la courbe d'offre de travail O_T et elle s'en éloigne progressivement parce que les augmentations de salaire que l'employeur doit verser s'appliquent à un nombre de plus en plus élevé de travailleurs.

C'est au point de rencontre « a » entre la valeur de la productivité marginale du travail et le coût marginal du travail que se fixe l'emploi E^m qui maximise les profits et, en l'absence de syndicat, c'est le salaire W^m qui sera versé pour attirer cette quantité de travailleurs dans l'entreprise. Ce salaire est, bien entendu, inférieur à celui qui serait versé en concurrence (au point de rencontre entre l'offre et la demande de travail, O_T et D_T respectivement).

L'imposition par le syndicat d'un salaire Ws supérieur au salaire de monopsone W^m change complètement la donne. À la question de savoir combien coûte un employé additionnel, la réponse est maintenant le salaire Ws imposé par le syndicat. Et c'est ainsi que le salaire Ws imposé par le syndicat devient le nouveau coût marginal du travail de l'entreprise qui sera comparé à la valeur de la productivité marginale pour établir le niveau d'emploi Es là où ce salaire est égal à la Vpm. Les syndicats, en présence d'un monopsone, peuvent donc conduire à l'amélioration simultanée de l'emploi et du salaire puisque la combinaison Ws, Es est supérieure à la combinaison antérieure W^m, E^m.

Bien entendu, les syndicats doivent être prudents, car l'imposition d'un salaire supérieur à celui qui correspondrait à la rencontre du Cmt initial et de la Vpm ferait reculer l'emploi en dessous de Em.

Le modèle du monopole syndical et le modèle coopératif

Le modèle du monopole syndical et le modèle coopératif seront présentés l'un à la suite de l'autre. Dans le modèle du monopole syndical, nous supposons que le leader syndical a une fonction d'utilité caractérisée par un arbitrage entre le salaire de ses membres et la taille du syndicat. Comme indiqué à la figure 6.3, il est indifférent en Us0 entre une situation « a » où le salaire de ses membres est élevé quoique la taille du syndicat soit modeste et une situation « b » où le salaire de ses membres est plus modeste mais le syndicat est plus grand.

FIGURE 6.3

Le monopole syndical

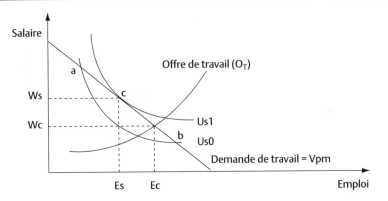

Si son prestige, son salaire et ses avantages sociaux (y inclus ses frais de représentation) dépendent de l'une et de l'autre variable, soit de la taille de son syndicat et du niveau de salaire de ses membres, il préférera une situation « c » en Us1 où la taille du syndicat est grande et le salaire des membres est élevé.

On reconnaît ici les propriétés des courbes d'iso-utilité. Chaque courbe a une pente négative, chaque courbe est convexe, elles ne peuvent se couper et plus la courbe est éloignée de l'origine plus le niveau d'utilité est élevé. C'est donc au point de tangence « c » entre la courbe d'iso-utilité la plus éloignée de l'origine et la demande de travail que se fixeront le salaire et l'emploi en présence d'un monopole syndical. En ce point, le leader syndical maximise son utilité. Il fixe, par le pouvoir que lui confère son monopole de représentation auprès de l'employeur, le salaire syndiqué Ws. L'employeur, sous la contrainte de ce salaire, maximisera ses profits en égalisant ce salaire avec la valeur de la productivité marginale pour embaucher Es employés. Le salaire Ws ainsi fixé s'avère supérieur au salaire Wc de la concurrence, mais l'emploi Es s'avère inférieur à l'emploi de concurrence Ec.

Le modèle coopératif se distingue du modèle syndical précédent à la suite de l'introduction de courbes d'iso-profits. Les courbes d'iso-profits figurant à la figure 6.4 donnent les combinaisons de salaire et d'emploi qui

FIGURE 6.4

Les courbes d'iso-profits des employeurs

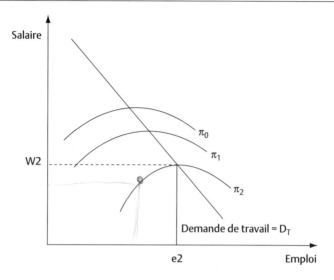

engendrent un même niveau de profit. Elles se définissent par rapport à la demande de travail. Au couple de salaire w2 et d'emploi e2 se définit un niveau de profits π_2. Si l'emploi était plus petit que e2, les profits seraient également plus petits parce qu'il y aurait un manque à gagner. En engageant des employés en nombre inférieur à e2, leur valeur de productivité marginale dépasserait leurs coûts salariaux w2. Donc, pour obtenir une courbe où les profits restent les mêmes, il faut que le salaire qui correspond à des niveaux d'emploi inférieurs à e2 soit également inférieur à w2. De la même manière, on peut argumenter qu'un employeur qui embaucherait un nombre d'employés supérieur à e2, embaucherait des employés qui coûteraient plus cher qu'ils ne rapporteraient. Pour tracer une courbe qui garde le profit constant, il faut donc que le salaire diminue au fur et à mesure que l'emploi augmente. La courbe d'iso-profit atteint donc un sommet à son point de contact avec la courbe de demande de travail et elle doit automatiquement être en déclin autrement, comme c'est indiqué par la courbe π_2.

Les autres propriétés des courbes d'iso-profits sont premièrement qu'elles ne se croisent pas sinon une même combinaison de salaire et d'emploi donnerait lieu à deux niveaux de profits différents. Deuxièmement, le niveau de ces profits augmente au fur et à mesure que l'on se rapproche de l'abscisse et diminue au fur et à mesure qu'on s'en éloigne. En effet, dans le premier de ces cas, les salaires, c'est-à-dire les coûts de production, diminuent pour le même niveau d'emploi alors que dans l'autre cas, c'est le contraire qui se produit.

La figure 6.5 donne une représentation complète du modèle coopératif. Dans la situation initiale, nous avons un équilibre « s » de monopole syndical au taux de salaire Ws et au niveau d'emploi Es. Dans le modèle coopératif, on peut faire mieux pour l'une, pour l'autre ou même pour les deux parties à la fois.

FIGURE 6.5

Le modèle coopératif

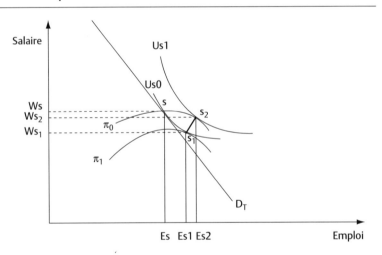

Au point de départ « s », le niveau d'utilité syndicale est Us0 tandis que le niveau de profits de l'entreprise est π_0. La combinaison ou le couple salaire-emploi est Ws, Es. Une entente alternative qui se fixerait au point de tangence « s_1 » entre la même courbe d'iso-utilité syndicale Us0 et la courbe d'iso-profits π_1 laisserait inchangé le niveau d'utilité syndicale mais contribuerait à augmenter les profits de π_0 à π_1. Le couple salaire-emploi qui serait négocié serait alors Ws$_1$, Es$_1$.

Par ailleurs, une autre entente convenue en « s_2 » laisserait le niveau de profits inchangé mais constituerait une meilleure entente du point de vue syndical compte tenu de ses effets attendus sur l'emploi. Le salaire serait de Ws2 et l'emploi serait de Es2. Partout entre s_1 et s_2 le long d'une courbe de contrats (en caractères gras) qui est constituée de divers points de tangence entre des courbes d'iso-profits comprises entre π_0 et π_1 et des courbes d'indifférence comprises entre Us0 et Us1, nous obtenons des ententes qui sont à l'avantage mutuel des deux parties. Clairement, le modèle coopératif présente une alternative au modèle du monopole syndical dans le contexte actuel où la concurrence internationale exerce des pressions de plus en plus sévères sur les coûts de production et les compressions de personnel.

Aspects économiques de la négociation collective

Une des pierres angulaires du mouvement syndical est la négociation d'une convention collective. On ne peut en fait s'imaginer de syndicat sans convention collective à négocier. Le plus souvent, les négociations réussissent du premier coup et donnent lieu à une convention collective en bonne et due forme. Dans d'autres cas cependant, il y a échec des négociations et cet échec est suivi d'une grève, c'est-à-dire de la cessation volontaire du travail à l'initiative des employés ou encore, d'un lock-out, c'est-à-dire de la fermeture temporaire de l'entreprise à l'initiative de l'employeur. Dans ce qui suit, nous étudierons les enjeux économiques des négociations collectives puis ceux qui accompagnent l'activité de grève ou les lock-out.

Les enjeux économiques de la négociation collective

Les enjeux économiques de la négociation collective peuvent être visualisés à travers le modèle élaboré par Cartter et Marshall. Dans ce modèle, on considère tout d'abord que le processus de négociation est un processus d'échange de propositions salariales entre les parties, d'une part, et que, d'autre part, il y des coûts à accepter trop rapidement la proposition salariale de l'autre partie, comme il y a des coûts à la refuser.

FIGURE 6.6

Les enjeux de la négociation collective

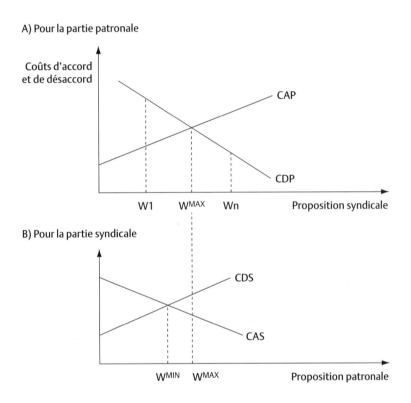

A) Pour la partie patronale

Coûts d'accord et de désaccord

CAP

CDP

W1   W^MAX   Wn   Proposition syndicale

B) Pour la partie syndicale

CDS

CAS

W^MIN   W^MAX   Proposition patronale

Au point de départ, nous pouvons considérer que le coût d'un accord patronal augmente linéairement avec la proposition syndicale. En effet, si la demande salariale syndicale est de 15 $ l'heure, le coût d'une signature immédiate est de 15 $ l'heure. Si la demande syndicale est plutôt de 20 $ l'heure, il en coûte 20 $ l'heure à la partie patronale qui accepte cette autre proposition. Et c'est ainsi que la courbe du coût d'accord patronal (CAP) dans la portion supérieure de la figure 6.6 est un segment qui progresse linéairement avec la proposition ou la demande salariale syndicale.

Le coût de désaccord représente ce qu'il en coûte de refuser la proposition de l'autre partie et donc de s'engager dans un processus qui mène à la grève. On considère ici que ce coût est décroissant en fonction du montant demandé par le syndicat. Si la demande salariale syndicale est Wn, la partie patronale juge que cette demande est élevée et même exagérée. En raison de quoi elle s'attend à ce que la partie syndicale révise assez rapidement et sérieusement cette demande à la baisse. Il vaut donc la peine pour la partie patronale et il lui apparaît peu coûteux de refuser une semblable proposition. Le coût de son désaccord CDP est bas.

Si la demande salariale est relativement modeste comme en W1, la partie patronale s'attend plutôt à ce que cette demande soit relativement ferme et que les syndiqués sont prêts à lutter fermement et longtemps pour ce salaire avant de le réviser à la baisse. Il serait coûteux pour la partie patronale de refuser cette proposition. Le coût de désaccord CDP est élevé.

Au point de rencontre entre les courbes de coûts d'accord et de coûts de désaccord se trouve le salaire maximal W^{MAX} acceptable par la partie patronale. Des propositions syndicales inférieures à W^{MAX} seront aussitôt acceptées par la partie patronale parce que le coût d'une grève dépasserait le coût de la proposition elle-même. Des propositions syndicales supérieures à W^{MAX} seraient toutefois automatiquement refusées parce que l'entreprise juge que la demande syndicale est trop onéreuse. Il vaudrait mieux accepter une grève et attendre que le syndicat révise sa proposition suffisamment à la baisse.

Dans la portion inférieure de la figure 6.6, nous trouvons la composante syndicale de l'évaluation des enjeux de la négociation. Comme pour la partie patronale, accepter les propositions patronales comporte des coûts ; refuser ces mêmes propositions comporte également des coûts en ce qui a trait à la grève ou au lock-out. Les coûts d'accord syndical (CAS) sont ce qu'il en coûte d'accepter trop rapidement ce que propose la partie patronale. En attendant un peu ou en refusant de signer des propositions jugées trop basses, le syndicat anticipe que la partie patronale en arrivera éventuellement à des propositions plus généreuses et éventuellement plus acceptables. Les coûts d'accord syndical diminuent avec la générosité de ces propositions. On juge donc qu'il en coûte de moins en moins cher d'accepter des propositions généreuses et on anticipe que les gains à réaliser en les refusant sont de plus en plus minces.

La courbe de coûts de désaccord syndical (CDS) augmente avec les propositions patronales. Refuser une proposition modeste n'est pas très coûteux puisqu'on renonce à peu. En revanche, refuser trop rapidement une proposition jugée très généreuse est plus coûteux. La courbe CDS croît avec les propositions ou les offres salariales patronales.

Au point de rencontre entre les courbes de coût d'accord et de coût du désaccord syndical, on trouve le salaire minimum acceptable W^{MIN} par la partie syndicale. Accepter un salaire inférieur serait accepter trop vite. Une grève amènerait des gains qui dépasseraient les coûts. Toute proposition patronale salariale supérieure à W^{MIN} serait toutefois parfaitement acceptable car les coûts du rejet d'une telle proposition dépasseraient les coûts d'une entente immédiate jugée satisfaisante.

L'espace compris entre le salaire minimum acceptable W^{MIN} de la partie syndicale et le salaire maximum acceptable de la partie patronale W^{MAX} permet d'établir une zone potentielle d'entente qui peut être résolue par la négociation. Autrement, si le salaire minimum acceptable par la partie syndicale dépasse le salaire maximum acceptable par la partie patronale, il y aura grève ou lock-out et les parties devront réviser leurs calculs.

La formule An = CD/CA résume l'attitude qu'aura chacun des négociateurs à l'égard des propositions de l'autre partie. Selon cette formule, chaque négociateur a intérêt à maximiser les coûts de désaccord de l'autre partie (CD) avec sa propre proposition, en lui disant par exemple que s'il refuse sa proposition de règlement, la grève ou le lock-out pourra durer très longtemps. À l'inverse, il devra tenter de minimiser les coûts d'un accord avec sa propre proposition (CA), en tentant de la convaincre que sa proposition est peu coûteuse. Si le ratio du coût de désaccord sur le coût d'accord dépasse l'unité (>1), l'attitude de l'autre partie sera favorable et il y aura règlement.

On peut aussi chercher à préciser la formule précédente en l'appliquant à une des parties et en en spécifiant les principaux paramètres : An = β W Z' / [(W'-W) · (Z-Z')] pour β = le caractère optimiste (<1), réaliste (=1) ou pessimiste (>1) du négociateur syndical ; W= la proposition patronale ; W'= le salaire que le négociateur syndical pense pouvoir obtenir s'il va en grève ; Z = la durée du contrat en semaines ; et Z'= le nombre de semaines en arrêt de travail.

Pour β =1 (réaliste), W = 800 $; Z' = 4 semaines ; W' = 900 $ et Z = 52 semaines, on obtient que le négociateur syndical aura tendance à recommander la grève : An $= (800 \cdot 4) / [(900\text{-}800) \cdot (52\text{-}4)] = 3\,200\,\$ /(100 \cdot 48) =$ 3 200 \$ /4 800 \$. En général, et dans la plupart des situations réelles, il y a entente sans qu'il y ait grève ou lock-out, mais il arrive, à l'occasion, que ce ne soit pas le cas et tout se passe comme si le salaire minimum acceptable par la partie syndicale se situait au-dessus du salaire maximum acceptable par la partie patronale ou encore que les coûts de désaccord pour l'une des deux parties soient inférieurs aux coûts d'accord. Comment se fait-il qu'on puisse en arriver là ? Le modèle de J. R. Hicks peut nous éclairer là-dessus.

Le modèle de Hicks

Le modèle de Hicks considère que les parties en présence, soit le syndicat d'un côté et la partie patronale de l'autre, ont intérêt à simuler les conséquences attendues de leurs propositions respectives. Dans la figure 6.7a, nous assistons à la simulation que fait le syndicat tandis que dans le graphique 6.7b, nous assistons à la simulation patronale. Dans chacun des cas, nous trouvons des courbes de résistance syndicale et de concessions patronales.

La résistance syndicale représentée par les courbes « abc » à la figure 6.7a et RS à la figure 6.7b, décrivent la réaction syndicale en fonction de la durée anticipée d'une grève. Au début, le syndicat demande un salaire w_a élevé qu'il serait prêt à accepter tout de suite. La demande salariale ne dépasse pas ce salaire parce qu'il craint qu'un salaire plus élevé ait des conséquences trop dommageables sur l'emploi. Par la suite, les syndiqués sont prêts à réviser leur demande salariale à la baisse au fur et à mesure que se prolonge la grève. Cette révision atteint un plateau « b » qui est jugé juste et raisonnable et pour lequel ils sont prêts à demeurer en grève un bon moment. Mais, passé une certaine durée de grève G^b, le salaire est à nouveau révisé à la baisse. S'il baisse jusqu'à Wc, cela entraîne l'effondrement du syndicat puisqu'il s'agit du salaire concurrentiel versé aux non-syndiqués.

La courbe des concessions patronales WcZ à la figure 6.7a (ou CC à la figure 6.7b) débute par une offre patronale qui correspond au salaire du marché Wc. Ensuite, les offres salariales sont progressivement révisées à la hausse au fur et à mesure que se prolonge la grève. Elles atteignent un sommet en « Z ». Tout salaire qui dépasserait Z rendrait l'entreprise non concurrentielle et la contraindrait à fermer ses portes.

FIGURE 6.7a

Simulation syndicale

FIGURE 6.7b

Simulation patronale

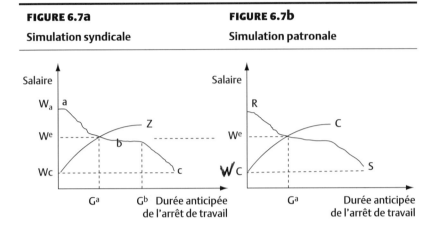

Au point de rencontre entre les courbes de résistance syndicale et de concessions patronales, on trouve un salaire d'équilibre W^e pour une durée de grève anticipée G^a.

Si les parties négocient bien, en arrivent au même scénario et, surtout, au même résultat W^e après un arrêt de travail G^a identique, comme c'est indiqué dans les simulations des figures 6.7a et 6.7b, on peut prédire qu'elles concluront une entente au salaire W^e sans qu'il y ait grève. Plutôt que d'avoir à assumer les coûts de cet arrêt de travail, elles en conviendraient qu'il serait plus rationnel et avantageux de signer immédiatement une entente à ces conditions. Et c'est le résultat auquel la plupart des parties arrivent la majorité du temps.

Deux raisons peuvent être invoquées pour expliquer l'échec des négociations. La première de ces raisons serait que les parties ou les négociateurs sont irrationnels : les deux parties savent très bien à quels résultats elles parviendront après la grève, mais un conflit personnel ou idéologique les mènerait tout de même à la grève sans que l'issue soit d'aucune façon changée.

La deuxième raison est que l'information est imparfaite et que les simulations des deux parties ne concordent pas. Soit que la partie patronale a sous-estimé la résistance syndicale ou soit encore que la partie syndicale a surestimé les concessions de la partie patronale. L'une comme l'autre des parties ont pu croire à une feinte. La grève permettra, dans ces circonstances de rétablir les faits, de réviser les positions de l'une et de l'autre partie, et d'en arriver à l'entente qui correspond au réel rapport de force. Cette grève ou ce lock-out devient alors un moyen (coûteux) pour l'une ou pour l'autre partie de connaître le rapport de force.

PARTIE 2

Aspects macroéconomiques

Dans les chapitres précédents, il était question des salaires et de l'emploi du strict point de vue du marché du travail et de ses principales institutions. Dans cette deuxième partie, nous nous intéressons au fonctionnement de l'économie en général. Trois raisons ont milité en faveur de l'intégration de cette deuxième partie dans ce volume d'économie et de relations industrielles.

La première de ces raisons est que tout bon volume d'économie du travail doit comporter une partie qui traite du chômage et de l'inflation. Or, il nous apparaissait qu'il valait mieux traiter de ces sujets avec tout le sérieux qu'ils méritent et tous les outils analytiques appropriés plutôt que de façon superficielle. D'où le rappel et l'exposition des grandes théories macroéconomiques pertinentes à l'étude et à la compréhension du chômage et de l'inflation.

La deuxième raison est que, pour qui s'intéresse à la formation de l'emploi et des salaires dans une économie de marché, il nous apparaissait indispensable non seulement que cette personne soit mise au courant des grandes théories macroéconomiques, mais aussi qu'elle puisse comprendre, expliquer concrètement et prévoir avec assurance la conjoncture économique et anticiper avec compétence l'évolution et les grandes tendances des salaires et de l'emploi sur le marché du travail.

Finalement, la troisième raison est que la macroéconomique nous permet de « visiter » tous les grands marchés économiques importants qui côtoient le marché du travail puis de situer celui-ci dans un ensemble plus complet, plus approprié et plus réaliste. Cela nous apporte une bouffée d'air frais en même temps que cela nous permet d'entrevoir les relations que le marché du travail entretient avec ces autres marchés. Les autres marchés influencent le travail et le travail les influence à son tour. En d'autres termes, cela nous permet de mieux comprendre ce qui se passe sur le marché du travail et pourquoi cela se passe ainsi. C'est ce que nous nous apprêtons à voir dans les chapitres qui suivent. Mais, au point de départ, il convient de définir l'objet de notre étude. Cet objet, qui est au cœur de la macroéconomie et qui, éventuellement, est au cœur également de la formation de l'emploi et des salaires sur les plans micro et macroéconomique est le produit intérieur brut (PIB).

7

LE PRODUIT INTÉRIEUR BRUT (PIB) ET SES DIVERSES COMPOSANTES

Ce premier chapitre sur le produit intérieur brut (PIB) et ses composantes se divise en deux sections. Dans la première section, nous présentons la théorie et dans la deuxième, nous présentons la pratique.

La théorie

Dans cette section théorique, nous donnons quatre définitions théoriques du PIB puis nous démontrons qu'elles sont parfaitement équivalentes au sein d'un flux circulaire parfaitement étanche. Par la suite, nous introduisons les notions de fuites et d'injections puis nous démontrons que le PIB est à l'équilibre lorsque les fuites sont égales aux injections.

Les quatre définitions du PIB

Le PIB peut être défini par les dépenses, par les revenus, par la valeur ajoutée ou par le compte des ménages. En tout temps, la valeur du PIB porte sur une période de temps donnée soit une période d'un trimestre, d'un mois ou, le plus souvent, d'un an. Les données sur le PIB sont des données de flux. Elles se différencient en cela des données de stock qui portent plutôt sur un moment donné.

Un actif comme un terrain, une maison, une propriété ou un montant déposé en banque définissent la richesse d'un individu et constituent un stock à une date donnée, disons par exemple, au 31 décembre 2005. À l'opposé, le revenu annuel d'un individu ou d'une collectivité est une donnée de flux.

Un individu peut avoir une grande richesse, mais ne disposer que de faibles revenus, tout comme un individu peut disposer de revenus élevés mais de peu de richesses s'il dépense tous ses revenus en biens de consommation courante. En général toutefois, les individus riches sont aussi des individus qui disposent de revenus élevés, ce qui fait que l'on confond souvent ces deux notions.

L'approche par les dépenses

La définition du PIB par l'approche des dépenses est la suivante :
(1) $Y_1 = C + I + G + X - M$
où Y_1 = le PIB par l'approche des dépenses   X = les exportations
       C = les dépenses de consommation   M = les importations
       I = l'investissement
       G = les dépenses gouvernementales

Les dépenses de consommation (C) sont celles qui portent strictement sur les biens et les services qui ont été produits pendant l'année en cours. Les biens ou les services qui ont été produits dans les années antérieures font partie des PIB des années antérieures.

En théorie, les dépenses d'investissement (I) se réfèrent strictement aux investissements privés soit : 1- les investissements privés non résidentiels, c'est-à-dire l'équipement, la machinerie, les usines, les locaux pour bureaux et les centres commerciaux ; et 2- les investissements privés résidentiels tels que les résidences unifamiliales et les édifices à logements multiples.

Dans la comptabilité nationale, les dépenses gouvernementales (G) incluent les dépenses d'investissements autres que les investissements privés, de même que les dépenses associées à la production d'un bien ou d'un service rendu par le gouvernement comme, par exemple, le salaire des fonctionnaires qui livrent un service public (permis de travail, assurance-emploi, aide sociale, gardes forestiers, inspecteurs des viandes…) ou la défense nationale.

Les dépenses de transfert font partie, quant à elles, des comptes publics, mais elles ne font pas partie de la comptabilité nationale. En effet, les bourses aux étudiants, les prestations d'aide sociale et d'assurance-emploi, les pensions de vieillesse et les suppléments du revenu garanti, etc. sont exclus de la comptabilité nationale parce que ces paiements n'auront d'effet sur la production qu'une fois que les gens les auront effectivement dépensés dans l'économie.

Les exportations (X) sont la somme des biens et des services qui sont vendus à l'étranger ou encore que les étrangers se procurent lorsqu'ils consomment différents biens ou services à l'intérieur de nos frontières. Les exportations sont affectées d'un signe positif dans l'équation des dépenses parce qu'il s'agit de biens ou de services produits à l'intérieur de nos fron-tières.

Les importations (M) sont la somme des biens et des services que nous achetons de l'étranger ou encore que nous nous procurons lorsque nous sommes en voyage à l'étranger. Les importations doivent être soustraites de nos dépenses totales de consommation parce qu'elles réfèrent à des biens et à des services qui ont été produits à l'étranger. Les dépenses à ce poste alimentent le PIB des autres pays.

L'approche par les revenus

La deuxième définition du PIB est celle des revenus. La définition théo-rique du PIB par les revenus est :

(2) $Y_2 = W + \Pi + IRP$

où Y_2 = le PIB selon l'approche par les revenus

W = la masse salariale ou le produit des salaires annuels par le nombre d'employés

Π = les profits des entreprises privées ou publiques (Hydro-Québec)

IRP = les intérêts et les autres revenus de placements.

La définition du PIB par les revenus répartit les coûts associés aux facteurs de production entre la part qui est attribuée au travail (W) et celle qui est attribuée au capital. Cette dernière est elle-même subdivisée entre les profits (Π) d'un côté et les divers revenus de placement de l'autre (IRP).

L'approche par la valeur ajoutée

La troisième définition du PIB est celle de la valeur ajoutée. Cette troisième définition est associée aux comptes des entreprises par le fait qu'elle enregistre les transactions qui se font d'une entreprise à l'autre. La définition du PIB par la valeur ajoutée se lit comme suit :

(3) $Y_3 = \Sigma \, (V_t - V_{t-1})$

où Y_3 = le PIB selon le calcul de la valeur ajoutée

Σ = la « somme de »

V_t = la valeur du produit à son étape « t » de production

V_{t-1} = la valeur du produit à son étape antérieure ou étape « t-1 ».

Cette expression se lit donc comme suit : le PIB est égal à la somme des écarts entre la valeur d'un produit à son étape « t » de production et la valeur de ce même produit à son étape antérieure de production (t-1). Le tableau 7.1 nous fournit un exemple numérique du calcul du PIB par la valeur ajoutée.

TABLEAU 7.1

Calcul du PIB par la valeur ajoutée

Étape de production	Coût	Valeur ajoutée
1- Extraction de la matière première (coton)	10 $	10 $ (10-0)
2- Première transformation (tissu et teinture)	25 $	15 $ (25-10)
3- Deuxième transformation (vêtement)	60 $	35 $ (60-25)
4- Distribution au consommateur	75 $	15 $ (75-60)
Produit final ou PIB	—	75 $ (10 $ + 15 $ + 35 $ + 15 $)

Dans ce tableau, nous constatons qu'à la première étape de production, le fabricant de coton ajoute 10 $ à chaque groupe de cotonniers qui poussent dans un champ en produisant des balles de coton. À la deuxième étape, la première transformation ajoute 15 $ de valeur au coton puisque celui-ci est devenu une pièce de tissu teint. À la troisième étape de production, le tissu en question est devenu un vêtement. Le prix de ce vêtement est de 60 $ mais la valeur ajoutée n'est que de 35 $ par rapport au tissu (60-25).

La dernière étape du processus est l'acheminement du vêtement vers un centre de distribution au consommateur. Il s'agit habituellement d'un établissement confortable et sécuritaire, où le consommateur peut comparer divers produits sans avoir à se déplacer d'une usine à l'autre. Cette étape apporte 15 $ de valeur au vêtement qui se détaille maintenant 75 $ pièce. Le PIB quant à lui est égal à 75 $ et non pas aux 170 $ qui résulteraient de l'addition de la valeur brute des produits à chacune des étapes de la production. Cette dernière opération compterait plus d'une fois le même produit, le coton, par exemple.

La comptabilité selon la valeur ajoutée sert de point d'appui aux principales taxes indirectes que sont la TPS (Taxe sur les produits et services) et la TVQ (Taxe de vente du Québec) appelées aussi taxes sur la valeur ajoutée ou TVA. Le marchand ou le producteur est remboursé pour la taxe qu'il a dû payer pour l'achat du bien à l'étape antérieure. Il ne paie donc jamais de taxe à condition toutefois de la facturer sur le bien qu'il produit. C'est donc un mécanisme ingénieux et efficace pour prélever une taxe qui sert à garnir les coffres de l'État et qui aide les gouvernements à remplir leurs obligations.

Le concept de valeur ajoutée est aussi un concept très intéressant pour nous aider à comprendre les différences interindustrielles de salaire parce que ce sont généralement les entreprises qui produisent des biens ou des services à haute valeur ajoutée qui paient les meilleurs salaires. En effet, c'est dans le domaine des produits pharmaceutiques, de la production d'aluminium et de l'avionique, qui sont des industries à haute valeur ajoutée, qu'on trouve aussi les meilleurs salaires. Tout ceci grâce à l'invention et au génie humain qui a su apporter une grande valeur à des matériaux de base qui, au départ, étaient peu coûteux.

L'approche par le compte des ménages

La quatrième définition du PIB est tirée du compte des ménages. Cette définition s'écrit :

(4) $Y_4 = C + S + T_n$

Où Y_4 = le PIB selon le compte des ménages

   C = les dépenses de consommation

   S = l'épargne

   T_n = les taxes nettes

   Le calcul du PIB par l'approche des ménages est une équation de l'allocation du revenu. En effet, ce compte est très représentatif du citoyen moyen qui alloue son revenu selon les trois seuls postes où celui-ci peut être réparti : la consommation, l'épargne et les impôts (nets des paiements de transferts qu'il reçoit de l'État). Dans la section suivante, nous démontrons que ces quatre définitions sont parfaitement équivalentes.

L'équivalence des définitions

Soit une économie caractérisée par deux agents et deux marchés : les entreprises et les ménages d'un côté ; le marché des biens et des services (MBS) et le marché des facteurs de production (MFP) de l'autre. La figure 7.1 illustre chacun de ces agents et chacun de ces marchés de même que les flux monétaires qui circulent entre les différents agents par l'intermédiaire des différents marchés.

   Les ménages procèdent à leurs achats sur le marché des biens et des services (MBS). L'argent circule de la case « Ménages » vers la case « MBS » puis vers les entreprises qui collectent cet argent. Par la suite, les entreprises se servent de cet argent pour payer leurs facteurs de production sur le marché des facteurs de production (MFP), soit le capital et le travail. Le même flux monétaire circule donc de la case Entreprises vers la case MFP et ce sont alors les ménages qui, en fin de parcours, reçoivent leur rétribution. Au total c'est toujours le même montant d'argent qui voyage dans ce flux parfaitement circulaire et étanche.

   Si, par ailleurs, nous nous rappelons que la mesure du PIB par les dépenses Y_1 se fait à partir du marché des biens et des services, que la valeur

FIGURE 7.1

L'équivalence des définitions du PIB

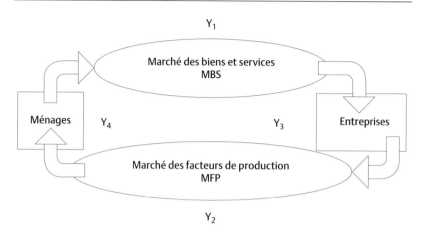

ajoutée Y_3 se calcule à partir du compte des entreprises, que l'approche par les revenus Y_2 s'effectue à partir du marché des facteurs de production et que l'allocation du revenu Y_4 se fait à partir du compte des ménages, il s'ensuit alors que les quatre définitions du PIB précédemment élaborées sont des équivalents parfaits, soit que $Y_1 = Y_2 = Y_3 = Y_4$ parce que partout, à chaque fois que se présente un relais, il s'agit toujours et tout le temps du même montant.

Les fuites et les injections

Dans une économie réelle, les flux monétaires ne sont pas tout à fait étanches et il y a des fuites et des injections. Les fuites sont l'épargne (S), les importations (M) et les taxes nettes (T_n). Les injections sont la contrepartie exacte des fuites, soit les investissements (I), les exportations (X) et les dépenses gouvernementales (G).

Dans la figure 7.2, nous avons indiqué que, du revenu des ménages, peuvent se produire trois fuites qui empêchent les flux monétaires d'atteindre le marché des biens et des services. À chaque fois qu'un ménage

FIGURE 7.2

Fuites et injections sur le marché des biens et des services

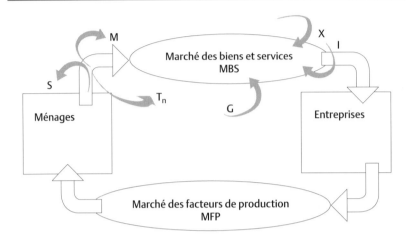

ou un individu épargne, cela contribue à affaiblir le système à court terme. En effet, l'argent sort du circuit monétaire.

Il en va de même des importations. Les achats effectués à l'étranger ou des biens et services importés constituent des sorties d'argent et diminuent le volume ou la pression dans le système.

Finalement, les impôts et les taxes (nettes des paiements de transferts) constituent des sommes qui sont retirées du circuit des dépenses puisque les gens n'y ont pas accès pour effectuer des achats, ces sommes étant prélevées de leur chèque de paye ou de leurs autres formes de revenus ou tout simplement ajoutées au prix lorsqu'ils procèdent à leurs achats.

Les injections, nous l'avons dit, sont la contrepartie des fuites. À chaque fois que se réalise un nouveau projet d'investissement (construction d'un hôpital ou d'un centre commercial) dans une économie, il se crée un afflux de revenus dans le système qui alimente le marché des biens et des services : le PIB augmente. Les exportations (X) et les dépenses gouvernementales (G) ont le même effet sur le PIB.

À l'équilibre, toutefois, les fuites sont égales aux injections. La preuve en est toute simple :

Soit les quatre définitions du PIB :

$$Y_1 = C + I + G + X - M$$
$$Y_2 = W + \Pi + IRP$$
$$Y_3 = \Sigma\,(\,V_t - V_{t-1}\,)$$
$$Y_4 = C + S + T_n$$

Si nous définissons l'équilibre par une situation où les dépenses sont strictement égales aux revenus, alors pour : (1) $Y_1 = C + I + G + X - M$, égale l'équation des dépenses et (2) $Y_4 = C + S + T_n$, égale l'équation de l'allocation du revenu ; il s'ensuit qu'à l'équilibre, l'équation des dépenses Y_1 doit être égale à l'équation Y_4 de l'allocation du revenu, soit que : (3) $C + I + G + X - M = C + S + T_n$ et que : (4) $I + G + X = S + T_n + M$ après avoir soustrait C et ajouté M de part et d'autre de l'équation (3).

Les fuites $S + T_n + M$ sont donc parfaitement égales aux injections $I + G + X$ lorsque les dépenses sont égales aux revenus et que le PIB est en équilibre.

Cette équation peut également vouloir dire que si nous importons plus que nous exportons, nous devrons compenser ce déficit par des investissements (en provenance de l'étranger) plus élevés que notre épargne. Si, par ailleurs, les dépenses gouvernementales dépassent les impôts, ce déficit devra être compensé par des épargnes qui dépassent les investissements. L'équilibre global signifie qu'il peut y avoir des déficits locaux entre paires de fuite et d'injection, mais que ces déficits doivent être compensés par des surplus ailleurs : $(I - S) + (G - T_n) + (X - M) = 0$ implique, si l'une ou l'autre composante est en déficit, qu'il devra y avoir des surplus dans l'une ou l'autre des autres composantes pour que le tout soit en équilibre.

La pratique

Pour bien situer la pratique par rapport à la théorie, nous effectuerons une comparaison entre les mesures utilisées dans la pratique et les définitions théoriques données dans la section précédente pour deux approches couramment utilisées du PIB : soit l'approche par les dépenses d'un côté et l'approche par les revenus de l'autre. Pour terminer, nous présenterons quelques exercices d'analyse de la conjoncture économique.

TABLEAU 7.2

Produit intérieur brut en termes de dépenses

	2000	2001	2002	2003	2004
	en millions de dollars				
Produit intérieur brut aux prix du marché	1 076 577	1 108 048	1 154 204	1 216 191	1 290 185
Dépenses personnelles en biens et services de consommation	596 009	620 614	656 349	687 791	721 235
Biens durables	81 958	84 930	92 400	93 600	95 075
Biens semi-durables	52 115	54 565	57 073	58 642	71 515
Biens non durables	143 264	150 305	158 302	168 502	177 572
Services	318 672	330 814	348 574	367 047	387 073
Dépenses courantes des administrations publiques en biens et services	200 084	211 706	223 905	236 631	248 534
Formation brute de capital fixe des administrations publiques	24 524	27 287	29 732	30 953	33 091
Stocks des administrations publiques	24	13	-45	15	21
Formation brute de capital fixe des entreprises	181 748	189 978	195 849	207 120	225 867
Bâtiments résidentiels	48 572	55 133	65 712	72 971	83 557
Ouvrages non résidentiels et équipement	133 176	134 845	130 137	134 149	142 310
Ouvrages non résidentiels	49 826	52 966	49 987	53 883	57 139
Machines et matériel	83 350	81 879	80 150	80 266	85 171
Investissement des entreprises en stocks	11 505	-4 740	-1 301	7 239	7 758
Non agricoles	11 355	-3 745	305	6 018	6 262
Agricoles	150	-995	-1 606	1 221	1 496
Exportations de biens et services	490 688	482 463	478 071	461 266	492 580
Biens	429 375	420 733	414 050	400 176	429 140
Services	61 313	61 730	64 021	61 090	63 440
Moins les importations de biens et services	429 754	418 836	427 679	414 370	438 346
Biens	362 337	350 067	356 759	342 611	363 079
Services	66 417	68 769	70 920	71 759	75 267
Divergence statistique	749	-437	-677	-454	-555
Demande intérieure finale	1 002 365	1 049 585	1 105 835	1 162 495	1 228 727

Source : Statistique Canada, CANSIM, <http://www40.statcan.ca/102/cst01/econ04_fhtm>

Le PIB par les dépenses

La comparaison entre la théorie et la pratique en matière de calcul du PIB par les dépenses se prête bien à un exemple. Dans le tableau 7.2 intitulé « Produit intérieur brut en termes de dépenses », nous trouvons les PIB pour les années 2000 à 2004 tels qu'ils apparaissent, en pratique, lorsqu'on consulte le site <www.statcan.ca> de Statistique Canada aux rubriques « Le Canada en statistiques », « Liste alphabétique » puis « Produit intérieur brut en termes de dépenses ». Statistique Canada est l'organisme responsable de la production des statistiques officielles du PIB au Canada.

Dans ce tableau on note, dans la première rangée et à la dernière colonne, que le PIB estimé pour l'an 2004 est de 1 290 185 000 000 $. Immédiatement dessous, on trouve les « Dépenses personnelles en biens et services de consommation ». Ce poste, dont les dépenses sont évaluées à 721 235 000 000 $, correspond à la composante consommation (C) de la définition théorique.

Les rangées qui suivent décrivent les sous-composantes de ce poste jusqu'à ce que nous arrivions au poste « Dépenses courantes des administrations publiques en biens et services » (249 534 000 000 $). Additionné au poste suivant « Formation brute de capital fixe des administrations publiques », il forme la composante dépenses gouvernementales (G) de l'équation de dépenses du point de vue de la politique publique.

Avant d'en venir à la catégorie des stocks, nous dirons quelques mots sur les autres grandes catégories de ce compte. Le poste « Formation brute de capital fixe des entreprises » rapporte les dépenses d'investissement (I). C'est la correspondante pratique de la variable théorique investissement (I). Finalement, nous trouvons les catégories « Exportations de biens et services » d'une part puis « Importations de biens et services d'autre part qui correspondent, respectivement, aux variables théoriques exportations (X) et importations (M) de l'équation (1). Jusqu'ici les différences entre la théorie et la pratique sont peu marquées si ce n'est que la notion d'investissement en théorie est remplacée par l'appellation « Formation brute de capital fixe ».

Par ailleurs, il y a deux postes du compte de dépenses qui apparaissent dans la pratique et qui n'apparaissent pas dans la théorie. Ce sont les « Stocks (*sic*) des administrations publiques » et les « Investissements des entreprises en stocks », d'un côté, et la « Divergence statistique », de l'autre.

Le calcul des « stocks » en est un de variations dans les stocks. Ces variations sont là pour compenser les écarts possibles entre les dépenses courantes et la production de l'année. En effet si, pour une année donnée, les dépenses s'avéraient inférieures à la production, l'excédent de production s'accumulerait dans les inventaires ou stocks. Le total des rangées de stocks [*sic*] des administrations publiques et d'investissements des entreprises en stocks est ajouté à l'expression C + I + G + X – M pour permettre cette réconciliation et disposer d'une mesure de la production compatible avec la mesure des dépenses.

Pour prendre un exemple simple où le PIB théorique ne se définirait que par les dépenses de consommation (Y = C), nous pouvons supposer que la production en une année donnée serait de 100 en pratique, mais que la consommation cette même année ne serait que de 95. Pour équilibrer les comptes, il a fallu que la variation dans les stocks soit de + 5. En pratique, nous trouvons donc : Y = 100 = C + Δ Stocks = 95 + 5. Le contraire peut aussi se produire. Si la production est de 100 tandis que la consommation est de 105, cela signifie que les stocks ou les marchandises en inventaires ont diminué de 5. La variation des stocks sera de –5 et nous obtenons : Y = C – Δ Stocks soit 100 = 105 – 5.

La divergence statistique a pour objet, quant à elle, de réconcilier les comptes issus de l'approche par les dépenses avec ceux qui proviennent de l'approche par les revenus. Si la division des comptes de dépenses de Statistique Canada en arrive au chiffre de 104 tandis que sa division des comptes des revenus en arrive au chiffre de 100, le PIB unique et officiel décrété par Statistique Canada sera de 102. La dernière ligne du compte des dépenses s'écrira : Divergence statistique = – 2. La dernière ligne du compte des revenus s'écrira : Divergence statistique = + 2. Le total net pour les deux comptes sera de 102 (104 – 2 dans un cas et 100 + 2 dans l'autre), égal au PIB officiel pour cette année.

Pour trouver la valeur de la divergence statistique, il convient de calculer la différence entre les deux comptes avant ajustement, de la diviser par 2 puis d'appliquer le signe approprié. Pour l'année 2004, la divergence statistique qui figure dans les comptes des dépenses est de –555 millions de dollars. Dans le tableau des comptes des revenus, cette divergence est exactement de +555 millions de dollars.

TABLEAU 7.3

Produit intérieur brut en termes de revenus

	2000	2001	2002	2003	2004
	en millions de dollars				
Produit intérieur brut aux prix du marché	1 076 577	1 108 048	1 154 204	1 216 191	1 290 185
Rémunération des salariés et revenu supplémentaire du travail	545 204	570 008	592 292	617 753	643 964
Bénéfices des sociétés avant impôts	135 978	127 073	135 840	147 592	175 146
Bénéfices des entreprises publiques avant impôts	11 329	10 787	11 525	11 630	11 842
Intérêts et revenus divers de placements	55 302	52 579	47 162	50 223	55 408
Revenus comptables nets des exploitations agricoles au titre de la production agricole	1 243	1 675	855	1 280	2 866
Revenus nets des entreprises individuelles non agricoles, loyers inclus	64 944	68 857	74 260	77 158	81 027
Ajustement de la valeur des stocks	-2 439	574	-3 334	5 075	-1 669
Impôts moins les subventions sur les facteurs de production	51 693	52 650	54 019	56 376	58 479
Produit intérieur net au prix de base	863 254	884 203	913 019	967 087	1 027 065
Impôts moins les subventions sur les produits	76 647	75 871	84 504	85 048	90 203
Provisions pour consommation de capital	137 425	147 536	156 004	163 602	172 362
Divergence statistique	-749	438	677	454	555

Source : Statistique Canada, CANSIM, <http://www40.statcan.ca/102/cst01/econ03_fhtm>

[Annotations manuscrites :]

W, Π, IRP, agric, aut, div

automème

Pratique

$Y_2 = W + \Pi + IRP + Agric + aut + ajus + taxes\ net$
(amortissement)

taxe net = taxe − subvention

Le PIB par les revenus

La comparaison de la théorie et de la pratique en matière de calcul du PIB par les revenus fait ressortir plusieurs différences, mais au point de départ, il convient de passer en revue les similitudes.

La première composante théorique du calcul du PIB selon cette approche est la masse salariale (W). En pratique, cette composante qui apparaît dans le tableau 7.3 intitulé « Produit intérieur brut en termes de revenus », en provenance de la même source que précédemment, a pour titre « Rémunération des salariés et revenu supplémentaire du travail ». Le montant qui figure à ce poste en 2004 est de 643 964 000 000 $.

La deuxième composante théorique de l'équation du PIB est les profits (Π).En pratique, cette composante a pour titre « Bénéfices des sociétés avant impôts ». Si nous additionnons les bénéfices obtenus par les sociétés privées et les entreprises publiques, cela donne un montant total de 186 990 000 000 $ pour l'année 2004. Sur le plan des intérêts et des revenus de placement, la valeur indiquée pour cette même année est de 55 408 000 000 $. Comme on peut le constater toutefois, l'addition de ces trois postes nous mène loin du compte final (886 362 000 000 $ < 1 290 185 000 000 $) et il faut prendre en considération quatre nouveaux éléments.

Premièrement, il faut tenir compte des groupes de personnes qui ne sont ni tout à fait des capitalistes ni tout à fait des travailleurs et qui sont un peu les deux à la fois. Il s'agit des agriculteurs (revenus comptables nets des exploitations agricoles... = 2 866 000 000 $), d'un côté, et les commerçants ou travailleurs à leur propre compte (81 027 000 000 $), de l'autre.

Deuxièmement, il convient de noter qu'un poste spécial est réservé à l'ajustement pour la variation dans la valeur des stocks. Si le prix des produits en inventaire augmente dans l'année courante, il faut soustraire cette augmentation pour savoir combien il en a réellement coûté pour fabriquer le produit. Si le prix a diminué, il faut procéder à l'opération contraire. En 2004, la valeur des stocks a augmenté de 1 669 000 000 $. Il a donc fallu procéder à une correction à la baisse pour rendre compte des coûts réels de production.

Troisièmement, et de façon beaucoup plus importante, il est nécessaire d'ajuster le total cumulatif obtenu jusqu'à présent pour deux éléments : les taxes d'un côté et les subventions de l'autre.

Si un consommateur paie une calculatrice 50 $ plus 15 % de taxe, le coût total de la calculatrice sera de 57,50 $ (= 50 $ · 1,15). Dans le compte des dépenses C = 57,50 $. Dans le compte des revenus ou compte du coût des facteurs de production, le montant n'est pour l'instant que de 50 $, soit la part qui revient au travail d'un côté et celle qui revient au capital de l'autre. Il faut donc ajouter les taxes au calcul de l'approche par les revenus pour réconcilier les comptes de revenus et de dépenses.

À l'inverse, il faut soustraire les subventions. Par exemple, les dépenses d'un étudiant qui paie des frais de scolarité universitaire de 3 000 $ seront assignées au poste des dépenses de consommation C = 3 000 $, mais les coûts réels versés en intérêts et en revenus au personnel des universités (W + IRP) sont plus élevés. Si ces coûts étaient de 16 000 $ par étudiant, Statistique Canada soustrairait la subvention de 13 000 $ dans le calcul du PIB en termes de revenus pour réconcilier ces deux comptes. C'est pourquoi, au total, il faut ajouter les taxes et soustraire les subventions du compte des revenus pour le réconcilier avec le compte des dépenses.

Dans le tableau du « Produit intérieur brut en termes de revenus », nous trouvons que ces considérations s'appliquent aussi bien aux intrants, « Impôts moins les subventions sur les *facteurs de production* », qu'aux extrants, « Impôts moins les subventions sur les *produits* ». Le poste « Produit intérieur au prix de base » correspond, quant à lui, à la somme des composantes qui le précèdent.

Quatrièmement, il faut dire que le compte des revenus négligeait, jusqu'à présent, ce qu'il en coûte pour l'usage, la dépréciation et l'usure du capital (machines, équipements, immeubles…). En 2004, Statistique Canada estimait à 172 362 000 000 $ le montant de ces provisions pour la consommation de capital. Ce montant doit donc être ajouté aux catégories précédentes pour en arriver à une estimation complète du PIB en termes de revenus qui soit réconciliable avec le PIB en termes de dépenses.

La conjoncture économique

Dans le bulletin économique abrégé présenté au tableau 7.4, nous présentons quelques statistiques sur les PIB américain et canadien ainsi que sur les principales composantes du PIB canadien. Pour faciliter l'analyse, le tout est présenté sous forme de variations annuelles ou annualisées.

TABLEAU 7.4

Indicateurs macroéconomiques, taux de croissance annuelle ou annualisés de diverses variables macroéconomiques, Canada et États-Unis, 2001-2004T2

	2001	2002	2003	2004T1	2004T2
Etats-Unis PIB	0,8	1,9	3,0	4,5	2,8
Canada PIB	1,8	3,4	2,0	3,0	4,0
C	2,7	3,4	3,1	6,4	1,3
I*	0,7	-4,2	3,2	4,8	4,1 (5,8)*
G	3,8	2,8	3,8	3,2	1,2
X	−2,8	1,1	−2,4	6,1	21,6
−M	−5,0	1,4	3,8	3,8	−13,3

Source : Statistique Canada et estimations de l'auteur.
* Les données sur les dépenses de construction résidentielle sont présentées entre parenthèses pour le deuxième trimestre de l'année 2004.

Dans la première rangée de ce tableau, nous pouvons observer que la croissance du PIB américain a été de 0,8 % pour l'année 2001 et qu'elle a monté successivement à 1,9 % en 2002 puis à 3,0 % en 2003. Elle a atteint un sommet à 4,5 % sur une base annualisée au premier trimestre de l'année 2004. Au deuxième trimestre de 2004, la performance du PIB était plutôt décevante puisque sa croissance était ramenée à 2,8 % sur une base annuelle.

Visiblement, le Canada a moins souffert du ralentissement économique de 2001. La croissance du PIB canadien s'est accélérée pour passer de 1,8 % en 2001 à 3,4 % en 2002. En 2003 toutefois, sa performance peut être jugée décevante puisque la croissance n'a été que de 2,0 %. Plus récemment, la tendance s'est renversée. Au second trimestre de 2004, le rythme de croissance du PIB canadien s'établissait à 4,0 % sur une base annuelle.

Les causes de cette croissance obtenue au second trimestre de 2004 au Canada peuvent être examinées à l'aide des composantes principales du PIB soit : C + I + G + X − M.

Tout d'abord, nous pouvons noter que l'explication de la forte croissance du PIB au cours de ce trimestre ne se trouve pas dans les dépenses de consommation (C) puisque la progression de ce poste de dépenses y est plus faible (1,3 %) que la progression moyenne du PIB (4,0 %). Par contre, on observe une croissance particulièrement marquée de nos exportations à l'étranger — plus forte que de nos importations — ainsi que des dépenses d'investissements des entreprises : la construction résidentielle en particulier. La progression des dépenses dans le secteur de la construction résidentielle s'établissait à 5,8 % sur une base annuelle. En somme, le succès canadien pour ce trimestre de l'année 2004 dépendait principalement du comportement de nos exportations d'une part et de la construction résidentielle d'autre part.

Ce premier exercice d'analyse conjoncturelle nous indique que la comparaison de la variation du PIB du Canada par rapport aux États-Unis peut nous aider à situer notre performance par rapport à l'économie américaine, d'une part, puis que la comparaison de l'évolution du PIB canadien d'un trimestre à l'autre et d'une année récente par rapport à une autre nous renseigne sur les plus récents développements de la conjoncture économique canadienne, d'autre part.

L'étalon de mesure qui peut servir de référence pour commenter l'actualité est une croissance économique de 2,5 % à 3,0 %. En bas de 2,5 % de croissance, on peut parler d'une croissance modérée ou faible. Un chiffre de croissance négatif pendant deux trimestres consécutifs qualifie une récession tandis qu'un croissance économique qui dépasse les 3,0 % sur une base annuelle peut être qualifiée de forte expansion. Finalement, nous avons vu que c'est en comparant les divers postes de dépenses à la moyenne générale qu'on peut apprécier la contribution de chacun de ces postes au résultat total.

8

LE MARCHÉ DES BIENS ET DES SERVICES

La macroéconomie est issue des travaux et des réflexions de sir John Maynard Keynes et, en particulier, de son célèbre ouvrage intitulé *La théorie générale de l'emploi, de l'intérêt et de la monnaie*. Keynes y postule tout d'abord qu'il existe un PIB de plein emploi (PIB^{PE}) d'un côté et un PIB d'équilibre (PIB^{E}) de l'autre. Il démontre, par la suite, que les mécanismes d'ajustement qui conduisent à l'équilibre du PIB ne garantissent pas forcément le plein emploi des ressources et, en particulier, celui des ressources humaines. Il propose finalement que les gouvernements corrigent la situation soit par une augmentation de leurs dépenses, soit par une réduction de leurs impôts.

Le PIB de plein emploi

Pour en arriver à une définition claire du PIB de plein emploi, il convient tout d'abord de préciser le lien qui unit le PIB d'un côté et l'emploi de l'autre. Ce lien se fait par l'intermédiaire de la fonction de production macroéconomique de court terme.

La fonction de production macroéconomique de court terme

Comme nous l'avons déjà vu au chapitre 2, la production et l'emploi sont techniquement liés par une fonction de production de court terme. C'est ce type de fonction qu'illustre le tableau 8.1.

TABLEAU 8.1

Fonction de production de l'usine ABC

Emploi (e)	Production en tonnes d'acier par jour (x)
100	1 100
200	2 100
300$	3 000
400	3 800
500	4 500

FIGURE 8.1

Fonction de production microéconomique

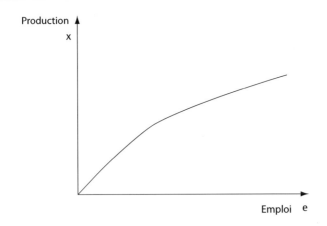

Si l'usine d'acier ABC emploie 100 personnes, sa production sera de 1 100 tonnes d'acier par jour (1ʳᵉ rangée). Si elle en emploie 200 (2ᵉ rangée), sa production serait de 2 100 tonnes et ainsi de suite. Par ailleurs, on notera que chaque augmentation de l'emploi « e » entraîne une augmentation moins que proportionnelle de la production « x ». Dans l'exemple précédent, l'emploi double (100 à 200), mais la production fait moins que doubler (1 100 à 2 100). Pour cette raison, on dira que la fonction de production microéconomique est une fonction de production à rendements décroissants. La forme concave ou recourbée de la fonction de production microéconomique qui figure dans ce graphique reflète la loi des rendements décroissants, c'est-à-dire le fait que la production n'augmente pas de façon parfaitement proportionnelle par rapport à l'emploi.

Le passage du niveau microéconomique au niveau macroéconomique est simple. Il suffit de remplacer le « x » et le « e » de la figure 8.1 par le PIB et l'emploi E à la figure 8.2. Le niveau macroéconomique consolide la production et l'emploi pour l'ensemble de l'économie : le PIB représente la somme des productions (valeurs ajoutées de chacune des entreprises de l'économie) au niveau microéconomique tandis que l'emploi E représente la somme des niveaux d'emploi « e » de chaque entreprise.

De cette façon, on peut concevoir qu'à chaque niveau de PIB correspond un seul niveau d'emploi E à l'échelle macroéconomique. Pour un niveau de PIB égal à PIB_1 par exemple et tel qu'il est indiqué à la figure 8.3, correspond le niveau d'emploi E_1, tandis qu'au niveau PIB_2 plus élevé que PIB_1

FIGURE 8.2

Fonction de production macroéconomique

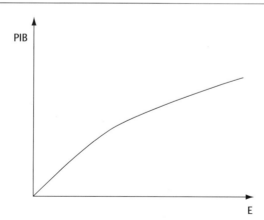

correspond le niveau d'emploi E_2, également plus élevé que le niveau d'emploi E_1, et ainsi de suite jusqu'à la combinaison PIB_n, E_n.

Dans un tel contexte, il devient possible de définir le PIB de plein emploi.

Le PIB de plein emploi se définit par le niveau de PIB tel que l'ensemble des personnes qui désirent un emploi au taux de salaire courant en trouvent un. La « clause » du taux de salaire courant est là pour éviter de considérer le sous-ensemble de celles qui ne seraient intéressées à travailler qu'à condition que les salaires soient plus élevés que ceux qui prévalent sur le marché.

Si le niveau d'emploi E_2 apparaissant dans la figure 8.3 était celui du plein emploi, alors on dirait du PIB_2 qu'il constitue le PIB de plein emploi. Un PIB inférieur à PIB_2, soit le niveau PIB_1 par exemple, serait un niveau de PIB de sous-emploi parce que le niveau d'emploi E_1 qui lui est associé est inférieur au niveau E_2. La figure 8.4 reprend les données de la figure 8.3 et suppose que le niveau de plein emploi est PIB_2, le niveau d'emploi correspondant à ce PIB de plein emploi PIB^{PE} est aussi appelé l'emploi de plein emploi $E^{PE.}$

Pour donner un exemple chiffré, nous supposerons que le PIB québécois est de l'ordre de 280 milliards de dollars et que ce PIB génère à lui seul 4 millions d'emplois. Si nous supposons, de plus, qu'il y aurait 4 300 000 000 Québécois et Québécoises qui voudraient travailler aux conditions salariales courantes sur le marché du travail, cela signifierait qu'il y aurait 300 000 Québécois et Québécoises en surplus ou en chômage sur le marché du travail québécois. Abstraction faite des rendements décroissants, on peut estimer, à titre de première approximation, que le PIB de plein emploi serait de l'ordre de 301 milliards de dollars.

En effet, parce que le coût moyen d'un emploi, incluant les dépenses en capital, équipement et machinerie pour qu'il soit créé, est de l'ordre de 70,000 $ par année (280 milliards de dollars divisé par 4 millions d'emplois), il s'ensuit qu'un PIB de 301 milliards de dollars procurerait de l'emploi à 4,3 millions de personnes (301 milliards de dollars divisé par 70 000 $ = 4,3 millions), soit exactement le nombre de personnes qui désirent travailler aux conditions courantes sur le marché du travail. On pourrait dire également qu'il manque 21 milliards de dollars au PIB actuel car cette

FIGURE 8.3

PIB et Emploi

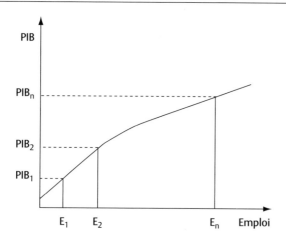

FIGURE 8.4

Le PIB de plein emploi PIB^{PE}

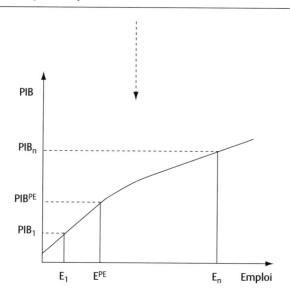

somme est égale au produit du coût moyen d'un emploi (70 000 $) par les 300 000 emplois requis pour atteindre le plein emploi.

Taux de chômage et plein emploi

Est-ce à dire que le taux de chômage au Québec serait nul si le PIB était de 301 milliards de dollars au lieu de 280 ? La réponse est non. Dans l'optique keynésienne, il existe toujours du chômage dans une économie, même au plein emploi, car, d'une part et à chaque jour, des employés insatisfaits de leur emploi démissionnent pour se chercher un autre emploi. De même, les employeurs qui ont des employés en période de probation peuvent s'avérer insatisfaits et ne pas donner suite au lien d'emploi. Par ailleurs, il y a continuellement des employeurs qui créent de nouveaux emplois et qui cherchent de nouveaux employés : les goûts et la technologie changent et de nouveaux concurrents se présentent régulièrement sur le marché. Entre-temps, c'est-à-dire entre le moment où l'employé se trouve un nouvel emploi et celui où un nouvel employeur se trouve un nouvel employé, il se passe du temps et il y a des gens qui sont en chômage, c'est-à-dire des gens sans emploi temporairement et en recherche active de travail. C'est aussi le cas des jeunes finissants qui prennent un certain temps avant de se trouver un emploi dans leur domaine d'études et de compétences. Ces exemples de chômage sont appelés *chômage frictionnel*. Ils sont attribuables au phénomène de la transition entre les études et le marché du travail ainsi qu'à la dynamique des marchés du travail et des produits (changements dans les goûts, la technologie, les méthodes de production, les nouveaux produits, etc.). L'idée de Keynes n'est pas que tout le monde qui veut un emploi en ait un immédiatement, mais qu'au plein emploi, il y ait autant d'emplois disponibles pour autant de personnes disposées à travailler dans l'ensemble de l'économie.

Par ailleurs, il y a une autre sorte de chômage qui coexiste avec le plein emploi. Si les qualifications et la région des personnes en chômage ne correspondent pas aux qualifications ou à la région des emplois disponibles, on parle alors de *chômage structurel*. Par exemple, ce pourrait être le cas des chômeurs dont la formation générale est déficiente par rapport aux exigences du marché ou encore, pour être plus précis, qui auraient une formation de soudeur alors que les emplois disponibles seraient pour des infirmiers. Finalement, ce pourrait être le cas d'un chômeur habitant la Gaspésie alors que les emplois disponibles pour ses qualifications sont à Trois-Rivières.

Le PIB d'équilibre

Tout comme dans le cas de la définition du PIB de plein emploi, la définition du PIB d'équilibre nécessite le recours à quelques concepts de base. Les concepts en cause sont ceux de la demande agrégée planifiée (DAP) et de l'offre agrégée planifiée (OAP). Par ailleurs, puisqu'il est question d'équilibre sur le marché des biens et des services, cela nécessite tout d'abord de décrire chacune de ces fonctions sur un même marché puis d'élaborer sur les mécanismes d'ajustement qui entrent en jeu dans la détermination de l'équilibre.

La demande agrégée planifiée

La demande agrégée planifiée DAP se définit par la somme des dépenses que *prévoient* faire les agents économiques (consommateurs, gouvernements et entreprises) dans l'ensemble de l'économie à court terme, c'est-à-dire pour un niveau de prix donné et inchangé. La somme des dépenses agrégées ou courbe DAP comporte deux composantes : une première composante qui est autonome ou incompressible. Ce sont des dépenses indépendantes du niveau de revenu. Soit une composante induite qui, elle, dépend du revenu. On suppose ici que ce dernier type de dépenses augmente de façon proportionnelle avec le revenu. Cette proportion est appelée propension marginale à dépenser « d » et sa valeur est supposée comprise entre zéro et un ($0 < d < 1$), ce qui signifie que les dépenses augmentent ($d > 0$), mais de moins de 1 \$ ($d < 1$) pour chaque augmentation du revenu de 1 \$.

Si, par exemple, le revenu d'un consommateur augmente de 1 000 \$ et que sa propension marginale à dépenser est de 0,8 (comprise entre 0 et 1), cela signifie qu'il dépensera 800 \$. Donc, la propension marginale à dépenser représente la fraction des revenus additionnels qui est re-dépensée sur les marchés intérieurs. La figure 8.5 donne une représentation graphique d'une courbe de dépenses agrégées planifiées ou de demande agrégée planifiée DAP en fonction du PIB. L'abscisse représente le PIB, supposé ici égal aux revenus totaux dans l'économie, tandis que l'ordonnée représente les dépenses agrégées planifiées. L'ordonnée à l'origine « a » donne la valeur des dépenses autonomes ou indispensables. La pente de la courbe des dépenses agrégées planifiées donne la propension marginale à dépenser « d ». Les valeurs de DAP sont égales à « a + d PIB » où « a » égale le niveau des dépenses autonomes et « d PIB » définit le niveau des dépenses induites.

FIGURE 8.5

La demande agrégée planifiée : DAP

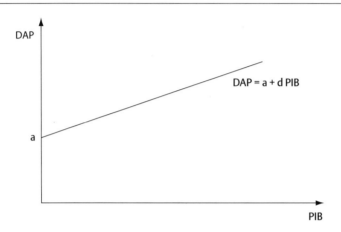

L'offre agrégée planifiée

La présentation de l'offre agrégée planifiée est encore plus simple que celle de la demande agrégée planifiée. En effet, on suppose qu'à moins d'un changement important dans l'environnement économique, les entreprises produisent exactement ce qu'elles ont l'intention de produire : les valeurs de l'offre agrégée planifiée OAP sont toujours et en tout temps égales au PIB réalisé. À toute valeur donnée du PIB planifié (PIB^p) correspond la même valeur du PIB réalisé (PIB^r). La figure 8.6 présente une courbe d'offre agrégée planifiée. La courbe d'offre agrégée planifiée OAP se définit par la bissectrice principale ou courbe de 45• passant par l'ordonnée à l'origine de ce graphique. Les valeurs de l'offre agrégée planifiée par les producteurs sont inscrites sur l'ordonnée tandis que les valeurs du PIB (réalisé) apparaissent sur l'abscisse, et les unes sont parfaitement identiques aux autres.

FIGURE 8.6

L'offre agrégée planifiée : OAP

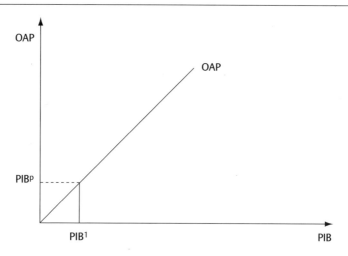

Le marché des biens et des services

Le marché des biens et des services peut être représenté en combinant la demande agrégée planifiée et l'offre agrégée planifiée sur un même graphique qui illustrerait respectivement les intentions d'achat des acheteurs et les intentions de production des producteurs. C'est le cas de la figure 8.7 où DAP représente les dépenses agrégées planifiées et OAP l'offre agrégée planifiée. Dans cette figure, on peut concevoir trois cas possibles. Soit le cas « ab » qui désigne une situation où les intentions d'achat des acheteurs « a » qu'on lit sur DAP dépassent les intentions de production des producteurs « b » qu'on lit sur OAP. Le cas « cd » où c'est le contraire qui se produit : les intentions d'achat des acheteurs « c » s'avèrent inférieures aux intentions de production des producteurs « d ». Et un dernier cas « R » au point de rencontre entre DAP et OAP qui définit un PIB^R où les intentions d'achat des acheteurs sont exactement égales aux intentions de production des producteurs.

FIGURE 8.7

Le marché des biens et des services

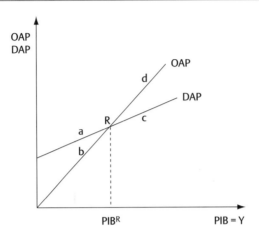

Les mécanismes d'ajustement

À court terme, dans une économie de marché, deux grands mécanismes d'ajustement sont mis à contribution, soit un mécanisme d'ajustement spontané d'une part et un mécanisme d'ajustement par les inventaires d'autre part. Le mécanisme d'ajustement spontané se manifeste lorsqu'il n'y a pas de stocks. Il opère plus particulièrement dans le cas des services professionnels ou lorsqu'il est difficile ou impossible pour une entreprise de stocker des produits, par exemple des fruits frais. Nous appliquerons chacun de ces mécanismes aux cas « ab » et « cd » respectivement.

L'ajustement spontané

Dans la situation « ab », un professionnel pouvait avoir prévu réaliser un certain nombre de contrats ou d'activités par semaine sur la base de ses clients réguliers, ce qui l'aurait occupé pendant 25 heures (situation « b »). Or, s'il arrive que de nouveaux clients sollicitent ses services pour 20 heures additionnelles (situation « a »), on peut raisonnablement supposer que la production augmentera de façon spontanée et qu'il livrera ces services additionnels puisque cela lui sera profitable de le faire. De cette façon, il réalise des revenus supérieurs. Donc, dans le cas des services profession-nels, on peut raisonnablement supposer, en situation où les intentions d'achat dépassent les intentions de production, que le PIB sera instable et aura tendance à augmenter.

Si, à l'origine, la même personne travaillait déjà 45 heures et que ces nouvelles commandes soient fermes, elle pourra aussi prévoir embaucher un assistant ou un collègue qui n'a pas d'emploi et qui serait disposé à s'associer avec elle. La production et l'emploi augmenteront de façon spon-tanée. Finalement, s'il s'agit d'une firme qui vend des produits périssables, des légumes par exemple, et que la demande est plus grande que prévue, le commerçant pourra songer à embaucher davantage de main-d'œuvre. Donc, quand c'est possible, les entreprises ont systématiquement le réflexe de produire plus pour satisfaire spontanément des intentions d'achat qui dépassent leurs intentions de production parce que c'est plus profitable de se comporter de la sorte.

L'ajustement par les stocks

Il arrive toutefois que ce ne soit pas possible de répondre de façon parfaite-ment instantanée aux sollicitations des consommateurs. D'une part, cela peut prendre du temps pour fabriquer le produit. D'autre part, cela peut prendre du temps pour en assurer la livraison. Les stocks deviennent alors la source privilégiée d'ajustement.

La raison de stocker est double. En l'absence de stocks, l'entreprise peut perdre des ventes. En effet, un client qui désirerait un bien relativement standardisé qui peut être trouvé un peu partout mais qui n'est pas directe-ment offert sur les tablettes du marchand ou dans les ateliers du fabricant, pourrait être tenté de se le procurer chez un concurrent. Le marchand ou le fabricant perdra une vente. Mais, pire encore, si la situation se reproduit quelques fois, il pourrait perdre un client. Si les marchands et les produc-teurs stockent, c'est donc pour éviter de perdre des ventes ou des clients.

Mais il y a des coûts liés à la détention de stocks. Ces coûts sont la loca-tion ou la construction d'espaces de rangement nécessaires à leur entrepo-sage (mètres carrés), le chauffage, les assurances, l'entretien du matériel, etc. Donc, trop stocker peut aussi s'avérer trop coûteux. C'est pourquoi nous pouvons penser qu'il s'établira un taux ou un pourcentage fixe des ventes qui sera stocké et qui protégera les marchands et fabricants contre des pertes de ventes ou de clients au moindre coût.

Dans la situation « ab », les intentions d'achat, qui peuvent être mesurées par les carnets de commandes qui sont transmis aux fabricants, dépassent ce que ces fabricants avaient eux-mêmes prévu et effectivement produit. Ce peut être par exemple la production d'automobiles. Le fabricant avait prévu la production de 10 000 automobiles neuves par mois, mais les carnets de commandes qui lui parviennent des concessionnaires sont plutôt de l'ordre de 15 000 automobiles pour les prochains mois. Dans ce cas, en présence de stocks, on dira que ce dépassement sera tout d'abord satisfait à même la réduction des « surplus » d'automobiles neuves que le fabricant gardait dans son stationnement. Mais alors, dans un second temps, les stocks ne seront plus à leur niveau optimal, exposant de la sorte le fabricant à des pertes de ventes ou de clients. Il devra les regarnir en augmentant sa production d'automobiles. Donc, la production devra là aussi augmenter.

Au total, nous pouvons en conclure que toute situation caractérisée par des intentions d'achat supérieures aux intentions de production se traduira par un PIB instable qui aura tendance à se déplacer vers le point R à la figure 8.7.

La symétrie des ajustements

Les ajustements sont symétriques. Cela veut dire que lorsque les intentions d'achat des acheteurs s'avèrent inférieures aux intentions de production comme c'est indiqué dans la situation « cd », les professionnels et les industries qui ne peuvent accumuler des stocks réduiront spontanément leur production. S'il y a moins de patients que prévu pour un dentiste, il travaillera moins et la production de services dentaires sera tout simplement réduite. En situation de stocks, ceux-ci commenceront par s'accumuler puisqu'on ne vendra pas tout ce qu'on avait prévu vendre. Dans ce cas-ci, pour reprendre notre exemple de fabrication d'automobiles, il arrive que les carnets de commandes soient décevants puisqu'ils ne sont qu'à la hauteur de 8 000 automobiles neuves pour une production planifiée et réalisée de 10 000. Les stocks vont dépasser le niveau optimal recherché et le fabricant d'automobiles pourrait devoir louer temporairement des espaces additionnels de stationnement. La production devra éventuellement diminuer pour rétablir la position souhaitée des stocks et éliminer les coûts associés aux surplus involontaires. Donc, dans un cas comme dans l'autre et tel qu'il est indiqué à la figure 8.7, qu'il s'agisse de mécanismes spontanés et directs ou de mécanismes indirects qui passent par la voie des stocks, le PIB est instable et a tendance à se contracter vers le point de convergence R lorsque, cette fois, ce sont les intentions de production des producteurs qui dépassent les intentions d'achat des acheteurs.

Le PIB d'équilibre

Dans ce contexte, le PIB d'équilibre que l'on écrit PIB^E va se définir au point R parce qu'en ce point, le PIB est stable et n'a tendance ni à augmenter ni à diminuer. En effet, partout ailleurs, il est instable. S'il est à gauche du point R, il a tendance à augmenter pour se déplacer à droite vers le point R, tandis que s'il est à droite du point R, il a tendance à reculer à gauche vers le point R, soit le point de rencontre entre la demande agrégée planifiée et l'offre agrégée planifiée. Le PIB d'équilibre se définit donc par le niveau de PIB tel que l'offre agrégée planifiée (OAP) est égale à la demande agrégée planifiée (DAP). Dès lors et en vertu des mécanismes d'ajustement que nous venons de décrire, nous pouvons en conclure qu'une économie de marché qui équilibre l'offre et la demande agrégées planifiées sur le marché des biens et des services a pour effet de réconcilier les intentions d'achat des acheteurs avec les intentions de production des producteurs et, de façon générale, on peut dire qu'elle le fait relativement rapidement et efficacement.

L'équilibre de sous-emploi

Par ailleurs et tel qu'il est indiqué dans la figure 8.8, le PIB d'équilibre ne garantit pas forcément le plein emploi. En effet, si le PIB de plein emploi était PIB^{PE} plus grand que le PIB d'équilibre, comme dans notre exemple précédent des 280 milliards de dollars pour le PIB d'équilibre et des 301 milliards de dollars pour le PIB de plein emploi, on assisterait à une situation de sous-emploi chronique. Quoi faire alors pour changer la situation ?

FIGURE 8.8

PIB d'équilibre et PIB de plein emploi

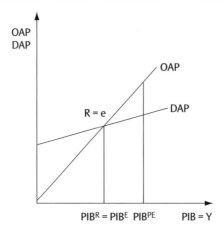

La solution de Keynes

Puisqu'il ne semble pas possible de trouver une solution raisonnable à court terme à l'intérieur du système économique, Keynes cherche une institution hors marché qui serait à même de rompre l'équilibre de sous-emploi. Le gouvernement apparaît alors comme constituant l'institution hors système ou hors marché toute désignée pour solutionner le problème. En effet, si le gouvernement augmentait ses dépenses, cela ferait en sorte, comme indiqué à la figure 8.9, que les intentions d'achat « f » dépasseraient subitement les intentions de production qui étaient jusqu'alors égales à « e » et, dans ces circonstances, on peut prévoir que les producteurs ajusteraient leur production en conséquence, de façon spontanée ou à travers le mécanisme des inventaires. La production augmenterait pour se diriger vers un nouvel équilibre e' qui permettrait l'atteinte et donc la réalisation du plein emploi. En termes analytiques, on observe qu'une hausse des dépenses gouvernementales de G à G' dans la figure 8.9 a pour effet de déplacer la courbe des dépenses agrégées planifiées vers le haut soit de DAP_0 vers DAP_1, de rompre l'équilibre initial « e », puis de rediriger le PIB de sous-emploi PIB^E vers le PIB de plein emploi PIB^{PE} correspondant au nouveau

FIGURE 8.9

La solution de Keynes : relever la DAP

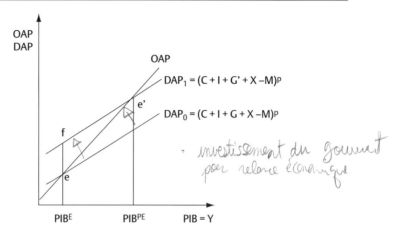

point de rencontre « e' » entre l'offre agrégée planifiée OAP et la nouvelle demande agrégée planifiée DAP_1.

La baisse des impôts aurait un effet similaire parce qu'en augmentant le pouvoir d'achat des contribuables, elle augmenterait les dépenses de consommation (C) qui, à leur tour, déplaceraient la courbe DAP et donc les grands équilibres macroéconomiques. Mais il reste à savoir si une baisse d'impôts conduit exactement au même résultat qu'une hausse des dépenses. Pour le savoir, il convient de procéder à l'analyse des trois multiplicateurs keynésiens.

Les trois multiplicateurs keynésiens

Lorsque nous traçons le déplacement du PIB consécutif à l'injection de dépenses gouvernementales dans l'économie, nous constatons que l'augmentation du PIB qui en résulte (= PIB^{PE} – PIB^E) dépasse le montant de l'injection (= G' – G = fe). L'explication de ce phénomène est que le gouvernement n'a pas, en principe, à augmenter ses dépenses du même montant que le déficit entre le PIB de plein emploi et le PIB d'équilibre parce que ces mêmes dépenses sont multipliées par *le multiplicateur keynésien des dépenses.*

Pour prendre l'exemple de la construction de ponts et de routes dont le coût serait de 10 milliards de dollars, nous trouvons qu'à la première ronde de dépenses, le PIB augmenterait de 10 milliards de dollars puisque la composante des dépenses gouvernementales (G) du PIB augmenterait de ce même montant. À la deuxième ronde, le PIB augmenterait de 8 milliards de dollars supplémentaires si on suppose que la propension marginale à dépenser « d » était de 0,80. En effet, la dépense pour les ponts et chaussées serait versée à des firmes d'ingénieurs et à du personnel de la construction. Si ces gens dépensaient 80 % de ces nouveaux revenus en divers biens et services, les dépenses de consommation (C) augmenteraient, comme nous venons de le dire, de 8 milliards de dollars supplémentaires et il en serait de même du PIB.

À la troisième ronde, et selon le même principe, ceux qui recevraient les 8 milliards de dollars issus de ces dépenses en dépenseraient eux-mêmes 80 %, soit 6,4 milliards, et le PIB augmenterait de nouveau pour former un total cumulatif de 24,4 (10 + 8 + 6,4) milliards de dollars après trois rondes seulement. À combien se chiffrerait le total de toutes les rondes? La réponse nous est donnée par un des trois grands multiplicateurs keynésiens, soit le multiplicateur des dépenses.

En effet, dans la théorie keynésienne, il y a trois grands multiplicateurs : le multiplicateur des dépenses, le multiplicateur des impôts et le multiplicateur du budget équilibré.

Le multiplicateur des dépenses

Le multiplicateur keynésien des dépenses (M^k_d) se définit par la formule suivante :

(1) $M^k_d = 1 / 1-d$ $\qquad M^k_d = \dfrac{1}{1-d} \qquad M^k_d = \dfrac{1}{1-[c(1-t)-m]}$

où d = la propension marginale à dépenser dans l'économie qui est elle-même égale à c(1-t) – m. « c » mesure la propension marginale à consommer ; « t » mesure la propension marginale à taxer et « m » mesure par la propension marginale à importer.

La propension marginale à dépenser dans l'économie (d) se définit par l'augmentation des dépenses nettes des importations, qui résulte de l'augmentation du PIB. La propension marginale à consommer (c) se définit par l'augmentation des dépenses de consommation qui résulte de l'augmentation du PIB nette des impôts. La propension marginale à taxer (t) est l'augmentation des impôts et des taxes qui résulte de l'augmentation du PIB et, la propension marginale à importer (m) se définit par l'augmentation des importations qui résulte d'une augmentation du PIB.

Pour illustrer le fonctionnement de cette formule, nous donnerons trois exemples fictifs mais représentatifs de trois situations différentes. Dans le premier cas, nous retenons l'exemple des États-Unis. Nous supposerons que « c », la propension marginale à consommer y est élevée et égale à 0,9 (les Américains seraient de forts consommateurs), leur propension marginale à taxer « t » ne serait que de 0,2 (ils sont moins taxés qu'au Canada) et leur propension marginale à importer « m » ne serait que de 0,1 (très faible à cause de leur grand degré d'autonomie due à la taille et à la diversité de leur économie).

Pour le Canada actuel, nous retiendrons des valeurs de c = 0,8 ; t = 0,3 et de m = 0,4. Pour le Canada d'antan, c'est-à-dire le Canada qui existait au moment où Keynes écrivait sa théorie, nous avons supposé que ces valeurs étaient de c = 0,8 ; t = 0,1 et m = 0,1. Supposer que la propension marginale à consommer n'a pas changé à travers le temps ou d'une époque à l'autre constitue, à notre avis, une hypothèse raisonnable. Par contre, les niveaux de taxation et d'importations étaient, avant la Deuxième Guerre mondiale, de beaucoup inférieurs à ceux d'aujourd'hui.

Au total et compte tenu de ces diverses hypothèses, on devrait s'attendre à ce que le multiplicateur keynésien des dépenses soit plus élevé aux États-Unis qu'au Canada. D'une part, parce que nous avons supposé que la propension marginale à consommer est plus élevée et, d'autre part, parce qu'il y a moins de fuites tant du côté des impôts que du côté des importations aux États-Unis qu'au Canada.

Pour comparer la valeur respective des multiplicateurs entre ces deux pays, nous avons procédé aux calculs suivants :

Soit d = c(1 − t) − m. Si les valeurs de propensions marginales c, t et m sont respectivement de 0,9 ; 0,2 et 0,1 telles qu'elles sont supposées pour les États-Unis, alors : d = 0,9 (1−0,2) − 0,1 = 0,9 (0,8) − 0,1 = 0,72 − 0,10 = 0,62, et il s'ensuit que le multiplicateur keynésien des dépenses M^k_d = 1/ 1-d = 1 / 1 −0,62 = 1/0,38 = 2,63. Une valeur de 2,63 signifie que chaque milliard dépensé par le gouvernement augmente le PIB américain de 2,63 milliards. Une dépense de 2 milliards de dollars ferait donc progresser le PIB américain de 2,63 · 2 = 5,26 milliards et une dépense de 10 milliards de dollars le ferait progresser de 26,3 milliards.

Au Canada, la valeur du multiplicateur keynésien des dépenses est obtenue en insérant dans la formule 1/1 – d, les propensions marginales qui lui sont propres. Cela donne pour d = 0,8 (1-0,3) – 0,4 à l'époque contemporaine, une valeur de d = 0,8 (0,7)– 0,4 = 0,56 – 0,40 = 0,16 et une valeur de 1/1 – d = 1/1 – 0,16 = 1/0,84 = 1,19, soit un multiplicateur qui est deux fois plus petit que le multiplicateur américain. En effet, chez nous, l'injection de nouvelles dépenses gouvernementales dans notre économie aurait beaucoup moins d'effet sur le PIB et l'emploi, qu'aux États-Unis.

Par contre, si nous calculons la valeur du multiplicateur keynésien des dépenses du temps de Keynes au Canada, nous trouvons que ce multiplicateur était beaucoup plus efficace et que sa valeur était sensiblement plus élevée à cette époque. En suivant exactement la même procédure que dans le cas précédent, notre estimation du multiplicateur keynésien des dépenses M^k_d pour cette époque est de 2,63, soit la même valeur que le multiplicateur américain contemporain.

Le multiplicateur des impôts

Vaut-il mieux réduire les impôts que d'augmenter les dépenses? Nous verrons, à travers l'étude comparée des multiplicateurs keynésiens des impôts et des dépenses, que le multiplicateur des impôts est beaucoup moins efficace que le multiplicateur des dépenses.

Le multiplicateur des impôts se distingue du multiplicateur des dépenses de deux manières. D'une part, il est affecté d'un signe négatif (parce qu'une baisse d'impôts doit augmenter le PIB) et, d'autre part, il renferme la valeur de la propension marginale à dépenser « d » dans son numérateur. En effet, le multiplicateur keynésien des impôts s'écrit :

(2) $M^k_T = -d/1 - d$ où d = c(1 – t) – m comme précédemment.

La raison d'être de l'apparition de la propension marginale à dépenser dans le numérateur de la formule provient du fait que seule une fraction de la réduction fiscale est retournée ou re-dépensée dans l'économie. En effet,

$$M^k_T = \frac{-d}{1-d} \qquad M^k_T = \frac{-d}{1-[c(1-t)]-m}$$

une baisse des impôts peut être conçue comme un cadeau fiscal imposable que fait le gouvernement à ses concitoyens. Par exemple, un gouvernement qui enverrait par la poste un chèque de 1 000 $ (imposable) à tout un chacun des contribuables. Contrairement à l'exemple des dépenses gouvernementales pour la construction de ponts et de routes, ce cadeau n'ajoute rien au PIB tant qu'il n'y a pas de nouvelles dépenses dans l'économie. Ce n'est donc qu'à partir du moment où la fraction « d » du cadeau fiscal est dépensée dans l'économie que le PIB et l'emploi augmenteront.

L'individu qui reçoit le cadeau fiscal par la poste devra tout d'abord prévoir payer des impôts sur ce cadeau puisqu'il est imposable. Donc ce n'est que la fraction $(1 - t)$ du montant brut reçu qui pourra être dépensée. Deuxièmement, ce n'est que la fraction « c » de ce montant net qui sera dépensée, soit $c(1 - t)$. Troisièmement, il faudra retirer des montants dépensés en consommation la portion « m » des dépenses qui va en importations. Au total, il ne reste plus que $d = 0,8 (1 - 0,3) - 0,40 = 0,16$, soit 16 % seulement du montant en cadeau fiscal sous forme de baisse ou de remise d'impôts qui serait dépensé dans l'économie. Cette proportion sera finalement multipliée par le multiplicateur keynésien des dépenses puisqu'il s'agit bel et bien d'une nouvelle dépense dans l'économie. Le résultat est : $0,16 \cdot 1,19 = 0,19$, soit une augmentation totale du PIB qui se limiterait à 19 % seulement du cadeau fiscal cédé aux contribuables. Le multiplicateur keynésien des impôts est considérablement inférieur au multiplicateur keynésien des dépenses et s'avère, sous cet angle, beaucoup moins créateur d'emplois.

Le multiplicateur du budget équilibré

Le multiplicateur du budget équilibré (M^k_{BE}) constitue en soi une curiosité. En effet, si on définit une politique de budget équilibré comme étant une politique où le gouvernement augmente ses dépenses d'un certain montant d'un côté, mais prélève une ponction identique de nouveaux impôts pour financer ces dépenses de l'autre côté, il s'ensuit que le multiplicateur de ce budget équilibré est toujours et tout le temps égal à l'unité. La raison en est la suivante. De la main gauche, le gouvernement dépense un certain montant en biens et services. Il en résulte que le PIB augmentera de $1/1 - d$.

De la main droite toutefois, ce même gouvernement prélève un montant équivalent dans les poches des contribuables pour financer cette dépense. Ce faisant, il réduit le PIB de $-d/1 - d$. Au total, si on additionne ces deux formules, nous obtenons : (3) $M^k_{BE} = (1/1 - d) - (d/1 - d) = (1 - d)/(1 - d) = 1$. Donc une dépense de 1, 2 ou de 3 milliards de dollars, financée par une collecte fiscale équivalente de 1, 2 ou de 3 milliards de dollars pour payer cette dépense, fera augmenter le PIB de 1, 2 ou de 3 milliards de dollars respectivement, selon le cas.

Les limites du modèle

Les limites du modèle keynésien sont nombreuses. Premièrement et comme nous avons pu le voir déjà, la valeur du multiplicateur keynésien des dépenses est, de nos jours, beaucoup plus petite que sa valeur de jadis. La propension marginale à consommer est peut-être demeurée la même, mais les propensions marginales à taxer et à importer sont beaucoup plus importantes aujourd'hui qu'elles ne l'étaient du temps de Keynes. Deuxiè-mement, dans le cas d'un financement des dépenses par les impôts, il est possible que la collecte d'une taxe additionnelle ne produise pas les résul-tats escomptés. Au-delà d'un certain seuil, l'augmentation du taux d'impôt conduit à une baisse du montant total des impôts récoltés parce que : 1- il se développe du travail au noir, de l'évasion fiscale et de la contrebande ; 2-il y a réduction du temps de travail, des initiatives, de la motivation au travail, de l'effort et donc de la production ; ✗ ~troisième~ les effets anticipés de la poli-tique sont intégrés par les agents économiques. Dans ce dernier cas, les patrons et les syndicats en profitent pour augmenter respectivement leurs prix et leurs salaires. L'argent (la dépense gouvernementale) se traduit alors sous forme de hausse de prix et de salaires plutôt que de hausse de produc-tion et de création d'emplois ; 4- la hausse des dépenses gouvernementales crée des pressions sur les taux d'intérêt, qui annulent en partie les effets positifs anticipés sur le PIB et l'emploi. C'est à ce dernier aspect que nous nous intéresserons dans le chapitre suivant.

9

LES MARCHÉS MONÉTAIRES

L'étude des marchés monétaires est très importante en relations industrielles parce qu'elle nous permet de comprendre la politique monétaire. Et
la politique monétaire est un outil d'intervention majeur qui exerce une
grande influence sur le PIB et l'emploi. Après avoir brièvement défini ce
que nous entendons par le terme « monnaie », nous étudierons
successivement : 1- la demande de monnaie ; 2- l'offre de monnaie ; et 3- la
politique monétaire.

Définition de la monnaie

La monnaie (M) se définit par la somme de deux composantes, soit la
monnaie en circulation (C), d'une part, et les dépôts à vue (D), d'autre
part : M = C + D. La monnaie en circulation (C) se compose elle-même des
billets de banque ou du papier monnaie hors banques, d'un côté, et des
pièces de monnaie, de l'autre. Les dépôts à vue sont constitués des sommes
déposées dans les banques et les caisses populaires, sur un compte courant
ou un compte chèque. Les montants déposés dans ces comptes peuvent
être retirés à tout moment par une carte de débit, un chèque ou en se
rendant directement à la banque et en signant un bordereau de retrait.

Qui dit marché de la monnaie dit offre, demande et point de rencontre entre l'offre et la demande de monnaie qui détermine le prix, c'est-à-dire le taux d'intérêt.

La demande de monnaie

Pourquoi demandons-nous de la monnaie?, Comment la monnaie se compare aux autres actifs financiers?, Qui demande de la monnaie?, et qu'est-ce qui détermine la demande de monnaie? sont les principales questions que nous soulevons dans cette première section.

Pourquoi demandons-nous de la monnaie?

Nous demandons de la monnaie pour trois raisons. Premièrement, nous demandons de la monnaie afin d'effectuer des transactions. En effet, chaque jour ou presque, nous achetons des biens et des services, et ceux qui nous les vendent acceptent de la monnaie en échange.

La monnaie est une façon très pratique de régler nos comptes et de payer nos dettes et nos factures pour les biens et les services que nous nous procurons. Le fait qu'il soit écrit sur chacun de nos billets de banque « ce billet a court légal » signifie d'ailleurs que le marchand qui encaisse le billet en question ne peut pas vous poursuivre pour non-paiement. Du point de vue légal, votre billet éteint complètement votre dette auprès du marchand. L'alternative à la monnaie comme moyen d'échange serait le troc, c'est-à-dire l'échange de certaines marchandises contre d'autres marchandises. Et le troc est un processus extrêmement compliqué.

Supposons qu'un individu soit à la recherche d'une chaise et que tout ce qu'il a à offrir en échange de cette chaise est un livre en économie du travail. Il faut, pour commencer, qu'il se mette à la recherche de quelqu'un qui a une chaise à vendre. Ensuite, il faut qu'il trouve une personne qui non seulement a une chaise à vendre mais qui, aussi, est désireuse d'acheter un livre en économie du travail ou qui est prête à accepter ce genre de livre en échange de la chaise. Finalement, il faut que les valeurs concordent. Que se passe-t-il si la chaise vaut deux fois le prix du livre? Le vendeur de chaise acceptera-t-il deux livres ? Que se passe-t-il si, au contraire, la chaise vaut moins que le livre ? Acceptera-t-il quelques chapitres du livre en question ?

En somme, cet exemple nous montre toute la difficulté du troc comparativement à la monnaie. Premièrement, la monnaie n'exige pas que l'on doive absolument rencontrer quelqu'un qui a en même temps besoin du bien que l'on a à offrir ou de passer à travers une banque complexe d'échanges, de débits et de crédits. Tout le monde accepte la monnaie et, en ce sens, elle sert principalement de moyen d'échange facile. Deuxièmement, la monnaie sert d'unité de compte. Tous les biens peuvent être divisés en autant d'unités ou de fractions d'unités de monnaie qui est chez nous le dollar canadien. Troisièmement, la monnaie sert de réservoir de valeur qui fait en sorte qu'on peut accumuler de la valeur. En ce sens, la monnaie ne perd jamais de sa valeur : un billet de 20 $ aujourd'hui vaudra encore exactement 20 $ demain. Ces trois propriétés de la monnaie sont tellement importantes que certains définissent la monnaie comme étant tout ce qui sert ou peut servir de *moyen d'échange*, d'*unité de compte* et de *réservoir de valeur*. En pratique, au Canada, nous avons vu que la monnaie se composait des billets de banque, des pièces de monnaie et des dépôts à vue, mais par extension, nous pourrions dire que les cartes de crédit, les chèques et les cartes de débit sont aussi de la monnaie.

La deuxième raison pour laquelle nous détenons de la monnaie est par **mesure de précaution.** Dans les milieux financiers, on entend dire qu'il est souhaitable de détenir l'équivalent de trois fois son salaire mensuel net sous forme de liquidités. Ce rôle de la monnaie permet de faire face à des dépenses imprévues : bris d'automobile, accident, maladie, perte d'emploi ou, pour tout simplement prendre un café avec un ami rencontré à l'improviste.

La troisième raison ou le troisième mode de détention de la monnaie est pour **les besoins de spéculation.** Si, par exemple, vous anticipez que la valeur d'une action que vous détenez à la bourse est à la veille de sombrer, vous serez aussitôt incité à la vendre en échange de monnaie. La monnaie sert alors de refuge contre des soubresauts du marché dans la valeur des actifs ou titres négociables dont les prix sont variables. Si, au contraire, vous anticipez une hausse des valeurs mobilières, vous réduirez vos liquidités pour acheter de ces valeurs. Dans le premier cas, votre comportement s'appelle l'ours (*Bear*), dans le second, il s'appelle le taureau (*Bull*).

Comment la monnaie se compare-t-elle aux autres actifs financiers ?

De nos jours, le pilier théorique de l'étude de la monnaie s'appuie sur l'économie financière. L'approche qui y est adoptée consiste à considérer que la monnaie est un actif. Mais c'est un actif qui ne rapporte rien. Bien souvent les autres catégories d'actifs comportent un rendement, qui peut être négatif ou positif et qui peut comporter peu ou beaucoup de risques. Le rendement, lorsqu'on parle de compte d'épargne, de certificat d'épargne ou d'obligation d'épargne du Canada ou du Québec est de l'intérêt. Dans tous les autres cas de placements, ce rendement se compose de revenus versés plus ou moins périodiquement (coupons ou dividendes sur les profits) et d'un gain ou d'une perte sur le capital investi. On appelle gain ou plus-value du capital la hausse du prix de l'action ou de tout autre actif. Pour simplifier, nous prendrons l'exemple d'un actif d'une valeur initiale de 100 $ qui rapporte des dividendes annuels de 5 $. On dira que ce dividende rapporte un intérêt de 5 %, mais il est nécessaire d'estimer l'évolution de son prix pour en connaître le rendement réel. Si son prix baisse à 96 $ au bout d'un an, son rendement réel ne sera que de 1 % puisqu'à sa vente il aura rapporté 101 $ (96 $ + 5 $) après un an. Si son prix monte à 104 $, on pourra plutôt parler d'un rendement de 9 % (104 $ + 5 $). Dans le cas de la monnaie, il n'y a ni coupon ni plus-value, d'où la déclaration à l'effet que la monnaie ne rapporte pas. En somme, on peut dire que le coût de la monnaie est le rendement ou l'intérêt auquel on renonce.

La deuxième caractéristique qui différencie la monnaie des autres actifs est que la monnaie est la forme la plus liquide d'actifs. La liquidité d'un actif dépend foncièrement du coût de sa revente et de la vitesse à laquelle il peut être revendu. Dans le cas de la monnaie, le coût de la revente est nul. On peut « revendre » de la monnaie rapidement, en tout temps et tout à fait gratuitement, ce qui n'est pas le cas d'une maison ou d'une obligation à long terme pour laquelle il y aura des frais de transactions ou à laquelle il y aura d'importantes pénalités rattachées si on décidait de la liquider ou de la revendre avant son échéance. Donc, la monnaie est pratique, c'est le moyen le plus pratique pour effectuer des transactions, mais c'est aussi un moyen coûteux de détenir un actif parce qu'il implique de devoir renoncer à de l'intérêt ou à un rendement.

Qui demande de la monnaie ?

Tous les agents économiques demandent de la monnaie. Les individus, les ménages, les entreprises et les gouvernements. Mais les arbitrages qui se font entre détenir des actifs sous forme de monnaie ou sous une autre forme sont d'autant plus pertinents que la chose est avantageuse. Pour un particulier, il y a peu d'économies à faire en détenant son salaire à moitié en billets de banque et à moitié sous forme de compte d'épargne dans lequel il dépose son argent et dans lequel il devra régulièrement puiser en devant se rendre au préalable à la banque pour effectuer ses paiements. Pour une entreprise multinationale ou même pour un gouvernement municipal, il peut y avoir une énorme différence entre garder tous ses revenus sous forme de compte courant et en garder une partie régulièrement sous forme de bons du Trésor ou autres formes de placements à court terme : une fraction de pourcentage de taux d'intérêt sur des millions de dollars signifie des milliers de dollars. Donc les enjeux relatifs à la détention de monnaie ne sont pas tout à fait les mêmes selon qu'il s'agit des particuliers ou encore de grosses compagnies ou de gouvernements de plus ou moins grande taille.

Qu'est-ce qui détermine la demande de monnaie ?

Le coût de détenir de la monnaie est le taux d'intérêt, c'est-à-dire le rendement auquel nous renonçons ou rendement que nous toucherions si, au lieu de détenir cet actif sous forme de monnaie, nous le détenions sous une autre forme. La relation attendue entre la quantité de monnaie demandée par chaque individu, ménage, entreprise ou gouvernement et le taux d'intérêt est une relation inverse (voir figure 9.1). Pour les grosses compagnies ou une importante municipalité, la détention d'encaisses sans intérêt peut s'avérer coûteuse si les taux d'intérêt à court terme sont élevés. Elles préféreront détenir peu de liquidités et chercheront autant que possible à **placer** ces encaisses, quitte à devoir les liquider périodiquement. Pour les individus, il peut aussi en être ainsi lorsque les taux d'intérêt sont vraiment élevés. Au début des années 1980 par exemple, les taux d'intérêt ont atteint des sommets inégalés dépassant parfois les 20 % sur une base annuelle. Les gens cherchaient à placer la moindre de leur liquidité et les files d'attente aux banques étaient plus longues que jamais pour ceux qui désiraient acheter et vendre leurs certificats de dépôt ou procéder à des virements entre leur compte d'épargne et leur compte chèque.

Le deuxième facteur qui influence la demande de monnaie à *court terme* est le revenu au niveau microéconomique et le PIB au niveau macroéconomique. La demande de monnaie augmente avec le revenu personnel parce que lorsque notre revenu augmente, la valeur monétaire des biens que nous achetons aussi bien que la quantité de biens que nous achetons s'élèvent, et nous avons besoin de plus de monnaie pour effectuer ces transactions. Si c'est vrai sur le plan de l'individu, des entreprises et des gouvernements qui s'enrichissent, c'est également vrai sur le plan macroéconomique puisque la macroéconomie n'est pas autre chose que la somme des individus, des entreprises et des gouvernements qui demandent de la monnaie. Si tous s'enrichissent, la demande globale de monnaie augmentera.

Dans la figure 9.1, nous avons spécifié que la demande de monnaie dépend du PIB en écrivant, à droite de D_M, une parenthèse renfermant une référence au PIB. Par exemple $D_M(PIB_0)$ se lit la demande de monnaie à supposer que le niveau du PIB soit PIB_0. Si le PIB augmente à $PIB_1 > PIB_0$, alors $D_M(PIB_1) > D_M(PIB_0)$, c'est-à-dire que la demande de monnaie, lorsque le PIB est plus élevé, est aussi plus éloignée de l'origine quel que soit le taux d'intérêt. Au taux d'intérêt i', la quantité de monnaie demandée lorsque le PIB est égal à PIB_1 est de M^d_1 plus grande que la quantité de monnaie demandée M^d_0 lorsque le PIB est égal à PIB_0.

À l'inverse, on dira que la demande de monnaie diminue lorsque le PIB diminue. En période de récession par exemple, on doit s'attendre à ce que la demande de monnaie diminue avec le PIB.

FIGURE 9.1

La demande de monnaie M^D

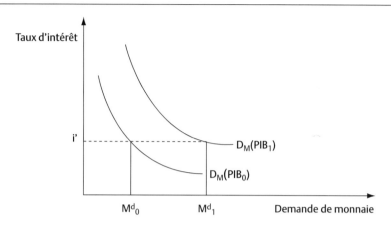

L'offre de monnaie

L'offre de monnaie, telle qu'elle est illustrée à la figure 9.2, est une fonction parfaitement inélastique par rapport au taux d'intérêt. Il en est ainsi parce qu'il appartient à la Banque du Canada de s'occuper et de gérer l'offre de monnaie au Canada.

FIGURE 9.2

L'offre de monnaie O_M

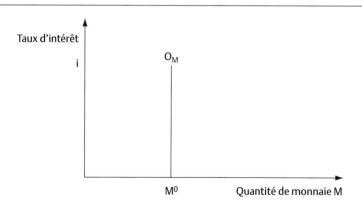

La Banque du Canada est une société d'État qui a été créée à l'origine, en 1934, pour assurer une meilleure solidité du système bancaire canadien. La Banque du Canada est devenue tout à la fois la grande argentière du gouvernement fédéral, la banque des autres banques et la responsable de la politique monétaire au Canada. En tant que grande argentière, elle émet des bons du Trésor ainsi que des obligations gouvernementales négociables pour financer les opérations courantes du gouvernement. En tant que banque des banques, elle reçoit les dépôts des banques et autres institutions financières faisant partie du système bancaire canadien. Elle effectue leurs retraits et assure la compensation des chèques d'une banque ou d'une institution financière à l'autre. En tant que responsable de la politique monétaire, elle agit sur les conditions du marché monétaire.

Les principales fonctions de la Banque du Canada sont de préserver la valeur de la monnaie d'une part, et de s'assurer que la bonne quantité de monnaie soit offerte dans l'ensemble de l'économie d'autre part.

La Banque du Canada affecte l'offre de monnaie à travers ses transactions sur les bons du Trésor et les obligations gouvernementales négociables.

Les bons du Trésor

Un bon du Trésor est un titre financier de court terme (un an ou moins) que tout un chacun peut se procurer et sur lequel il est convenu que le Gouvernement du Canada s'engage à payer, au porteur, une somme d'argent spécifique (coupure) à une date d'échéance fixée d'avance. Les coupures varient de mille dollars à 1 million de dollars. Les termes de l'échéance varient de 91 à 364 jours (91, 182 et 364 jours).

Pour que ce placement soit rentable il faut, bien évidemment, que le prix (P) payé par l'acheteur soit inférieur à sa valeur à l'échéance (valeur aux livres ou valeur de rachat VR). On calcule la rentabilité « r » d'un bon du Trésor en appliquant la formule suivante :

$$r = [(VR-P)/P] \times (364/T) \times 100$$

où r = le taux de rendement du bon du Trésor

VR = la valeur de rachat du bon du Trésor à échéance (coupure)

T = le terme, en nombre de jours, de l'échéance.

À la question de savoir, par exemple quel est le taux de rendement d'un bon du Trésor de 1 000 $ venant à échéance dans 91 jours et payé 990 $, la réponse serait de 4,04 %, soit : [(1 000 – 990)/990] x (364/91) x 100.

Les obligations gouvernementales négociables

Le prix d'une obligation gouvernementale négociable varie en fonction de trois paramètres : 1- sa valeur de rachat à l'échéance (VR) ; 2- le coupon (R) qui est payé régulièrement à chaque période de versement (par exemple, 6 mois ou 1 an) ; 3- les taux d'intérêt courants (i). On calcule le prix d'une obligation gouvernementale négociable (P) de la façon suivante :

$$P = \frac{R}{(1+i)} + \frac{R}{(1+i)^2} + ... + \frac{R+VR}{(1+i)^n}$$

Une obligation gouvernementale négociable de deux ans qui verserait des coupons de 50 $ tous les six mois, c'est-à-dire deux fois par année, et dont la valeur de rachat serait de 1 000 $ aurait un prix qui se calculerait comme suit, à supposer un taux d'intérêt annuel de 8 % :

$$P = \frac{50}{(1,04)} + \frac{50}{(1,04)^2} + \frac{50}{(1,04)^3} + \frac{50+1\,000}{(1,04)^4} = 1\,036,30\ \$$$

À noter que l'intérêt qui apparaît au dénominateur est de 4 % plutôt que de 8 %. Parce qu'il s'agit d'un paiement bi-annuel (deux fois par année), le taux d'intérêt annuel doit être divisé par 2.

La création de monnaie

Pour comprendre le mécanisme de création de monnaie dans une économie, il convient, premièrement, de rappeler que la masse monétaire (M) se compose de la monnaie en circulation (C) plus les dépôts à vue (D), soit : M = C + D ; puis, deuxièmement, de définir la base monétaire (B) comme étant la somme des réserves (R) déposées par le système bancaire auprès de la Banque du Canada plus la monnaie en circulation C, soit : B = C + R où R est égal à la portion des dépôts à vue que les banques conservent à la Banque du Canada, soit : R = rr D, où rr = R/D est appelé coefficient de réserve.

Une fois ce système de définitions en place, il ne reste plus qu'à suivre, à travers l'évolution du bilan (actif et passif) des banques, les péripéties d'un achat, par la Banque du Canada, d'un titre gouvernemental ou, ce qui revient au même, la vente par un individu d'un bon du Trésor (ou encore d'une obligation gouvernementale négociable) de 1 000 $.

Si la banque de l'individu en question s'appelle la banque AA, alors, celui-ci effectuera son dépôt de 1 000 $ à cette banque. Comme indiqué dans le bilan 1 de la banque AA, le dépôt de l'individu devient un passif pour cette banque parce qu'elle lui doit la somme de 1 000 $ qu'il peut récupérer ou retirer à volonté en tout temps.

En échange, la banque AA aura procédé la journée même, si ce n'est à l'instant même, au dépôt de cette somme en réserve à la Banque du Canada ; après tout, la Banque du Canada est sa banque. Elle compte alors à son actif une réserve de 1 000 $ que lui doit la Banque du Canada.

BILAN 1
de la banque AA au jour 1

Actif[a]		Passif[b]	
Réserve :	1 000 $	Dépôt de l'individu A :	1 000 $
Total de l'actif	1 000 $	Total du passif	1 000 $[c]

[a] Un actif est ce que quelqu'un ou une institution possède.
[b] Un passif est ce que quelqu'un ou une institution doit.
[c] En bonne comptabilité, le passif doit toujours être égal à l'actif.

Au lendemain (jour 2), en début de matinée, le banquier est informé qu'il dispose de 1 000 $ en réserve et qu'il peut prêter cet argent pour réaliser un gain en intérêt. Si, par prudence et expérience, la direction du service des prêts juge que garder 10 % des dépôts à vue en réserve de précaution, soit 100 $ à la Banque du Canada, suffit pour assurer la demande de liquidités de la part de ses clients, cela veut dire qu'elle dispose d'une réserve excédentaire et qu'elle peut prêter jusqu'à 900 $ en toute quiétude à ses clients. Au jour 2a, son bilan 2 pourra donc être réécrit de la façon suivante :

BILAN 2
de la banque AA au jour 2a (tôt le matin)

Actif		Passif	
Réserve de précaution :	100 $	Dépôt de l'individu A :	1 000 $
Réserve excédentaire :	900 $	(qui peut être prêtée)	
Total	1 000 $	Total	1 000 $

Si le banquier décide effectivement de prêter sa réserve excédentaire à l'individu B, il s'ensuivra, un peu plus tard en matinée (bilan 3 de la banque AA au jour 2b), la radiation de la réserve excédentaire de 900 $, remplacée par l'apparition d'un prêt de 900 $ à l'actif de la banque AA, d'un côté, accompagnée de l'apparition d'un nouveau dépôt à vue inscrit au passif de la banque AA, puisque celle-ci déposera le montant du prêt dans un de ses comptes au nom de l'individu B (dépôt de l'individu B), de l'autre côté. La valeur de la réserve demeurera inchangée à 1 000 $ puisque le nouveau dépôt de 900 $ aura été aussitôt transmis à la banque des banques (la Banque du Canada) et s'ajoutera aux 100 $ figurant au titre de réserve de précaution.

BILAN 3
de la banque AA au jour 2b (en matinée)

Actif		Passif	
Réserve :	1 000 $	Dépôt de l'individu A :	1 000 $
Prêt (à l'individu B) :	900 $	Dépôt de l'individu B :	900 $
Total	1 900 $	Total	1 900 $

Le jour 3, la réserve de 1 000 $ peut être scindée à nouveau entre une réserve de précaution et une réserve excédentaire, mais la réserve de précaution ne pourra pas être de 100 $ puisque les dépôts à vue ne sont plus de 1 000 $ mais de 1 900 $. La prudence requérant de conserver 10 % de ces dépôts sous forme de réserve de précaution, celle-ci devra s'élever à 190 $ et, au début du troisième jour, on devra réécrire le bilan 4 de la banque AA de la façon suivante :

BILAN 4
de la banque AA au jour 3a (tôt le matin)

Actif		Passif	
Réserve de précaution :	190 $	Dépôts à vue de A et B :	1 900 $
Réserve excédentaire :	810 $		
	1 000 $	Total	1 900 $
Prêt :	900 $		
Total	1 900 $		

Face à ce nouveau bilan, la banque AA sera intéressée à prêter 810 $ et, par une opération similaire à la précédente, les dépôts à vue et le passif de la banque AA augmenteront à 2 710 $ (1 900 $ plus 810 $). L'actif augmentera également grâce au prêt de 810 $. La masse monétaire, partie d'une injection de 1 000 $, a désormais atteint une valeur de 2 710 $ puisque la somme des dépôts à vue est maintenant égale à ce montant. Et le processus se répétera autant de fois qu'il faut pour atteindre finalement une valeur de 10 000 $. Le multiplicateur bancaire (mb) est égal ici à 10 fois l'injection initiale. La valeur de ce multiplicateur se définit par la réciproque du coefficient de réserve « rr », soit : mb = 1/rr. En effet, puisque rr = 0,10, il s'ensuit que mb = 10.

Une autre façon de voir la même chose serait de procéder en deux étapes. Dans la première étape, la Banque du Canada, en achetant un bon du Trésor de 1 000 $, a contribué à accroître la masse monétaire (M) de 1 000 $ puisque M = C + D et que les dépôts à vue (D) ont augmenté de 1 000 $. La base monétaire (B) a aussi augmenté de 1 000 $ puisque B = C + R et que la banque AA a déposé ce 1 000 $ en réserve (R) à la Banque du

Canada. En deuxième étape, nous avons vu que le système bancaire a repris cette base monétaire (B) pour la multiplier par le multiplicateur bancaire (mb) et engendrer la masse monétaire (M) : M = mb x B. Donc, la Banque du Canada affecte B, le système bancaire multiplie B par mb, et le résultat est M, la masse monétaire ou l'offre de monnaie présente sur les marchés monétaires et financiers. Et c'est ainsi que la Banque du Canada peut, à sa guise, chercher à augmenter l'offre de monnaie.

Trois problèmes restent cependant à être discutés. Le premier de ces problèmes consiste à traiter le cas où il y aurait plus d'une banque dans le système bancaire. Le deuxième problème consiste à savoir si les opérations sont symétriques : la vente plutôt que l'achat de titres gouvernementaux par la Banque du Canada conduirait-elle à une diminution plutôt qu'à un accroissement de la masse monétaire ? Troisièmement, nous pouvons nous demander si le fait de considérer que les gens conservent une partie de leurs liquidités sous forme de monnaie en circulation plutôt que de simples dépôts à vue change quelque chose au calcul des effets multiplicateurs du système bancaire.

Et s'il y avait plus d'une banque ?

Dans l'exemple précédent, nous avons discuté du processus de multiplication de la monnaie en prenant le cas où il n'y avait qu'une banque dans le système bancaire. On peut se demander toutefois si le résultat serait le même s'il y avait plusieurs banques.

La réponse est que le résultat ne changerait pas puisque ce n'est pas une banque mais le système bancaire qui multiplie la monnaie.

Si nous supposons qu'à l'étape du prêt qu'effectue la banque AA à l'individu B, le dépôt de ce prêt soit transféré à la banque BB, il s'ensuivrait que la banque BB disposerait maintenant d'un dépôt de 900 $ qu'elle enverrait en réserve à la Banque du Canada. La masse monétaire augmenterait donc là aussi de 900 $, mais ce serait la banque BB qui disposerait maintenant d'une réserve excédentaire de 810 $, à supposer qu'elle veuille conserver le même pourcentage de ses dépôts à vue sous forme de réserve de précaution. Et l'argent serait ainsi multiplié d'une banque à l'autre avec le même résultat. Dans ce système, il n'y a jamais de perte. Même si l'individu B s'était servi de son argent pour payer un individu C, client d'une autre banque, ce serait alors cette autre banque qui aurait reçu le dépôt qu'elle aurait tout d'abord transféré à la Banque du Canada sous forme de réserve et dont elle aurait prêté une partie par la suite à quelqu'un d'autre ayant un compte peut-être à la banque AA ou encore à la banque BB.

Et si la Banque du Canada vendait des bons du Trésor plutôt que d'en acheter ?

Le deuxième problème qu'il nous faut traiter est celui de la symétrie des opérations. La question qui se pose est : si la Banque du Canada vendait plutôt que d'acheter des bons du Trésor, verrait-on la masse monétaire diminuer plutôt qu'augmenter et comment cela se ferait-il ? La réponse est oui, la masse monétaire diminuerait et cela se ferait à travers un rappel des prêts.

Notre exemple s'appuiera sur le bilan initial suivant :

BILAN INITIAL
de la banque RR au jour 1

Actif		Passif	
Réserves :	10 000 $	Dépôts à vue :	100 000 $
Prêts :	90 000 $		
Total	100 000 $	Total	100 000 $

Dans son bilan initial, la banque RR dispose de dépôts à vue d'une valeur de 100 000 $ à son passif et de 10 000 $ en réserve et 90 000 $ en prêts à son actif.

Si la Banque du Canada vend un bon du Trésor de 1 000 $, l'acheteur le paiera en effectuant un retrait de 1 000 $ auprès de sa banque. La banque RR verra ses dépôts à vue baisser de 1 000 $ et ainsi s'établir à 99 000 $. Elle s'acquittera de ce retrait en puisant à même ses réserves prévues à cet effet. Les réserves baisseront donc de 1 000 $ pour s'établir à 9 000 $.

BILAN
de la banque RR au jour 2

	Actif		Passif	
Réserves :	9 000 $	Dépôts à vue :		99 000 $
Prêts :	90 000 $			
Total	99 000 $	Total		99 000 $

Mais alors, comme indiqué dans le bilan de la banque RR du jour 2, les réserves s'avéreront insuffisantes pour couvrir les dépôts à vue qui s'établissent à 99 000 $. Pour rétablir le coefficient de réserve « rr » souhaité et prudent, la banque RR devra demander une remise de prêt de 900 $ à l'un ou à l'autre de ses emprunteurs de court terme. Ces emprunteurs pourront vendre des titres financiers liquides (actions ou obligations) pour s'acquitter de leur dette ou d'une partie de leur dette. La personne qui achètera ces titres devra toutefois effectuer un retrait et les dépôts à vue diminueront d'autant dans le système bancaire représenté ici par la banque RR.

Ce faisant, la banque RR verra ses prêts diminuer de 900 $ d'un côté, alors que ses dépôts diminueront aussi de 900 $ à la suite du retrait de 900 $ de celui qui a acheté les actions. Au total donc, les prêts ont baissé de 900 $, les dépôts ont aussi baissé de 900 $. Le montant déposé en réserve à la Banque du Canada reste le même parce que le retrait de 900 $ est compensé par le remboursement du prêt. Le nouveau bilan sera celui du jour 2a.

BILAN
de la banque RR au jour 2a

	Actif		Passif	
Réserves :	9 000 $	Dépôts à vue :		98 100 $
Prêts :	89 100 $			
Total	98 100 $	Total		98 100 $

Au jour 3, le banquier réalisera à nouveau que ses réserves ne sont pas sécuritaires : 9 000 $ n'est pas jugé assez élevé pour couvrir 98 100 $, mais il n'aura que 810 $ à récupérer en prêt pour équilibrer la situation. Au jour 4, le déséquilibre sera à nouveau réduit (90 % de 810 $ = 729 $) et ainsi de suite jusqu'à ce que les réserves soient à nouveau en équilibre avec des dépôts de 90 000 $, une réserve de 9 000 $ et des prêts réduits à 81 000 $. La Banque du Canada, à travers l'achat de bons du Trésor d'une valeur de 1 000 $ a réussi à réduire la masse monétaire de 10 000 $. Donc, elle peut, à sa guise, espérer augmenter aussi bien que diminuer l'offre de monnaie dans l'économie.

Ceci est vrai à une nuance près : premièrement, si la Banque du Canada favorise le crédit, il faut qu'il y ait des gens qui soient prêts à emprunter. Or, il peut arriver que l'argent soit disponible mais qu'il n'y ait que très peu de gens intéressés à en profiter. Si le climat des affaires n'est pas favorable et que les gens d'affaires sont plutôt pessimistes par rapport aux perspectives futures, l'argent disponible ne sera pas entièrement utilisé. Il se peut aussi que les banques soient craintives, qu'elles rationnent le crédit et ne prêtent pas cet argent disponible de crainte de ne pas être remboursées.

On dit souvent que l'action de la Banque du Canada ressemble à un mouvement imprimé à un objet attaché à une ficelle. Tirer sur la ficelle se ramène à réduire l'offre de monnaie : les banques doivent retirer l'argent pour assurer leur viabilité, mais pousser sur une ficelle ne garantit pas nécessairement l'expansion de la masse monétaire. Si les individus ne veulent pas emprunter ou si les banques jugent qu'il n'y a pas assez de bons projets proposés pour effectuer des prêts supplémentaires, l'expansion monétaire ne se fera pas comme attendu. Récemment, le climat était au pessimisme en Europe, la baisse des taux d'intérêt n'y a que peu stimulé les économies, tandis que ce fut exactement le contraire en Amérique du Nord.

Qu'en est-il du papier monnaie ?

Jusqu'à présent, nous avons délibérément ignoré l'existence du papier monnaie. Pour plus de réalisme toutefois, il convient d'intégrer explicitement la place de la monnaie en circulation dans l'analyse puisque les individus ne font pas que déposer de l'argent en banque. Ils conservent aussi de la monnaie sous forme de billets de banque et de pièces de monnaie. Or, les banques commerciales ne peuvent prêter sur la base du papier monnaie détenu dans les poches des individus. Donc, si l'individu B qui empruntait 900 $ dans notre exemple décidait de garder 100 $ sous forme de papier monnaie, le bilan de la banque BB ne s'enrichirait pas de 900 $ de nouveaux dépôts, mais de seulement 800 $. Les prêts qu'elle pourrait effectuer sur la base de ses réserves excédentaires ne seraient plus de 810 $ (90 % de 900 $) mais de 720 $ (90 % de 800 $). L'injection initiale ne serait plus multipliée par le multiplicateur bancaire mais par le multiplicateur monétaire qui lui serait inférieur. Alors que le multiplicateur bancaire (mb) se définit par la réciproque du coefficient de réserve, le multiplicateur monétaire (mm) se définit par l'équation suivante :

$$mm = (1 + cr)/(cr + rr)$$

où mm = le multiplicateur monétaire, rr = le coefficient de réserve, et cr = le ratio de la monnaie en circulation (C) sur les dépôts à vue (D).

Si, par exemple, le ratio de la monnaie sur les dépôts à vue était de 0,5 et que le coefficient de réserve était de 0,10 (10 %), il s'ensuivrait que le multiplicateur monétaire serait de 2,5 et non pas de 10 comme dans le cas précédent. La présence de papier monnaie réduit donc l'ampleur du processus de multiplication de la monnaie.

À partir du moment où la Banque du Canada cherche à agir sur l'offre de monnaie dans l'économie, on peut dire qu'elle affecte les conditions du marché monétaire et donc la politique monétaire.

La politique monétaire

La politique monétaire constitue, de nos jours, l'instrument d'intervention le plus percutant pour l'économie en général et les relations industrielles en particulier parce que cette politique influence de façon marquée et déterminante le climat des relations de travail, le succès ou l'échec des négociations collectives aussi bien que le PIB, l'emploi, le chômage, les ententes salariales et l'inflation.

La politique monétaire peut être étudiée en théorie ou en pratique. En théorie, l'étude de la politique monétaire se concentre sur l'offre de monnaie. En pratique, la politique monétaire concentre son attention sur les taux d'intérêt. Dans un cas comme dans l'autre, il convient d'étudier le rapport qui existe entre l'offre de monnaie et les taux d'intérêt.

La théorie

Pour en arriver à bien comprendre le lien qui s'établit entre l'offre de monnaie et les taux d'intérêt, il convient premièrement de rappeler que le prix des titres négociables varie en rapport inverse avec le taux d'intérêt, comme en témoigne la formule suivante :

$$P = \frac{R1}{(1+i)} + \frac{R2}{(1+i)^2} + ... + \frac{Rn}{(1+i)^n} = \frac{R}{i} \text{ lorsque n} = \infty$$

La valeur P du titre varie en rapport inverse avec le taux d'intérêt « i » lorsque le paiement du coupon ou de la rente R est perpétuel (n est égal à l'infini). Comme indiqué au tableau 9.1, plus le taux d'intérêt (i) est élevé, plus le prix de la rente (P = R/i) est bas. Mais il n'est pas nécessaire que le coupon soit perpétuel pour qu'il en soit ainsi. Le prix d'un titre financier varie toujours en rapport inverse avec le taux d'intérêt.

TABLEAU 9.1

Prix P d'une rente en supposant un coupon perpétuel de 2 $

Taux d'intérêt (i)	Valeur ou prix de la rente (P = R/i)
0,05	40 $
0,10	20 $
0,15	13 $
0,20	10 $

Par ailleurs, il est important de souligner que le taux de rendement varie aussi dans un rapport inverse avec le prix des titres. En effet, si on se rappelle que le taux d'intérêt rattaché à un bon du Trésor d'un an (364 jours) est de r = [(VR-P)/P] x 100, il s'ensuit que ce taux « r » varie dans un rapport inverse avec le prix P qui apparaît au dénominateur de l'expression. Par exemple, quand le prix est élevé, disons 995 $, le taux d'intérêt que rapporte le bon du Trésor sur une base annuelle est de l'ordre de 5 % (5/995). Quand ce prix est plus <u>bas</u>, disons 990 $, son rendement <u>augmente</u> à plus de 10 % (10/990).

En ce qui a trait à une action de compagnie, la chose est encore plus évidente. Si les dividendes anticipés d'une action sont de 50 $ à perpétuité et que le taux d'intérêt est de 5 %, alors le prix ou la valeur actualisée de cette action est de (50/0,05) = 1 000 $. Autrement dit, la valeur P d'une action qui rapporte un dividende (Div) au taux d'intérêt de i % est P = (Div/i). En multipliant cette équation de part et d'autre par i/P, nous obtenons que i = (Div/P), soit que le taux d'intérêt est une fonction inverse du prix des actions et donc qu'une hausse du prix des actions a pour effet de réduire leur taux de rendement, toutes choses étant égales par ailleurs.

Nous utilisons indifféremment les notions de taux d'intérêt et de taux de rendement parce qu'à l'équilibre, l'un doit être égal à l'autre : emprunter à un taux d'intérêt supérieur au taux de rendement signifie payer plus cher qu'il n'en rapporte. Donc le taux d'intérêt ne peut être supérieur au taux de rendement. Par contre, on se montrera intéressé à emprunter tant que le rendement dépasse le taux d'intérêt, c'est-à-dire jusqu'à ce que l'intérêt égalise le rendement.

Deuxièmement, il convient de considérer que le prix des titres financiers se négocie en fonction de l'offre et de la demande. Quand les gens veulent se défaire de leurs titres, l'offre de titres augmente de O1 à O2 et le prix de ces titres a tendance à baisser comme il le fait de P_1 à P_2 à la figure 9.3a. À l'inverse, quand c'est la demande de titres qui augmente de D1 à D2, on devrait s'attendre à ce que le prix des titres augmente de P_1 à P_2, comme c'est indiqué à la figure 9.3b.

Les mécanismes d'ajustement

La Banque du Canada a le pouvoir, rappelons-le, d'agir directement sur la base monétaire et indirectement sur la masse monétaire. En achetant des bons du Trésor, elle émet des liquidités dans le système bancaire. Ces liquidités prennent la forme de dépôts à vue qui sont ensuite prêtés et re-prêtés dans le système bancaire pour finalement accroître l'offre de monnaie. La

FIGURE 9.3a

Baisse de prix et hausse
de l'offre de titres

FIGURE 9.3b

Augmentation de prix
et hausse de la demande de titres

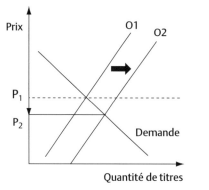

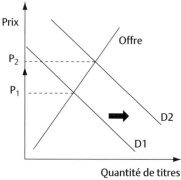

figure 9.4 illustre cette situation où les interventions de la Banque du Canada conduisent à un accroissement de la masse monétaire de M_0 à M_1.

Au point de départ et tel qu'il est indiqué dans ce graphique, il y a une demande de monnaie D_M, une offre de monnaie OM_0 et, au croisement de l'offre et de la demande, un taux d'intérêt initial i_0.

Si l'offre de monnaie augmente de OM_0 à OM_1, nous observons tout d'abord qu'il se dégage une offre excédentaire de monnaie égale à $M_1 - M_0$. En effet, les individus ayant vendu leurs titres gouvernementaux à un prix avantageux devront se tourner maintenant vers l'achat de titres privés avec l'argent qu'ils ont réalisé avec les titres publics. L'offre excédentaire de liquidités s'écoulera sur les marchés privés et contribuera de la sorte à augmenter la demande de ces titres. La hausse de la demande entraînera la hausse de leur prix (figure 9.3b). Et la hausse de leur prix entraînera la baisse de leur rendement et donc du taux d'intérêt de i_0 à i_1. Donc l'achat par la Banque du Canada de titres gouvernementaux a pour effet de réduire les taux d'intérêt.

De façon symétrique, on pourrait s'attendre à ce que la vente, par la Banque du Canada, de nouveaux titres gouvernementaux devrait avoir pour effet de créer des pressions à la hausse sur les taux d'intérêt. Voici comment.

FIGURE 9.4

La hausse de l'offre et la baisse des taux d'intérêt

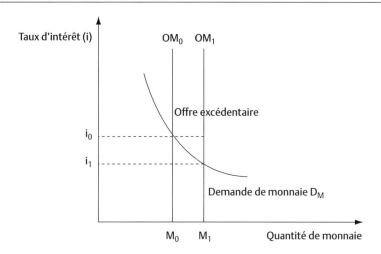

Si la Banque du Canada vend de nouveaux titres gouvernementaux, cela signifie que les gens qui en achètent opèrent des retraits sur leur compte en banque. Ces retraits contribuent, à leur tour, à réduire les dépôts à vue et les réserves des banques auprès de la Banque du Canada. Les banques rappellent progressivement leurs prêts ou s'abstiennent de les renouveler, ce qui contribue à nouveau à diminuer leurs réserves jusqu'à ce qu'un nouvel équilibre soit atteint. Tel qu'il est indiqué à la figure 9.5, l'offre de monnaie baisse de OM1 à OM2.

Les individus qui ont acheté des bons du Trésor avec leurs dépôts à vue disposent maintenant de moins de liquidités et il apparaît une demande excédentaire de monnaie égale à $M_0 - M_2$, car au taux initial d'intérêt i_0, les individus voudraient détenir M0 monnaie ; mais après avoir acheté des bons du Trésor comme ils l'ont fait, ils ne détiennent plus que M_2 liquidités. Ils chercheront à rétablir leur situation en vendant des titres négociables pour obtenir de la monnaie liquide en échange de ces ventes. Toutefois et comme nous l'avons vu précédemment, la vente massive de titres entraîne une augmentation de l'offre de titres et contribue à la baisse de leurs prix. Finalement, si le prix des titres négociables baisse, il s'ensuit que leur

FIGURE 9.5

Baisse de l'offre de monnaie et hausse des taux d'intérêt

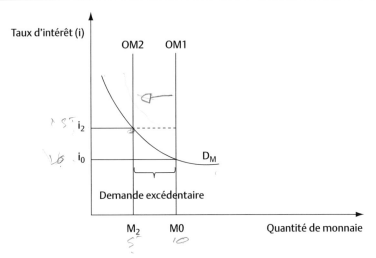

rendement ou le taux d'intérêt qu'ils rapportent augmente. Le taux d'intérêt augmente donc de i_0 à i_2 comme indiqué à la figure 9.5.

Lorsque la Banque du Canada procède à des ventes massives de bons du Trésor ou de titres gouvernementaux négociables, on dit qu'elle pratique une politique monétaire restrictive puisqu'elle réduit le crédit dans l'économie : l'offre de monnaie diminue et les taux d'intérêt augmentent. Lorsque la Banque du Canada procède à des achats massifs de titres gouvernementaux, on dit qu'elle pratique une politique monétaire expansionniste puisqu'elle facilite le crédit dans l'économie : l'offre de monnaie augmente et cela contribue à réduire les taux d'intérêt. La politique monétaire se distingue de la politique budgétaire de la manière suivante. La politique budgétaire, comme nous l'avons vu, agit sur les dépenses et les revenus de l'État. La politique monétaire, comme nous venons de le voir, agit directement sur l'offre de monnaie et indirectement sur les taux d'intérêt.

La politique monétaire en pratique

En pratique, la Banque du Canada n'annonce pas ses transactions sur les titres financiers du gouvernement. Elle annonce plutôt ses intentions quant à la révision des taux d'intérêt qui devraient être pratiqués sur les marchés financiers.

Lorsque vous tirez un chèque de votre compte à la Caisse Populaire Desjardins (considérée comme une banque) à quelqu'un qui l'encaisserait à sa propre banque qui est la Banque Nationale du Canada, il arrive, en fin de compte et en fin de journée, que c'est la Caisse Populaire Desjardins qui doit de l'argent à la Banque Nationale. À la fin de chaque journée, il se peut donc qu'au total, une banque doive de l'argent à une autre banque. Et c'est ici que la Banque du Canada intervient.

La Banque du Canada préfère de loin que les banques commerciales se prêtent entre elles plutôt que d'avoir recours à ses propres services de crédit. Pour ce faire, la Banque du Canada offre un taux peu élevé aux banques qui voudraient lui confier ses surplus. Au haut de l'échelle par ailleurs, elle facture un taux d'intérêt relativement élevé aux banques qui voudraient lui emprunter de l'argent pour financer leur déficit journalier vis-à-vis des autres banques. Dans le milieu de cette échelle, elle fixe le taux cible du financement à un jour qui constitue le **taux directeur** auquel la Banque du Canada voudrait que les banques se prêtent entre elles.

En huit occasions par année, le Conseil de direction de la Banque se réunit pour fixer ce taux d'intérêt. Ce conseil se compose du gouverneur de la Banque, du premier sous-gouverneur et des quatre autres sous-gouverneurs. Pour s'assurer que ce taux est bien respecté, la Banque dispose de deux mécanismes. Tôt le matin, elle règle les arbitrages à travers le bilan des opérations du système de transfert de paiements de grande valeur (STPGV) pour éponger les surplus ou injecter les liquidités au taux recherché par l'intermédiaire de prises ou de cessation de pensions auprès d'institutions désignées s'étant engagées à acheter ou à vendre des titres à un prix fixé d'avance pour le lendemain.

Le système des transferts des paiements de grande valeur (STPGV) est un système électronique qui permet aux institutions financières et à leurs clients de transmettre des paiements de montant élevé de façon sûre et en temps réel, en ayant la certitude qu'il y aura règlement. Il porte sur une moyenne de plus de 14 000 transactions par jour pour une somme qui dépasse les 100 milliards de dollars et inclut les transactions au jour le jour du gouvernement tant sur la plan de ses dépenses que de ses entrées fiscales sous forme d'impôts et de taxes (Élie, 2002).

En fin de journée, les excédents sont vendus aux enchères ou, ce qui arrive très rarement, les déficits de liquidités sont comblés par des avances de la part de la Banque du Canada. En fin de journée donc, les taux moyens négociés sont très peu différents du taux cible recherché. Tout se passe comme si le processus franchissait trois étapes. Le taux d'intérêt cible est décrété dans un premier temps, la Banque du Canada laisse opérer le marché dans un deuxième temps, puis elle complète le processus par des opérations de cessation, de prises de pension le matin puis par des enchères ou des avances pour terminer la journée. En théorie, on disait que la Banque contrôlait tout d'abord l'offre de monnaie de façon à fixer les liquidités versées dans l'économie et que cela finissait par avoir une incidence sur les taux d'intérêt. En pratique, nous venons de voir qu'elle agit plutôt d'abord sur les taux d'intérêt, quitte à ajuster l'offre de monnaie pour régulariser la situation par la suite. Dans le fond, nous pouvons constater que les deux approches reviennent sensiblement au même. La pratique actuelle semble toutefois plus efficace et moins coûteuse.

La diversité des taux

Une fois le taux cible du financement à un jour fixé et annoncé par la Banque du Canada, on s'attend à ce que tous les autres taux réagissent en conséquence. En effet, il arrive fréquemment que le taux préférentiel, c'est-à-dire le taux d'intérêt que les grandes banques facturent à leurs meilleurs clients, varie exactement du même montant que le changement apporté au taux cible ; et qu'il en soit de même des changements apportés, la journée même ou, au plus tard le lendemain, aux taux d'intérêt hypothécaires.

La structure des taux d'intérêt subit en fait l'influence de deux facteurs. Premièrement, le taux d'intérêt augmente avec le degré de risque auquel le prêt s'applique. En temps normal, les actifs les plus sûrs sont généralement les titres gouvernementaux puisque c'est le gouvernement qui émet l'argent et qu'il peut user de son pouvoir de taxation pour toucher les revenus nécessaires au remboursement de ses dettes. Les entreprises privées n'ont pas ces pouvoirs. Les taux des titres plus risqués peuvent être de quelques points et parfois même de plusieurs points de pourcentage plus élevés que ceux des titres les moins risqués ; cette prime représente le montant nécessaire à la compensation des pertes en cas de non-remboursement de certains prêts.

Deuxièmement, les taux d'intérêt devraient augmenter avec la durée du prêt parce qu'à long terme les taux d'intérêt comportent une prime destinée à compenser l'incertitude et que cette incertitude s'accroît normalement au fur et à mesure qu'on s'éloigne dans le temps. On peut aussi dire que la liquidité d'un fonds varie en rapport inverse avec sa durée et que les prêteurs n'acceptent de renoncer à cette liquidité qu'à la condition de toucher un rendement plus élevé.

En pratique donc, quand la Banque du Canada annonce qu'elle relève son taux directeur, cela signifie qu'elle pratique une politique monétaire restrictive. Quand elle annonce qu'elle diminue son taux directeur, cela signifie qu'elle pratique une politique monétaire expansionniste. La question qui se pose alors est : quelles sont les conséquences de ces politiques sur l'économie en général et sur les marchés du travail en particulier ? C'est l'objet du chapitre suivant que de traiter de cette question.

10

L'INTÉGRATION DES MARCHÉS MONÉTAIRES ET DU MARCHÉ DES BIENS ET DES SERVICES

Le modèle IS-LM-BP constitue la synthèse ultime du modèle keynésien. Ce modèle permet de simuler de façon complète l'incidence sur l'économie des grandes politiques macroéconomiques de l'État. La courbe IS traduit les grands équilibres du marché des biens et des services. La courbe LM traduit les grands équilibres sur les marchés monétaires et financiers. La courbe BP traduit les grands équilibres sur les marchés qui régissent nos rapports commerciaux et financiers avec le reste du monde. Le modèle dans son ensemble prédit que le PIB de chaque pays a constamment tendance à se diriger vers une solution qui équilibre simultanément chacun de ces trois marchés.

Dans les sections qui suivent, nous étudierons donc successivement les fondements théoriques de la courbe IS, les fondements théoriques de la courbe LM, puis les fondements théoriques de la courbe BP. Pour terminer, nous procéderons à la simulation de l'incidence sur l'économie des grandes politiques macroéconomiques de l'État.

Les fondements théoriques de la courbe IS

Il existe plusieurs façons de tirer les fondements théoriques de la courbe IS. Pour notre part, nous avons choisi d'étudier les répercussions de la politique monétaire sur le PIB et l'emploi. C'est une manière qui facilite la transition des chapitres précédents à ce qui vient et qui prépare bien le terrain pour la suite de l'analyse.

La politique monétaire, on le sait, exerce une influence certaine sur les taux d'intérêt. Le PIB, quant à lui, se compose des dépenses de consommation, de l'investissement, des dépenses gouvernementales et des exportations nettes. C'est à travers l'effet du taux d'intérêt sur l'une ou l'autre de ces composantes qu'on pourra capter le lien qui unit le taux d'intérêt au PIB. Dans les paragraphes qui suivent, nous privilégierons le lien qui unit le taux d'intérêt à l'investissement. La raison en est que la théorie de l'investissement incorpore explicitement le taux d'intérêt dans l'analyse.

En effet, la théorie de l'investissement postule qu'un investissement comporte un coût immédiat Ct, d'une part, et une promesse de revenus Rt étalés dans le temps, d'autre part. La valeur présente du projet d'investissement VP est égale à la somme des revenus actualisés, c'est-à-dire des revenus divisés par 1 plus le taux d'intérêt i à l'exposant « t », où t représente l'année où l'on touche les revenus :

$$VP = \sum_{t=1}^{n} \frac{R_t}{(1+i)^t}$$

La règle d'acquisition d'un investissement est qu'on procède à l'achat de l'investissement seulement si sa valeur présente est égale ou supérieure à son coût d'acquisition, c'est-à-dire si VP ≥ Ct. Dans l'affirmative, on procède à l'achat. Dans le cas contraire, on n'achète pas.

Puisque la valeur d'une expression mathématique diminue avec celle de son dénominateur, il s'ensuit qu'une hausse du taux d'intérêt « i » diminue la valeur VP du projet et donc ses chances d'être accepté.

Mais il existe une autre manière plus directe à partir de laquelle on peut étudier le lien entre l'intérêt et l'investissement. Cette manière consiste à s'appuyer sur la notion de taux de rendement interne.

Le taux de rendement interne d'un projet d'investissement est celui qui fait en sorte que le coût d'acquisition Ct est exactement égal à sa valeur présente, soit :

taux de rendement interne

$$Ct = VP = \sum_{t=1}^{n} \frac{R_t}{(1+i^*)^t}$$

essai-erreur

Le taux d'intérêt « i* » trouvé à partir de la formule précédente donne le taux de rendement interne du projet et ce taux de rendement peut ensuite être comparé au taux d'intérêt du marché « i ».

Si le taux d'intérêt du marché « i » auquel nous pouvons emprunter est supérieur au taux de rendement interne « i* » du projet d'investissement, il vaut mieux ne pas emprunter pour financer cet investissement puisque son rendement ne dépassera pas son coût d'emprunt. À l'inverse cependant, dès que le taux de rendement interne est plus grand ou égal au taux d'intérêt prévalant sur le marché, on peut dire qu'il est rentable de procéder à l'investissement.

Dans ces circonstances, on trouve que le taux d'intérêt constitue la marque qui sépare les projets d'investissements acceptables des projets qui seront refusés.

Si, dès lors, nous rangeons les projets d'investissements d'une économie du plus rentable au moins rentable comme cela est indiqué à la figure 10.1,

FIGURE 10.1

La rentabilité des projets d'investissements

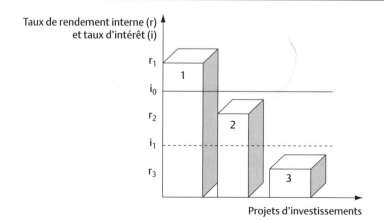

nous pouvons observer que le taux d'intérêt « i » qui prévaut sur les marchés monétaires et financiers détermine la quantité exacte d'investissements dans l'économie.

Parmi les trois projets d'investissements affichés à la figure 10.1, nous trouvons que le premier projet seulement est accepté si le taux d'intérêt est i_0. L'investissement ne sera plus élevé que si l'intérêt baissait à i_1. Pour cette raison, la relation attendue entre le taux d'intérêt et le niveau d'investissement dans une économie est une relation inverse comme indiqué par la courbe d'efficacité marginale du capital (EMK) à la figure 10.2.

FIGURE 10.2

Courbe d'efficacité marginale du capital (EMK)

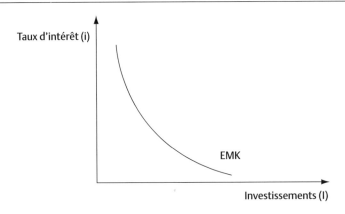

L'efficacité marginale du capital

La courbe d'efficacité marginale du capital ou courbe EMK nous dit de combien sera le niveau général des investissements (I) dans l'économie pour différents taux d'intérêt « i » pratiqués sur les marchés monétaires et financiers.

Pour établir le lien entre la politique monétaire, le PIB et l'emploi, il convient alors : a) de lier le marché monétaire à la courbe d'efficacité marginale du capital ; b) de lier la courbe d'efficacité marginale du capital au marché des biens et des services ; puis c) de lier le marché des biens et

FIGURES 10.3

Simulation des effets de la politique monétaire sur le PIB et l'emploi

FIGURE 10.3b

Courbe d'efficacité marginale
du capital (EMK)

FIGURE 10.3c

Marché des biens
et des services (MBS)

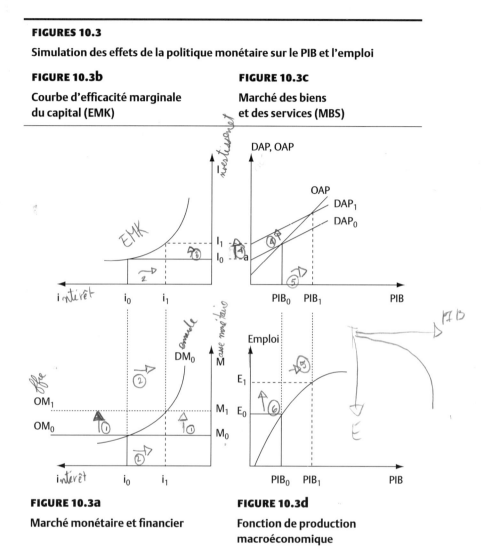

FIGURE 10.3a

Marché monétaire et financier

FIGURE 10.3d

Fonction de production
macroéconomique

des services à la fonction de production macroéconomique de court terme. C'est ce qu'illustrent les figures 10.3a à 10.3d.

La figure 10.3a donne une représentation du marché monétaire et financier auquel nous avons appliqué une translation des axes puisque l'intérêt apparaît maintenant en abscisse et la masse monétaire en ordonnée. Cette opération a été rendue nécessaire pour visualiser les points d'attache d'une figure à l'autre.

Pour une offre de monnaie OM_0 et une demande de monnaie DM_0, nous y observons un taux d'intérêt d'équilibre i_0 correspondant au point de rencontre entre l'offre et la demande de monnaie.

La figure 10.3b donne une représentation graphique de la courbe d'efficacité marginale du capital à laquelle nous avons aussi appliqué une translation des axes de façon à ce que le taux d'intérêt apparaisse aussi sur l'abscisse tandis que le niveau général des investissements (I) figure sur l'ordonnée.

Au taux d'intérêt i_0, emprunté au marché monétaire et financier qui apparaît à la figure 10.3a, correspond un seul niveau d'investissement (I_0) compatible avec la courbe d'efficacité marginale du capital (EMK) qui compose la figure 10.3b.

Au niveau d'investissements I_0 qui apparaît dans cette figure, nous avons fait correspondre le point d'ancrage « a » de la fonction de dépense agrégée planifiée DAP_0 qui apparaît dans la figure 10.3c et qui entre en interaction avec l'offre agrégée planifiée OAP pour déterminer le PIB d'équilibre PIB_0 sur le marché des biens et des services (MBS).

Le PIB ainsi déterminé dans la figure 10.3c détermine à son tour le niveau d'emploi E_0 dans la figure 10.3d (fonction de production macroéconomique).

La politique monétaire

Pour simuler les répercussions de la politique monétaire sur le PIB et l'emploi, il ne reste plus qu'à déplacer l'offre de monnaie dans un sens ou dans un autre puis à observer le train de répercussions qui s'ensuit.

À supposer, par exemple, que la politique monétaire soit expansionniste, nous trouvons alors :

1. que l'offre de monnaie augmente de OM_0 à OM_1 à la figure 10.3a.
2. que le taux d'intérêt diminue de i_0 à i_1 à l'intérieur du même graphique.
3. que l'investissement augmente de I_0 à I_1 en glissant le long de la courbe EMK représentée à la figure 10.3b.

4. que la demande agrégée planifiée augmente de DAP_0 à DAP_1 à la figure 10.3c.
5. que le PIB augmente de PIB_0 à PIB_1 au sein de ce même graphique.
6. que l'emploi augmente de E_0 à E_1 à la figure 10.3d.

Au total donc, nous sommes témoins des mécanismes à travers lesquels une politique monétaire expansionniste passe pour augmenter le PIB et l'emploi. Dans la section suivante, nous nous servirons de ce cadre d'analyse pour dériver les fondements de la courbe IS.

La courbe IS

La courbe IS représente l'ensemble des PIB d'équilibre sur le marché des biens et des services qui correspondent aux divers taux d'intérêt déterminés sur les marchés monétaires et financiers. La courbe IS porte ce nom parce qu'elle indique que l'investissement I est égal à l'épargne S (= *savings*), ce qui est une façon courte de dire que les injections symbolisées par I sont égales aux fuites symbolisées par S et donc que, partout le long de cette courbe, les PIB sont des PIB d'équilibre. La courbe IS est une fonction à pente négative reliant dans un rapport inverse le PIB et le taux d'intérêt.

Les fondements théoriques de la courbe IS s'appuient sur un ensemble de graphiques tout à fait semblables pour ne pas dire identiques à ceux des figures 10.3a à 10.3d, à la différence près que la figure 10.3d est remplacée par la courbe IS. Les figures 10.4a à 10.4d édifient cette construction.

À la figure 10.4a, par exemple, nous trouvons un premier taux d'intérêt d'équilibre i_0 qui, une fois reporté sur la figure 10.4b, donne le niveau d'investissement I_0 conforme à la courbe d'efficacité marginale du capital EMK apparaissant à la figure 10.4b. Le niveau d'investissement ainsi déterminé fixe la position de la demande agrégée planifiée DAP_0 qui entre en interaction avec l'offre agrégée planifiée OAP dans la figure 10.4c pour déterminer le niveau de PIB d'équilibre PIB_0 sur le marché des biens et des services MBS. La représentation donnée par la figure 10.4d importe la valeur du taux d'intérêt i_0 de la figure 10.4a pour le reporter sur son ordonnée et la combine avec le PIB d'équilibre PIB_0 importé de la figure 10.4c en abscisse.

FIGURES 10.4

Les fondements théoriques de la courbe IS

FIGURE 10.4b	**FIGURE 10.4c**
Courbe d'efficacité marginale du capital (EMK)	Marché des biens et des services (MBS)

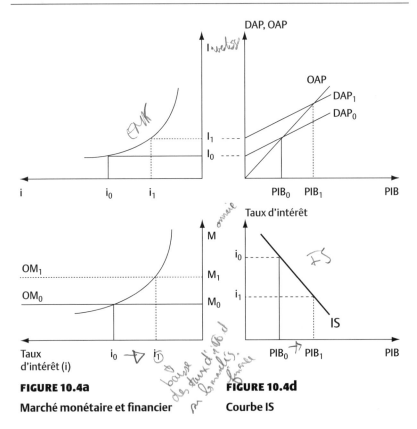

FIGURE 10.4a

Marché monétaire et financier

FIGURE 10.4d

Courbe IS

La seconde combinaison de PIB et de taux d'intérêt PIB_1 et i_1, qui apparaît à la figure 10.4d reflète quant à elle l'effet d'une baisse des taux d'intérêt négociée sur les marchés financiers. Cette baisse a effectivement eu pour conséquences d'augmenter le niveau des investissements dans l'économie, de redresser la demande agrégée planifiée et d'augmenter le PIB à PIB_1. Au total, donc, la baisse du taux d'intérêt de i_0 à i_1 a conduit à la hausse du PIB de PIB_0 à PIB_1. C'est exactement ce que produit et reproduit la courbe IS, soit une fonction à pente négative qui relie dans un rapport inverse le PIB et le taux d'intérêt.

Les déplacements de IS

Les facteurs qui peuvent déplacer la courbe IS sont les injections d'une façon générale et la politique budgétaire de façon particulière. Pour le vérifier, il suffit de s'en remettre à la représentation superposée du marché des biens et des services (figure 10.5a), d'une part, et de la courbe IS (figure 10.5b), d'autre part.

Soit, au point de départ, une demande agrégée planifiée DAP_0 qui entre en interaction avec l'offre agrégée planifiée OAP pour déterminer le PIB d'équilibre PIB_0, d'un côté (figure 10.5a), et une combinaison i_0, PIB_0 le long d'une courbe IS_0 initiale, de l'autre (figure 10.5b). Si, comme nous avons pu le démontrer auparavant, une politique budgétaire expansionniste caractérisée par une baisse des impôts ou une augmentation des dépenses gouvernementales déplace la demande agrégée planifiée vers le haut de DAP_0 à DAP_1, il s'ensuit, tel qu'il est indiqué à la figure 10.5a, que les équilibres sur le marché des biens et des services se déplaceront de e_0 à e_1 et que le PIB se déplacera de PIB_0 à PIB_1, toutes choses égales d'ailleurs, c'est-à-dire indépendamment du taux d'intérêt i_0 pratiqué sur les marchés monétaires et financiers. Dès lors, dans la figure 10.5b, nous pouvons observer que le PIB augmente de PIB_0 à PIB_1 pour le même taux d'intérêt i_0, c'est-à-dire un déplacement de la courbe IS vers la droite, de IS_0 vers IS_1. Donc, une politique budgétaire expansionniste a pour effet de déplacer IS vers la droite.

On serait parvenu au même constat si on avait assisté à une augmentation des exportations. En effet, l'augmentation des exportations se serait répercutée sur les dépenses agrégées planifiées puis sur le PIB d'équilibre pour un même taux d'intérêt. C'est pourquoi nous disons que toute injection nouvelle ou additionnelle a pour effet attendu de déplacer la courbe IS vers la droite. De façon parfaitement symétrique, on pourrait démontrer par ailleurs qu'une politique budgétaire restrictive ou qu'une réduction des exportations déplacent la courbe IS vers la gauche.

FIGURE 10.5a

Marché des biens et des services (MBS)

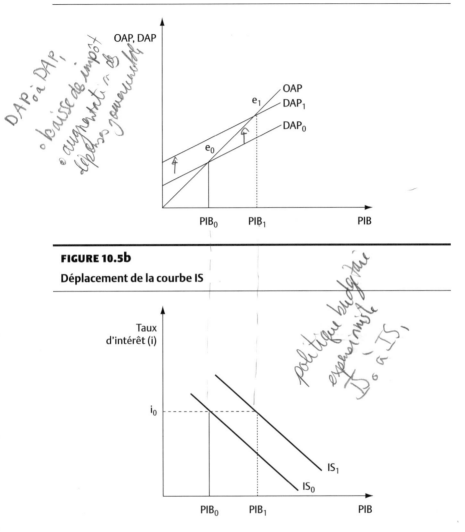

FIGURE 10.5b

Déplacement de la courbe IS

Les fondements théoriques de la courbe LM

La courbe LM représente l'ensemble des taux d'intérêt d'équilibre sur les marchés monétaires et financiers associés aux différents PIB déterminés sur le marché des biens et des services. Par rapport à l'exercice précédent, il importe de noter que la relation de causalité entre le PIB et le taux d'intérêt est renversée. En effet, la relation qu'entretiennent ces deux variables est bilatérale. Autant il était vrai de dire que l'intérêt influence le PIB, autant il est vrai de dire que le PIB influence le taux d'intérêt.

Le nom donné à la courbe LM lui vient du fait qu'elle s'adresse à l'équilibre sur les marchés monétaires et financiers (*Liquidity market*) et qu'on y vérifie que la demande (*Liquidity*) est égale à l'offre, soit la masse monétaire (*M* ou *Monetary supply*). La courbe LM est une fonction à pente positive reliant dans un rapport direct le PIB et le taux d'intérêt.

Le PIB et la demande de monnaie

L'influence du PIB sur le taux d'intérêt passe par la demande de monnaie. Si, comme nous l'avons déjà démontré, une augmentation du PIB signifie une augmentation des revenus (le PIB est aussi mesuré par les revenus) et si les gens achètent plus de produits plus chers lorsque leurs revenus augmentent, ils auront besoin de plus d'argent pour effectuer ces transactions. L'augmentation du PIB engendre une augmentation de la demande de monnaie.   ↑DM

Dans la figure 10.6a, nous avons reproduit les effets d'une augmentation de la demande de monnaie sur le taux d'intérêt. Au point de départ, la demande de monnaie $DM(PIB_0)$ entre en interaction avec l'offre de monnaie OM pour déterminer un taux d'intérêt i_0. L'augmentation du PIB de PIB_0 à PIB_1 a pour effet d'augmenter la demande de monnaie de $DM(PIB_0)$ à $DM(PIB_1)$, ce qui a pour effet de relever le taux d'intérêt de i_0 à i_1. Et c'est ce qui nous permet de dire que la hausse du PIB a eu pour effet d'augmenter le taux d'intérêt. La figure 10.6b reflète chacune de ces deux combinaisons de taux d'intérêt et de PIB qui forment la courbe LM, soit la relation positive qui s'exprime entre le PIB d'un côté et le taux d'intérêt de l'autre.

Les déplacements de la courbe LM

La courbe LM se déplace sous l'impulsion d'un seul facteur : la politique monétaire. Pour le vérifier, il convient de reprendre le schéma précédent

FIGURE 10.6a

Marchés monétaires et financiers

FIGURE 10.6b

Courbe LM

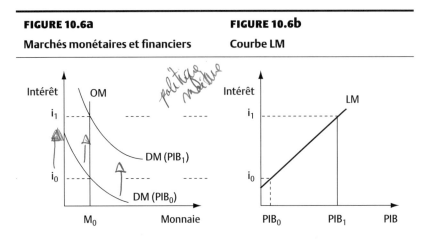

puis d'y introduire le choc d'une politique monétaire qui active l'offre de monnaie dans un sens ou dans un autre.

À l'origine, nous avons un PIB_0 qui détermine la position de la demande de monnaie sur le marché monétaire illustré à la figure 10.7a. Au croisement de cette demande de monnaie DM (PIB_0) et de l'offre de monnaie OM^0, nous trouvons un taux d'intérêt d'équilibre i_0. La figure 10.7b reproduit cette combinaison de taux d'intérêt d'équilibre compatible avec le niveau de PIB_0 sur la courbe LM^0. Si la politique monétaire est expansionniste, nous assisterons à un déplacement de l'offre de monnaie de OM^0 à OM^1 et le taux d'intérêt diminuera de i_0 à i_1 pour le même niveau de PIB à

FIGURE 10.7a

Marchés monétaires et financiers

FIGURE 10.7b

Courbe LM

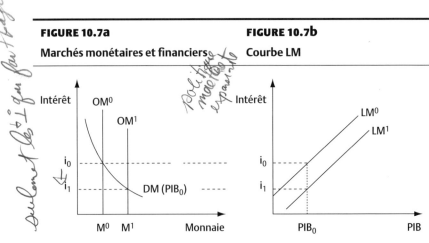

la figure 10.7a. En effet, le PIB est demeuré le même puisque la demande de monnaie n'a pas changé. Donc, une politique monétaire expansionniste a pour effet de diminuer le taux d'intérêt pour tout PIB donné.

Tel qu'il est indiqué à la figure 10.7b, la baisse du taux d'intérêt de i_0 à i_1 pour le niveau de PIB_0 donné a eu pour effet de déplacer la courbe LM vers la droite, soit de LM^0 à LM^1. À l'inverse, nous pouvons convenir qu'une politique monétaire restrictive aurait pour effet de déplacer LM vers la gauche.

L'interaction entre IS et LM

Pour simuler les effets des politiques monétaires et budgétaires de l'État sur l'économie à l'aide de ce premier modèle, il importe maintenant de réunir les courbes IS et LM sur un même graphique.

La réunion des courbes IS et LM sur un même graphique donne les combinaisons d'intérêt et de PIB qui équilibrent simultanément le marché des biens et des services et les marchés monétaires et financiers. En effet et tel qu'il est indiqué à la figure 10.8, nous observons qu'au point de rencontre entre IS et LM apparaît le taux d'intérêt i^e et un niveau de PIB égal à PIB^e qui équilibrent simultanément les deux marchés. La raison en est que tout taux d'intérêt différent engendrerait un déséquilibre sur l'un ou sur l'autre marché et déclencherait, de la sorte, une série d'ajustements et de corrections qui ramèneraient le taux d'intérêt et le PIB à l'équilibre.

Prenons, par exemple, le taux d'intérêt i' à la figure 10.8. Ce taux d'intérêt élevé limite grandement l'investissement et un bas niveau d'investissement amène le PIB à trouver son équilibre en PIB' sur le marché des biens et des services. Par contre, à ce bas niveau de PIB, la demande de monnaie sur les marchés monétaires et financiers est tellement faible que le taux d'intérêt subit des pressions pour baisser à i'' sur LM. Mais un taux d'intérêt aussi bas stimule les investissements et pousse le PIB à la hausse jusqu'à ce que l'équilibre soit rétabli au point de rencontre entre IS et LM. Donc, pour toutes ces raisons, le PIB a constamment tendance à se ramener ou à se diriger vers le point de rencontre entre IS et LM.

FIGURE 10.8

Équilibre simultané du MBS et du MMF

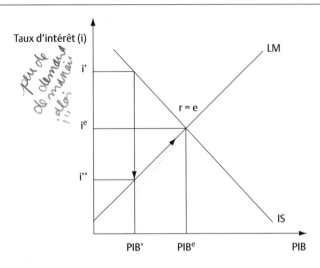

La politique monétaire

La politique monétaire a pour effet de déplacer la courbe LM. Si, dès lors, nous supposons que la politique monétaire est expansionniste, LM se déplacera vers la droite de LM^0 à LM^1, les équilibres se déplaceront de e_0 à e_1, le taux d'intérêt diminuera de i_0 à i_1 et le PIB augmentera de PIB_0 à PIB_1 tel qu'il est indiqué à la figure 10.9a. Donc, une politique monétaire expansionniste a pour effet de diminuer le taux d'intérêt et d'augmenter le PIB. Une politique monétaire restrictive aura l'effet inverse. Elle conduira à une hausse des taux d'intérêt et à une baisse du PIB. La figure 10.9b illustre ces effets de la politique monétaire sur l'intérêt et le PIB.

La politique budgétaire

Comme il a été vu auparavant, la politique budgétaire agit sur la courbe IS. Si la politique budgétaire est expansionniste, la courbe IS se déplace vers la droite tandis que si elle est restrictive, la courbe IS se déplace vers la gauche.

FIGURE 10.9a

Politique monétaire expansionniste

FIGURE 10.9b

Politique monétaire restrictive

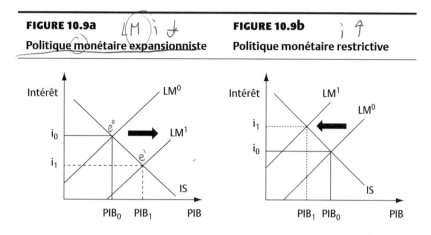

Dans le cas d'une politique budgétaire expansionniste, nous découvrons qu'à la suite du déplacement de la courbe IS de IS_0 à IS_1 à la figure 10.10a, le PIB augmentera en même temps que l'intérêt. Donc, une politique budgétaire expansionniste a pour double effet d'augmenter le PIB et de créer des pressions à la hausse sur le taux d'intérêt. Ce dernier effet résulte de la pression qu'exerce la hausse du PIB sur la demande de monnaie.

À l'inverse, et tel qu'il est montré par la figure 10.10b, une politique budgétaire restrictive exerce des effets à la baisse sur le PIB et l'intérêt. En effet et tel qu'on peut l'observer dans cette figure, la politique budgétaire restrictive

FIGURE 10.10a

Politique budgétaire expansionniste

FIGURE 10.10b

Politique budgétaire restrictive

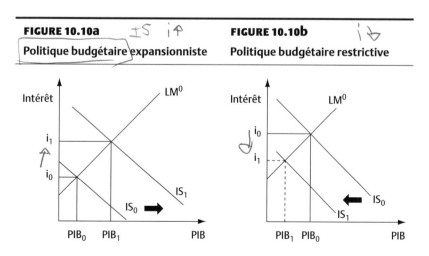

déplace IS vers la gauche, de IS_0 à IS_1. Les équilibres se déplacent et il en résulte une baisse simultanée du PIB et de l'intérêt.

Les fondements théoriques de la courbe BP

L'analyse moderne des répercussions des grandes politiques macroéconomiques de l'État ne saurait être complète ni même exacte si elle n'intégrait pas les échanges commerciaux et financiers qui relient tous les pays les uns avec les autres. En effet, de nos jours, la présence du commerce international est de plus en plus d'actualité et les flux de capitaux internationaux sont de plus en plus considérables : ils dépassent les 2 000 milliards de dollars par jour. Le rôle de la courbe BP est précisément de tenir compte de la nécessité pour un pays de satisfaire aux exigences de ses comptes et de ses échanges tant commerciaux que financiers avec l'étranger.

Compte tenu de l'attention qui est accordée à la libéralisation des échanges commerciaux, nous commencerons notre analyse des relations économiques internationales par l'étude de la raison d'être du commerce entre les nations.

À l'origine, la pensée ayant trait aux échanges commerciaux internationaux se limitait à considérer que la richesse d'un pays dépendait strictement de ses importations à bon marché et de ses exportations en retour de paiements en or ou en métal précieux. Cette théorie portait le nom de théorie mercantiliste et favorisait ce genre de commerce avec l'extérieur comme source d'enrichissement du royaume.

Avec Adam Smith, on en est venu à penser que la raison fondamentale du commerce était liée à la présence d'avantages absolus qu'avaient certaines nations par rapport à d'autres. Par exemple, certains pays dont le climat s'y prêtait le mieux pouvaient produire des produits alimentaires, épices et sucres dont la production se serait avérée beaucoup trop complexe, coûteuse ou strictement impossible sous d'autres cieux ; en échange desquels les pays plus nordiques pouvaient offrir des matières textiles, des draps ou d'autres produits manufacturés. En somme, si un pays présentait un avantage absolu sur un autre, et la réciproque étant vraie, il convenait, pour la diversification de la consommation et l'amélioration commune du bien-être, que les deux pays échangent entre eux.

À la surprise de David Ricardo (1835) cependant, il est apparu, dans la pratique, que divers pays commerçaient alors même qu'on ne pouvait observer de réels avantages absolus réciproques. Au contraire, il pouvait apparaître qu'un pays n'avait que des avantages absolus sur un autre mais que le commerce existait tout de même entre ces deux pays. C'est à ce moment qu'il nous fit découvrir la théorie des avantages comparatifs.

La théorie des avantages comparatifs

Pour illustrer cette théorie, nous prendrons un exemple fictif d'échanges commerciaux entre le Québec et les États-Unis. Nous nous servirons du cas hypothétique où il n'y a que deux biens : les automobiles d'un côté et le bois qui peut servir à la construction de résidences ou de meubles de l'autre.

La figure 10.11 indique que si les États-Unis concentraient toutes leurs ressources humaines et physiques pour ne produire que des automobiles, ils réussiraient à produire 10 automobiles par personne. Si, au contraire, ils concentraient leurs ressources et leur savoir-faire sur le bois, ils réussiraient à en produire 10 unités par habitant. Les États-Unis jouissent, dans notre exemple, d'un double avantage sur le Québec puisque leurs ingénieurs, leurs capitaux, leur expérience accumulée et la taille de leur population leur ont permis de développer une industrie de l'automobile de grande taille. Par ailleurs, ils ont aussi un avantage absolu sur la production de bois puisque les arbres y poussent à longueur d'année, ce qui leur donne une croissance continue à l'épreuve du stress des grands froids du nord québécois. C'est pourquoi, par comparaison, le Québec ne pourrait produire qu'un maximum de 4 automobiles par habitant, d'un côté, ou de 8 unités de bois, de l'autre.

La figure 10.11 traduit cette double contrainte pour le Québec comparativement aux États-Unis.

Adam Smith nous aurait dit que le Québec n'a aucun avantage à échanger avec les États-Unis et qu'il aurait plutôt à craindre un envahissement des produits de l'empire dans la production de bois et d'automobiles. Ricardo nous explique pourquoi il n'en est pas ainsi.

FIGURE 10.11

La théorie des avantages comparatifs

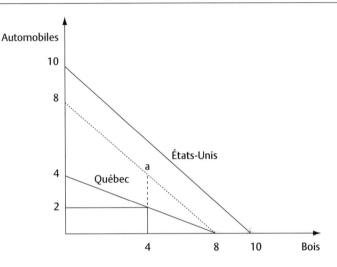

Produire une unité de bois aux États-Unis coûte une automobile. En effet, comme cela est indiqué par la pente de la frontière des possibilités de production des États-Unis de la figure 10.11 (ligne continue États-Unis), on doit se livrer au sacrifice d'une automobile pour obtenir une unité de bois supplémentaire. Cette frontière est graduée de telle sorte que de passer de 0 à 1 unité de bois nécessite de réduire la production automobile de 10 à 9 automobiles et ainsi de suite jusqu'à ce qu'il n'y ait plus que 10 unités de bois pour 0 automobile. À chaque passage, il faut déplacer des ressources humaines et physiques (capital) du secteur de l'automobile pour les transférer vers le secteur de la forêt. À l'inverse, on peut aussi dire que le prix d'une unité de bois y est de une automobile puisque, dans ce pays, il faut procéder à la réduction d'une automobile pour obtenir une unité de bois supplémentaire.

Au Québec, les rapports de prix sont différents. Produire une automobile au Québec coûte deux unités de bois. En effet et tel qu'il est indiqué par la pente de la frontière des possibilités de production du Québec de la figure 10.11 (ligne continue Québec), les Québécois devront sacrifier deux unités de bois pour obtenir une automobile. Le prix d'une automobile y est donc deux fois plus élevé qu'aux États-Unis. À l'inverse, toutefois, le prix du bois y est moitié moins cher qu'aux États-Unis. En effet, avec une demi-automobile au Québec il est possible d'obtenir une unité de bois ou encore avec la même automobile il est possible d'obtenir non pas une mais deux unités de bois.

Le prix du bois aux États-Unis étant largement supérieur à celui qui prévaut au Québec, il y a un avantage comparatif aux échanges commerciaux. Aux États-Unis, le producteur d'automobiles obtiendra une unité de bois pour chaque automobile qu'il aura produite. S'il vendait son automobile à un Québécois, il en obtiendrait deux unités. Le producteur américain a donc tout intérêt à vendre des automobiles aux Québécois.

À l'inverse, le producteur de bois du Québec n'obtient qu'une automobile en retour d'une production de deux unités de bois s'il vend son bois au Québec. S'il les vendait à des Américains, il obtiendrait deux automobiles en retour. Le producteur de bois québécois a donc tout intérêt à exporter son bois aux États-Unis.

Si nous supposons qu'au point de départ, l'économie québécoise fonctionne en autarcie et que pour satisfaire ses besoins courants, elle s'applique à produire deux automobiles et quatre unités de bois, et si nous supposons qu'aux États-Unis, on y produit au point de départ cinq unités de bois et cinq automobiles, nous pouvons trouver, dans l'échange et dans la spécialisation, un moyen d'enrichissement appréciable des Québécois et des Américains en même temps.

Supposons en effet que le Québec se spécialise dans la production de bois et qu'il délaisse complètement la production automobile. Cela l'amènerait à produire huit unités de bois plutôt que quatre. Si, dans un second temps, il décidait de garder ses quatre premières unités de bois, mais d'échanger ses quatre unités supplémentaires aux États-Unis, il serait possible d'obtenir non pas deux mais quatre automobiles en échange de ces quatre unités de bois. Le résultat final serait une consommation de quatre unités de bois et de quatre automobiles, soit une amélioration marquée par rapport à la situation d'autarcie initiale. Donc, il y a toutes les raisons pour que le Québec échange avec les États-Unis. Le point « a » qui se situe sur la nouvelle frontière des possibilités de consommation qui figure en pointillé à la figure 10.11 marque la différence qui peut exister entre la contrainte des possibilités de production en économie fermée d'un côté (ligne continue Québec) et la frontière des possibilités de consommation (en pointillé) qu'engendrent les échanges commerciaux de l'autre. Cet écart amène un lot de produits plus nombreux et plus diversifiés qui marquent un accroissement de la richesse des nations.

Deux remarques s'imposent. Premièrement, le Québec n'obtiendrait pas tout à fait une automobile pour chaque unité de bois parce qu'en augmentant l'offre de bois sur le marché américain cela en fait diminuer le prix. Toutefois, cette diminution peut être petite, compte tenu de la taille du Québec par rapport à l'économie américaine (même sur le marché du bois). Deuxièmement, un raisonnement semblable au précédent aurait démontré que l'avantage au commerce et à la spécialisation dans la production est tout aussi présent pour les Américains.

La balance des paiements

La balance des paiements est un outil de comptabilité macroéconomique qui permet de mesurer les échanges commerciaux et financiers qu'entretient un pays avec le reste du monde. Ces comptes, pour l'essentiel, se divisent en deux grands groupes : le compte courant d'un côté et le compte des capitaux de l'autre.

Le compte courant

Au Canada, le compte courant se compose de quatre éléments : le compte des biens, le compte des services, le compte des revenus de placements et le compte des transferts. Le compte des biens enregistre toutes les exportations et les importations de biens qu'effectue le Canada avec l'étranger. Dans l'exemple fictif du tableau 10.1, nous trouvons que le Canada a vendu pour 378 milliards de dollars de biens à l'étranger mais qu'en retour il a acheté pour 358 milliards de biens importés. Le solde de ce premier compte est positif. Son excédent est de +20 milliards de dollars.

Le compte des services porte sur les services qui sont échangés avec l'extérieur et, plus particulièrement, le tourisme. Dans ce compte, nous trouvons que le Canada avait exporté pour 50 milliards de dollars de services contre des importations de 56 milliards de dollars. Cette fois-ci le solde est négatif. Les Canadiens ont importé pour 6 milliards de dollars de services en excédent de leurs exportations.

Le compte des revenus de placements exprime la différence qu'il y a entre les revenus d'intérêts, les dividendes, les profits et les divers autres revenus de placements que nous payons aux étrangers contre les revenus d'intérêt et autres revenus de placements que nous recevons de l'étranger. Ce solde est encore une fois négatif, et il l'est de façon importante. Nous envoyons pour 62 milliards de dollars en revenus de placements contre une entrée de 32 milliards seulement. Le résultat est un déficit de 30 milliards de dollars.

Le compte des transferts porte sur les dons effectués à l'étranger, les pensions envoyées ou reçues de l'étranger et les transferts fiscaux. L'excédent est de 1 milliard de dollars.

Au total, nous pouvons constater que le solde du compte courant est négatif. De toute évidence ce déséquilibre doit être compensé par une entrée équivalente de fonds étrangers. Ce sont ces fonds qui figurent au compte des capitaux et qui ont pour rôle d'équilibrer la balance des paiements.

TABLEAU 10.1

Exemple fictif de balance des paiements pour le Canada

I.	**Compte courant**	*Entrée*		*Sortie*	*Solde*
	1- Compte des biens	378	–	358	+20
	2- Compte des services	50	–	56	–6
	3- Compte des revenus de placements	32	–	62	–30
	4- Compte des transferts	4	–	5	+1
	Solde du compte courant :				–15
II.	**Compte des capitaux**	66	–	54	+12
	Divergence statistique :				+3
	Solde de la **balance des paiements :**				ϕ

Le compte des capitaux

Le compte des capitaux se compose pour l'essentiel des actions, obligations, dividendes, débentures et autres titres financiers que détiennent les étrangers comparativement aux titres financiers que nous détenons à l'étranger. Au total, les étrangers avaient acheté pour 66 milliards de titres financiers canadiens contre un achat de 54 milliards de titres étrangers par des Canadiens. L'excédent est de 12 milliards de dollars dans notre exemple alors qu'il aurait dû être de 15 milliards pour bien équilibrer à lui seul la balance des paiements, mais la qualité des informations recueillies pour procéder à toutes ces estimations est parfois pauvre, imprécise et hypothétique parce que, entre autres, elles dépendent de la volonté et des ressources que veulent bien y mettre les pays étrangers pour les enregistrer, les compiler et les transmettre au Canada. La divergence statistique est le poste qui permet de réconcilier les soldes du compte courant et du compte des capitaux de façon à ce que dans les écritures, la balance des paiements soit toujours égale à 0. Selon les informations obtenues pour l'un et l'autre de ces comptes, la divergence statistique peut avoir des valeurs tantôt négatives ou tantôt positives.

La courbe BP

Pour analyser les effets des grandes politiques macroéconomiques de l'État sur l'économie, il importe d'ajouter un troisième outil à l'analyse, soit la courbe BP. Dans les paragraphes qui suivent, nous verrons qu'il existe une courbe BP en théorie et une courbe BP en pratique, mais qu'il est nécessaire de comprendre les fondements de la courbe BP en théorie pour bien saisir la courbe BP en pratique

La courbe BP en théorie

En théorie, la courbe BP est une fonction à pente positive reliant dans un rapport direct le PIB et le taux d'intérêt. Cette courbe nous donne l'ensemble des taux d'intérêt qui équilibrent la balance des paiements pour différents PIB déterminés sur le marché des biens et des services. Le nom

FIGURE 10.12a

PIB et déficit du compte courant

FIGURE 10.12d

La condition d'équilibre

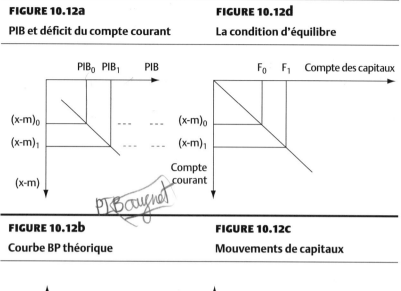

FIGURE 10.12b

Courbe BP théorique

FIGURE 10.12c

Mouvements de capitaux

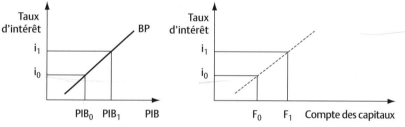

de la courbe BP vient de l'objet auquel elle s'adresse, soit la balance des paiements.

Pour trouver les fondements théoriques de la courbe BP, il convient de mettre en place un appareillage de quatre figures. La figure 10.12a traduit la relation attendue entre le PIB, d'un côté, et le compte courant, de l'autre $(x - m)_0$. *(entrée - sortie)*

La figure 10.12b, située sous la figure 10.12a, donne la valeur du taux d'intérêt i_0 qu'il est nécessaire de pratiquer pour attirer les capitaux F_0 apparaissant sur l'abscisse de la figure 10.12c. Ces capitaux F_0 sont précisément ceux qui servent à équilibrer la balance des paiements à la figure 10.12d. Cette figure importe le déficit du compte courant apparaissant à la figure 10.12a d'un côté et le flux des capitaux F_0 apparaissant à la figure 10.12c de l'autre. De cette façon, nous pouvons constater que l'un est parfaitement égal à l'autre.

Si, comme nous pouvons l'observer à la figure 10.12a, le déficit du compte courant augmente avec le PIB puisque les importations augmentent alors que les exportations restent les mêmes lorsque notre PIB augmente, il s'ensuivra que les taux d'intérêt devront augmenter en i_1 pour attirer plus de capitaux F_1 de façon à assurer le financement d'un déficit $(x-m)_1$ plus élevé. La courbe qui donne les diverses combinaisons de taux d'intérêt et de PIB qui apparaissent à la figure 10.12b est la courbe BP. C'est une courbe qui est tout à fait conforme à notre définition théorique de la courbe BP, c'est-à-dire une courbe qui donne les taux d'intérêt qui servent à équilibrer la balance des paiements pour différents PIB déterminés sur le marché des biens et des services. En théorie, c'est une courbe à pente positive. En pratique, pour le Canada, c'est une courbe parfaitement horizontale qui donne le taux d'intérêt qui sert à équilibrer la balance des paiements pour tous les différents PIB qui peuvent être déterminés sur le marché des biens et des services.

La courbe BP en pratique

La raison pour laquelle on peut penser que la courbe BP est horizontale en pratique est que le Canada est un petit joueur sur le marché international des capitaux. En effet, les déficits et les surplus annuels de son compte courant comptent très peu dans les 2 000 milliards de dollars américains qui circulent à chaque jour sur le marché international des capitaux. Le Canada ne peut, à lui seul, faire fluctuer les taux d'intérêt internationaux. Il est, en quelque sorte, un preneur de prix. Et il s'établit un taux d'intérêt i^* fixé sur le marché international des capitaux qu'il doit payer pour obtenir les fonds qui équilibrent sa balance des paiements. La Banque du Canada peut toutefois se sentir libre de pratiquer des taux d'intérêt qui dévient du taux compétitif ou concurrentiel, mais il importe alors de souligner que les mouvements de capitaux peuvent être très sensibles à ces déviations. Si ces taux dévient à la baisse, les fuites de capitaux à l'extérieur du pays peuvent être importantes, alors que s'ils dévient à la hausse, il est possible que les afflux de capitaux financiers à l'intérieur du pays soient très élevés. Dans ces circonstances, la valeur du dollar canadien est appelée à fluctuer au gré de ces entrées ou de ces sorties nettes de capitaux.

Pour étudier les répercussions des flux de capitaux internationaux sur la valeur du dollar canadien, il convient de s'en remettre à l'analyse de l'offre et de la demande sur le marché international des devises.

Tel qu'il est indiqué à la figure 10.13, la valeur du dollar canadien (VDC) qui est transigée sur le marché des changes se détermine en fonction de l'offre et de la demande des devises canadiennes. Si la demande augmente en D' par rapport à l'offre, le prix de la devise canadienne va augmenter de VDC_0 à VDC1. Si c'est l'offre qui augmente en O' par rapport à la demande, ce prix va diminuer de VDC_0 à VDC2. Donc, les facteurs qui influent sur l'offre et la demande de devises canadiennes ont beaucoup d'importance pour expliquer les fluctuations de la valeur de notre dollar.

FIGURE 10.13

L'offre et la demande de devises canadiennes

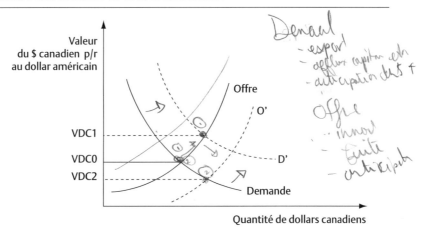

Les principaux facteurs qui influencent l'offre et la demande de devises canadiennes sont, du côté de la demande : 1- nos exportations — si nos exportations augmentent, cela signifie que les étrangers achètent nos produits ; ils demandent donc des dollars canadiens puisqu'ils doivent payer nos produits en dollars canadiens ; 2- l'afflux de capitaux étrangers — si les étrangers achètent de nos titres financiers également libellés en dollars canadiens, cela aura pour effet d'augmenter la demande pour les dollars canadiens ; 3- les anticipations à la hausse sur la valeur du dollar canadien. Si les anticipations sur le dollar canadien sont à la hausse, les achats de dollars canadiens vont augmenter, car il vaut mieux acheter maintenant un dollar à bas prix pour le vendre un peu plus tard à plus haut prix. Ceci contribue toutefois à alimenter la hausse de ce prix.

Du côté de l'offre de dollars canadiens, on peut penser que : 1- nos importations augmentent l'offre de dollars canadiens sur le marché des devises ; 2- la fuite ou le déplacement des capitaux canadiens vers l'étranger signifie une augmentation de l'offre de devises canadiennes en vue de se porter acquéreur d'autres devises ; 3- les anticipations à la baisse sur la valeur du dollar canadien. Si on s'attend à ce que la valeur du dollar canadien baisse, ceux qui possèdent des dollars canadiens s'empresseront de s'en défaire.

Puisque les mouvements de capitaux sont un facteur qui influe sur l'offre ou la demande de dollars canadiens, on peut s'attendre à ce qu'ils influent sur la valeur de notre devise. Notamment, on peut s'attendre à ce qu'une fuite de capitaux contribue à réduire cette valeur alors qu'un afflux net de capitaux conduira, pour sa part, à une appréciation de la valeur du dollar canadien.

Dollar canadien et exportations

Tous ces mouvements de l'offre et de la demande de devises canadiennes qui affectent la valeur du dollar auront des répercussions sur nos exportations nettes (XN = exportations moins importations). En effet, si la valeur du dollar canadien augmente, cela signifie que, toutes choses égales d'ailleurs, nos exportations vont diminuer et que nos importations vont augmenter. À la figure 10.14, nous pouvons observer que les exportations nettes sont $XN_1 < XN_0$ lorsque la valeur du dollar canadien augmente de VDC_0 à VDC_1.

Cet examen des répercussions des taux d'intérêt pratiqués à l'intérieur du pays sur les mouvements de capitaux, la valeur du dollar et les exportations canadiennes est nécessaire pour évaluer les répercussions de nos propres politiques monétaires sur notre économie, mais qu'en est-il des répercussions des politiques monétaires étrangères ?

FIGURE 10.14

Valeur du dollar canadien et exportations nettes

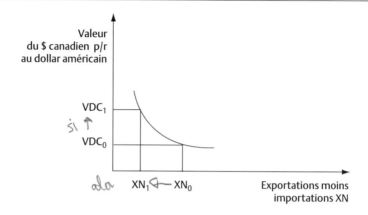

Les déplacements de la courbe BP

Les facteurs les plus importants qui peuvent influencer la courbe BP canadienne en pratique sont les taux d'intérêt pratiqués ailleurs dans le monde et, en particulier, aux États-Unis, en Europe, en Chine et au Japon. En effet, il est important de souligner que les déplacements de la courbe BP du Canada ne dépendent pas du Canada mais de l'étranger.

Si, par exemple, les taux d'intérêt diminuaient aux États-Unis, cela voudrait dire que la courbe BP canadienne s'abaisserait. La raison en est simple : les taux d'intérêt que le Canada devrait payer pour attirer la même quantité de capitaux n'auraient plus à être aussi élevés. À l'inverse, toutefois, si les États-Unis décidaient d'augmenter leurs taux d'intérêt, cela signifierait que nous devrions payer plus cher pour obtenir le même financement. Est-ce que cela veut dire que le Canada doit toujours suivre la politique monétaire américaine ? Pas nécessairement. C'est ce que nous verrons à la section suivante.

Les politiques monétaires et budgétaires

Au point de rencontre entre les courbes IS, LM et BP se définit un couple PIB-taux d'intérêt qui garantit l'équilibre simultané de la balance des paiements, des marchés monétaires et financiers et du marché des biens et des services. Tout déplacement de l'une ou de l'autre de ces courbes peut servir de point de départ à l'analyse complète des répercussions à court terme des grandes politiques macroéconomiques de l'État.

Les déplacements de la courbe IS : les politiques budgétaires

Les politiques budgétaires, nous l'avons vu peuvent être de deux types : expansionnistes ou restrictives. Dans un cas comme dans l'autre, elles déplacent la courbe IS.

Une politique budgétaire expansionniste déplace la courbe IS vers la droite de IS_0 à IS_1 à la figure 10.15. Il en résulte la chaîne de répercussions suivantes :

a) un taux d'intérêt i' supérieur au taux d'intérêt compétitif i* ;

b) une entrée ou un afflux net de capitaux étrangers au Canada attirés par les hauts rendements sur les placements canadiens ;

c) une hausse de la demande de dollars canadiens associée à cet afflux de capitaux étrangers ;

d) une hausse de la valeur du dollar canadien associée à la hausse de la demande de dollars canadiens par rapport à l'offre ;

e) une baisse de nos exportations à l'étranger ;

f) un retour de IS vers la gauche, puisque la baisse des exportations constitue une baisse des injections dans l'économie qui ramène IS de IS_1 vers IS_0 à la figure 10.15.

Donc, en économie ouverte et en présence d'un régime de taux de change flexible, il apparaît que les politiques budgétaires n'ont qu'un effet très limité et temporaire sur le PIB et la création d'emplois. La raison en est que tout ce qui est gagné par l'augmentation des dépenses gouvernementales ou la baisse des impôts est perdu à cause d'une baisse compensatoire dans les dépenses d'exportations. À l'inverse, cependant, on pourra dire que les coupures budgétaires ont peu ou n'ont pas d'effets négatifs durables sur l'emploi, le tout étant compensé, à terme, par des gains équivalents sur le plan du marché des exportations.

FIGURE 10.15

Effet de la politique budgétaire sur le PIB

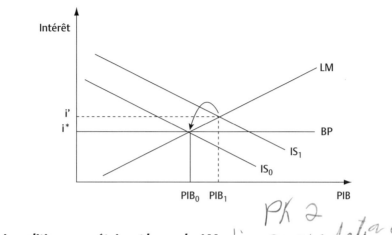

La politique monétaire et la courbe LM

La politique monétaire influe sur la courbe LM. Dans le cas d'une politique monétaire expansionniste, nous trouvons tout d'abord que LM se déplace à droite de LM^0 à LM^1 à la figure 10.16 puis qu'il s'ensuit un ensemble de réactions en chaîne : a) le taux d'intérêt s'abaisse en i' sous le taux compétitif i* ; b) les capitaux se déplacent hors du pays ; c) l'offre de devise canadienne augmente sur le marché des changes ; d) la valeur du dollar canadien diminue ; d) les exportations augmentent ; et e) la courbe IS se déplace de IS_0 à IS_1 jusqu'à ce qu'un nouvel équilibre soit atteint au point de rencontre entre la courbe BP, la nouvelle courbe LM^1 et la nouvelle courbe IS^1. Tel qu'il est indiqué dans la figure 10.16, le PIB a augmenté une première fois de PIB_0 à PIB_1 puis une seconde fois de PIB_1 à PIB_2.

Dans le cas de la politique monétaire, nous trouvons donc qu'elle contribue à augmenter le PIB à deux reprises. À l'inverse, toutefois, il faut en convenir qu'une politique monétaire restrictive aura pour conséquences de diminuer le PIB et l'emploi une première fois à travers son action sur le taux d'intérêt et l'investissement puis, une seconde fois à travers ses effets indirects sur la valeur du dollar canadien puis sur nos exportations. En contexte de mondialisation des échanges et de grande mobilité internationale

FIGURE 10.16

Effet de la politique monétaire

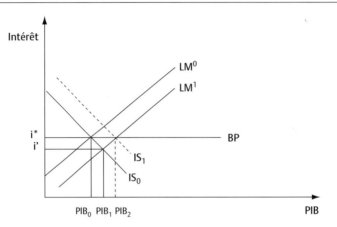

des capitaux, la politique monétaire constitue donc un outil qu'il importe de manier avec une grande prudence.

Les politiques monétaires des autres pays : les déplacements de BP

Tout comme au Canada, les pays étrangers peuvent chercher à utiliser leur politique monétaire pour assumer la gestion macroéconomique de leur pays. À chaque fois que de grandes puissances interviennent dans ce domaine, cela risque toutefois de perturber notre propre économie. Deux exemples historiques serviront à illustrer notre propos.

En novembre 2002, les États-Unis décidaient de stimuler leur économie à travers l'abaissement du taux directeur de la Federal Reserve Bank américaine. Le Canada décidait d'en faire autrement.

Quand les États-Unis abaissent leur taux d'intérêt, cela a pour effet d'abaisser la courbe BP du Canada de BP_0 à BP_1 à la figure 10.17. Le Canada avait le choix de suivre ou de ne pas suivre cette politique.

FIGURE 10.17

Effet de la politique monétaire expansionniste des États-Unis
sur l'économie canadienne

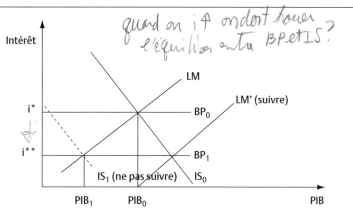

Suivre

Suivre les États-Unis aurait voulu dire abaisser, comme aux États-Unis, notre taux d'intérêt. Abaisser notre taux d'intérêt aurait voulu dire pratiquer une politique monétaire expansionniste, ce qui aurait signifié un déplacement de la courbe LM vers la droite jusqu'à ce qu'elle rejoigne la nouvelle courbe BP_1 au point de rencontre avec la courbe IS_0. Suivre les États-Unis aurait conduit à une stimulation du PIB et à la création de nouveaux emplois. Le Canada a décidé de ne pas suivre.

Ne pas suivre

Ne pas suivre la politique monétaire aurait signifier accepter que notre taux d'intérêt i* se serait avéré supérieur au nouveau taux d'intérêt compétitif i**, attirer un afflux de capitaux étrangers, assister à une hausse de la valeur du dollar canadien puis à la baisse de IS_0 à IS_1 et donc de la croissance du PIB. C'est exactement ce qu'a décidé de faire la Banque du Canada à l'époque et c'est précisément ce qui est arrivé à l'économie canadienne. La valeur du dollar a effectivement augmenté et la croissance du PIB canadien a sensiblement ralenti.

Le deuxième exemple remonte à un peu plus loin dans le temps. Il s'agit plus précisément des circonstances qui ont entouré la réunification des deux Allemagnes, soit l'Allemagne de l'Ouest et l'Allemagne de l'Est. Au début des années 1990, l'Allemagne unifiée a choisi de contrer les pressions inflationnistes qui pouvaient faire suite à l'octroi de la parité salariale entre les travailleurs de l'ancien bloc de l'Est (moins productifs) et les travailleurs de l'Ouest (plus productifs). Cette lutte préventive à l'inflation s'est faite à travers une politique monétaire restrictive caractérisée par un relèvement du taux d'intérêt de la part de la Bundesbank (banque centrale allemande). La Banque de France et les principales autres banques centrales d'Europe ont aussi suivi le mouvement, de crainte d'assister au déclassement respectif de leurs monnaies nationales, ce qui a contribué à hausser le taux d'intérêt compétitif de i^* à i^{**} et la courbe BP du Canada de BP à BP' à la figure 10.18. Pour ne pas être en reste, le Canada (et les États-Unis) a décidé de suivre le mouvement. Ce faisant, la Banque du Canada a décidé de pratiquer un durcissement de sa politique monétaire en déplaçant LM de façon à ce qu'elle rejoigne la nouvelle courbe BP' et d'engendrer, de la sorte, un ralentissement de la croissance du PIB canadien et un certain nombre de pertes d'emplois au Canada et au Québec.

FIGURE 10.18

Effet d'une politique monétaire restrictive en Allemagne sur l'économie canadienne (le Canada a suivi)

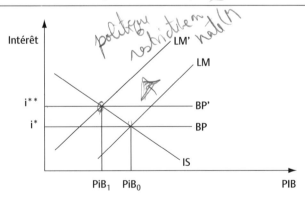

Ces deux exemples n'épuisent pas tous les cas. En 2004, par exemple, les États-Unis décidaient de relever progressivement leurs taux d'intérêt et la Banque du Canada décidait, quant à elle, de ne pas suivre. En décidant de ne pas suivre la politique monétaire américaine, la Banque du Canada choisissait une option qui stimulait l'économie canadienne.

11

L'OFFRE ET LA DEMANDE GLOBALE

En macroéconomie, le long terme se définit par une situation où les prix sont variables. À court terme, nous avons toujours supposé que les prix ne pouvaient pas varier. Deux prix particuliers sont visés : le prix des biens et des services d'un côté et les salaires de l'autre, c'est-à-dire dans ce dernier cas, le prix du travail.

Jusqu'à ce que nous abordions ce thème, les ajustements macroéconomiques se faisaient exclusivement en quantité et jamais en prix. Si la demande agrégée augmentait, c'est le PIB et non le prix des biens qui augmentait. Si le PIB augmentait, c'est l'emploi et non les salaires qui augmentait. Désormais, nous pourrons intégrer le comportement des prix, c'est-à-dire de l'inflation, dans l'analyse. Ceci se fera à travers l'étude de l'offre et de la demande globale. Ces deux outils constituent, de nos jours, la façon privilégiée de faire de la macroéconomie. Mais, au préalable, il convient de revenir quelque peu sur les notions de court et de long terme puis d'élaborer plus amplement sur la notion d'inflation.

Le court et le long terme

À court terme, l'économiste suppose que les prix sont rigides en raison de ce qu'on appelle la théorie des coûts de menu. Les coûts de menu sont liés aux frais rattachés aux changements dans l'« étiquetage » des prix. Pour prendre un exemple courant, on pourra noter que le prix des mets servis dans les restaurants ne changent pas au jour le jour ni même à chaque semaine, alors que le prix des aliments qui servent à les composer changent régulièrement de façon quotidienne ou quasi quotidienne.

Les restaurateurs considèrent que les changements apportés au menu officiel seraient coûteux à administrer en même temps que source de confusion pour les clients. Et il en est ainsi pour beaucoup de prix. Lorsque les conditions de l'offre et de la demande changent mais que les prix ne changent pas, nous nous situons dans le court terme. À partir du moment où les prix changent face à ces changements dans les conditions de l'environnement économique, nous nous situons dans le long terme.

Deux raisons institutionnelles expliquent la rigidité des salaires à court terme. La première de ces raisons est la coutume. La coutume fait en sorte que les salaires sont renégociés au niveau individuel à une date fixe ou régulière à chaque année, soit la date anniversaire de l'entrée en service soit une date uniforme pour tous les employés en service. La deuxième raison qui peut expliquer la rigidité des salaires à court terme est : les conventions collectives. Les conventions collectives régulent la cadence des changements apportés aux salaires. Cette cadence varie entre un et six ans.

Sur le plan analytique, diverses hypothèses ont aussi été proposées pour expliquer les rigidités salariales. La théorie des contrats implicites explique à cet égard que les travailleurs et leurs employeurs s'engagent dans des contrats où les salaires ne varieront pas malgré les changements qui peuvent survenir dans l'environnement économique parce que cette forme d'arrangement comporte des avantages pour les deux parties. Les travailleurs ayant de l'aversion au risque ressentiront un plus grand confort et une plus grande sécurité en disposant d'un salaire stable, d'un côté, alors que les entreprises tireront un plus grand profit, à la condition toutefois de verser un salaire plus faible qu'autrement, de l'autre.

L'inflation

L'inflation se mesure par l'augmentation annuelle en pourcentage de l'indice des prix à la consommation. L'indice des prix à la consommation est un indice basé sur une valeur de référence définie comme étant égale à 100.

Pour construire cet indice, Statistique Canada commence par mener une très large enquête auprès des familles canadiennes pour savoir comment elles répartissent leurs dépenses dans une année. À supposer par exemple qu'il n'y ait que quatre postes de dépenses (le logement, les aliments, les vêtements et un autre divers, incluant notamment les transports, la santé, les loisirs, etc.) et que les familles canadiennes moyennes consacrent ou réservent 25 % de leur consommation à chacun de ces postes, l'augmentation du niveau général des prix sera obtenue en pondérant l'augmentation des prix sur chacun de ces postes. Si, par exemple, les prix augmentent de 10 % sur les logements, mais de 2 % seulement sur les aliments, les vêtements et la catégorie divers, l'augmentation annuelle en pourcentage des prix à la consommation sera de 4 % (10 x 0,25 + 2 x 0,25 + 2 x 0,25 + 2 x 0,25). La pondération retenue ici est la même pour chacun des postes, mais cela n'a été supposé que pour faciliter la présentation.

La façon dont s'y prend Statistique Canada pour estimer la variation des prix consiste à enquêter, pour un mois de départ donné, sur le prix de chacune des composantes du panier de biens et de services retenu à partir de l'enquête précédente, puis de « refaire » ces mêmes achats à chaque mois pour savoir combien il en coûte de plus pour se procurer exactement les mêmes biens et services.

Par exemple, si on suppose qu'il en coûte 2 500 $ en moyenne pour se loger, se vêtir, effectuer ses dépenses de transport, etc. en janvier 2005, on situera l'indice des prix à la consommation à 2 500 $ = 100 pour le mois de janvier 2005. Si, en février de la même année, il en coûtait 2 509 $ pour obtenir les mêmes biens et services, l'indice du coût de la vie serait estimé à 100,4 soit le coût en février (2 509 $) divisé par le coût en janvier (2 500 $), le tout multiplié par 100. Si au lieu de parler d'un mois, on parle plutôt d'une année, l'indice est fixé à une moyenne de 100 pour l'année de référence et on prend alors la moyenne annuelle du coût des mêmes achats l'année suivante pour établir l'indice et donc la progression de l'inflation d'année en année. Le tableau 11.1 nous donne un exemple des indices de prix à la consommation et de l'inflation constatée au Québec et au Canada au cours des dernières années.

TABLEAU 11.1

Prix et indices de prix, Canada, 2000-2004

Année	Indice des prix (1992 = 100)		Inflation (variation annuelle en pourcentage de l'IPC)	
	Québec	Canada	Québec	Canada
2000	110,6	113,5	—	—
2001	113,2	116,4	2,4	2,6
2002	115,5	119,0	2,0	2,2
2003	118,4	122,3	2,5	2,8
2004	120,7	124,6	1,9	1,9

Source : <www.statcan.ca/conjoncture/économique/prix>.

Nous y observons que l'inflation s'est maintenue entre 1,9 % et 2,6 % par année au Canada et entre 1,9 % et 2,4 % par année au Québec sur la période 2001-2004. En fait, l'inflation était à son plus bas en 2004 dans un cas comme dans l'autre. Depuis 1992, nous observons par ailleurs que le coût de la vie a augmenté de 20,7 % (indice 120,7) au Québec alors qu'il a augmenté de 24,6 % au Canada. L'inflation a donc été un peu moins forte au Québec que dans le reste du Canada.

Pourquoi lutter contre l'inflation ?

L'inflation est jugée mauvaise pour l'économie et pour le bien-être des populations. Premièrement, l'inflation gruge le pouvoir d'achat de toute personne dont les revenus ne sont pas indexés au coût de la vie. Si votre salaire reste le même d'une année à l'autre alors que le coût de la vie augmente c'est signe que vous venez de perdre de votre pouvoir d'achat.

Deuxièmement, l'inflation, en rendant les calculs d'investissements plus incertains et plus coûteux, nuit à la croissance économique. En effet, si nous nous rappelons que la décision d'investir dans un projet dépend de la comparaison de sa valeur présente avec son coût ou encore de son taux de rendement interne avec les taux d'intérêt sur les emprunts bancaires, alors on peut dire que cette décision dépend, de façon cruciale, du calcul de la valeur présente et des hypothèses qui sont faites sur les revenus futurs, qui dépendent eux-mêmes de façon déterminante de l'évolution anticipée de l'inflation. Or, si ces hypothèses sont brouillées par une inflation incertaine, on peut dire que les décisions seront plus difficiles à prendre, qu'il s'ajoutera une prime à l'incertitude (taux d'intérêt plus élevés) et donc qu'il y aura moins de projets d'investissements lorsque l'inflation est élevée et incertaine.

Troisièmement, l'inflation n'est pas un phénomène stable. Elle a tendance à s'autoalimenter et surtout à devenir de plus en plus élevée. Un peu d'inflation ne nuit pas en soi, mais si l'inflation augmente d'une année à l'autre, par exemple pendant trois années consécutives de 2 % à 4 % puis à 6 %, les travailleurs anticiperont qu'elle n'en restera pas là et qu'elle s'enflera à nouveau de 2 % l'année suivante pour être portée à 8 %. Pour ne pas être pris en reste, ils demanderont des augmentations de salaire en conformité avec cette hypothèse d'accélération de l'inflation, ce qui fera augmenter les coûts de production puis les prix. Les prévisions d'accélération de l'inflation s'avéreront vérifiées et le processus risque de se réamorcer pour une autre ronde d'accélération de l'inflation.

Entre-temps, les entreprises auront aussi pris part au processus. Par exemple, elles peuvent avoir augmenté leurs prix en prévision des demandes salariales. Ce mécanisme où les prix et les salaires courent les uns après les autres forme une spirale inflationniste et caractérise bien le phénomène d'instabilité des prix relié à une inflation incontrôlée. Il peut aussi malheureusement mener à une situation d'hyperinflation, c'est-à-dire à une inflation qui peut par exemple dépasser les 1 000 % d'augmentation des prix par année et anéantir, de la sorte, la valeur de la monnaie et les épargnes des grands comme des petits épargnants. Ce fut le cas en Allemagne, juste un peu avant que Hitler ne prenne le pouvoir. L'hyperinflation sévit lorsque le gouvernement imprime de plus en plus de billets de banque pour une production de biens et de services qui demeure sensiblement la même.

Les gouvernements, pour prévenir les risques d'une spirale inflationniste, doivent tôt ou tard réduire l'activité économique pour abattre l'inflation, ce qui, par la même occasion, entraîne des pertes d'emplois et du chômage. Les coûts de l'inflation sont donc reliés au chômage. Ces coûts sont le chômage additionnel transitoire auquel il faut se résigner pour ramener l'inflation à un niveau stable et contrôlable. Attendre ne résout pas le problème, car attendre signifie une inflation de plus en plus élevée et donc de plus en plus coûteuse à contraindre.

L'introduction des prix dans le modèle

Pour comprendre le rôle et le fonctionnement de l'inflation dans l'économie, il est nécessaire d'introduire les prix dans l'analyse. Cette insertion se fait tout d'abord par le biais du marché monétaire et financier. Dans la figure 11.1a, nous avons ajouté une nouvelle variable de détermination de la demande de monnaie au côté du PIB, soit le niveau général des prix P_0. L'hypothèse est faite que la hausse des prix engendre une hausse de la demande de monnaie puisque avec la hausse généralisée des prix, il faut maintenant plus d'argent ou de liquidités pour acheter les biens et services dont les prix ont augmenté.

FIGURE 11.1a

Inflation et demande de monnaie

FIGURE 11.1b

Courbe LM et inflation

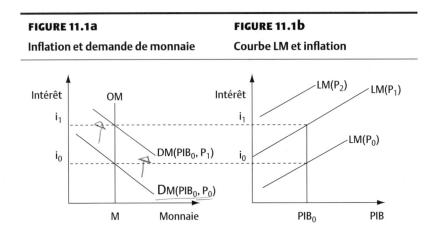

La courbe de demande de monnaie de la figure 11.1a illustre une demande de monnaie dont la position dans l'espace de l'intérêt et de la monnaie est déterminée par le PIB et le niveau général des prix P_0. Si le niveau général des prix augmente de P_0 à P_1 mais que le PIB ne bouge pas, la demande de monnaie augmentera tout de même puisque, comme nous l'avons dit, il en coûte maintenant plus cher d'acheter la même chose. Le résultat de cette hausse de la demande de monnaie est que le taux d'intérêt augmente de i_0 à i_1 sans que n'ait changé le PIB. La courbe LM (P_0) correspondant à l'équilibre initial se déplacera vers la gauche en LM (P_1) lorsque le niveau général des prix augmentera de P_0 à P_1 puisque le taux d'intérêt est maintenant plus élevé pour le même PIB. Et, par extrapolation, on peut aussi bien dire qu'il existe autant de courbes LM qu'il existe de niveaux de prix. C'est pourquoi, nous avons aussi tracé une courbe LM (P_2) encore plus à gauche pour un niveau de prix P_2 qui s'avérerait supérieur au niveau de prix P_1.

Les fondements théoriques de la demande globale (DG)

Cet exercice d'intégration des prix dans l'analyse nous permet maintenant d'étudier les fondements théoriques de la demande globale, c'est-à-dire le lien qui unit le niveau général des prix et le PIB à l'échelle macroéconomique.

Dans la portion supérieure de la figure 11.2, nous avons réuni les différentes courbes LM propres à chacun des niveaux de prix P_0, P_1 et P_2 avec la courbe IS, de façon à pouvoir identifier le PIB d'équilibre propre à chacun de ces prix.

Le croisement de la courbe LM (P_0) avec la courbe IS donne le niveau de PIB d'équilibre PIB_0 tandis qu'un niveau de prix P_1 plus élevé engendre une LM qui se déplace à gauche et un PIB d'équilibre qui diminue en PIB_1. Dans la portion du bas de cette même figure, nous trouvons qu'à chaque niveau de prix P_2, P_1 et P_0 correspond un seul PIB d'équilibre PIB_2, PIB_1 et PIB_0 respectivement et que la relation qui s'établit entre le niveau général des prix et le PIB est une relation négative. La courbe DG ou courbe de demande globale ainsi formée reflète la relation inverse qui s'établit, au niveau macroéconomique, entre le niveau général des prix d'un côté et le PIB de l'autre. Cette courbe traduit l'agencement des événements suivants : l'augmentation des prix augmente la demande de monnaie ; l'augmentation de la demande de monnaie augmente les taux d'intérêt ; l'augmentation des taux d'intérêt réduit les investissements ; la réduction des investissements réduit le PIB. Donc l'augmentation des prix réduit le PIB. Ce sont les fondements théoriques de la demande globale sur le plan macroéconomique.

FIGURE 11.2

Intégration des niveaux de prix

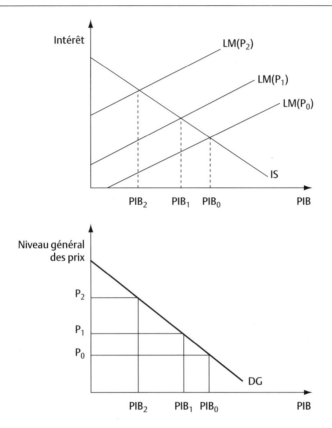

Une explication alternative
Les nouveaux courants de pensée macroéconomique (suite)

Effet de richesse. Si le niveau général des prix augmente, cela signifie que les gens qui détiennent des actifs financiers dont la valeur est fixe assistent à une baisse de leur pouvoir d'achat car ce même actif peut acheter moins de biens. Il s'ensuit alors que leurs dépenses de consommation diminueront et donc que le PIB diminuera, toutes choses égales d'ailleurs, à la suite de l'augmentation du niveau général des prix.

Effet de substitution. Si les prix des biens et des services augmentent au Canada mais qu'ils n'augmentent pas ailleurs ou s'ils augmentent aujourd'hui pour baisser plus tard, les Canadiens leur substitueront des biens étrangers dans le premier cas ou reporteront leurs achats dans le second cas. C'est la deuxième raison pour laquelle le PIB devrait diminuer à la suite de l'augmentation générale des prix intérieurs.

D'autres idées nouvelles sont aussi véhiculées dans la réflexion macroéconomique contemporaine, dont la théorie des anticipations rationnelles. Cette théorie en arrive à la conclusion que les politiques publiques traditionnelles ne peuvent influer sur le PIB parce que les individus anticipent leurs effets et contribuent, de la sorte, à les annuler. En conséquence, seules les variations non anticipées de la demande globale auraient de l'effet sur le PIB.

Finalement, il convient de mentionner la théorie des cycles réels qui pose que les cycles économiques observés ne sont d'aucune manière le résultat des fluctuations de la demande, mais qu'ils résultent plutôt des chocs technologiques. Selon cette théorie, les travailleurs, en ajustant leur offre en fonction de la rentabilité intertemporelle du travail, accentueraient l'impact initial jusqu'à ce qu'un nouveau choc intervienne. Toutes ces idées sont jusqu'à un certain point les bienvenues car elles remettent en question les théories actuelles pour éventuellement les améliorer ou les remplacer (De Vroey et Malgrange, 2005).

Les mouvements de la demande globale

Dans ce modèle, la demande globale peut se déplacer sous l'impulsion des politiques budgétaires ou monétaires. Dans le cas d'une politique monétaire expansionniste par exemple, nous savons que la courbe LM se déplace vers la droite. Ceci a pour effet, comme indiqué au haut de la figure 11.3, de déplacer les équilibres de « e_0 » à « e_1 » et d'entraîner un accroissement du PIB de PIB_0 à PIB_1. Comme indiqué au graphique du bas, ce déplacement du PIB se fait sans que le niveau de prix P_0 ait changé. Autrement dit, le PIB augmente de PIB_0 à PIB_1, pour un même niveau de prix P_0, et on peut dire qu'il en résulte qu'une politique monétaire expansionniste a pour effet de déplacer la courbe de demande globale vers la droite de DG_0 à DG_1.

FIGURE 11.3

Politique monétaire et PIB d'équilibre

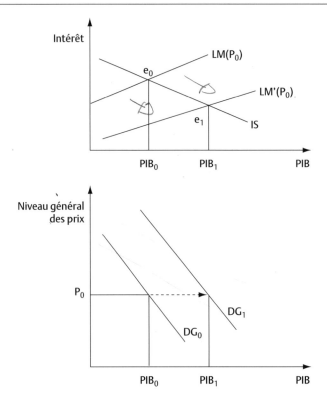

À l'inverse, nous pourrions imaginer qu'une politique monétaire restrictive déplace la courbe de demande globale vers la gauche.

Finalement, nous pouvons aussi prévoir les effets des politiques budgétaires. Dans le cas d'une politique budgétaire restrictive, la courbe IS se déplacerait vers la gauche et contribuerait à réduire le PIB pour tout niveau de prix donné, tandis que dans le cas d'une politique budgétaire expansionniste, la courbe IS se déplacerait vers la droite pour tout niveau de prix donné. Autrement dit, une politique budgétaire expansionniste déplace la demande globale vers la droite tandis qu'une politique budgétaire restrictive la déplace vers la gauche.

L'offre globale

L'offre globale comporte une configuration différente selon qu'on se situe dans le court ou plutôt dans le long terme.

FIGURE 11.4

Double représentation de l'offre globale

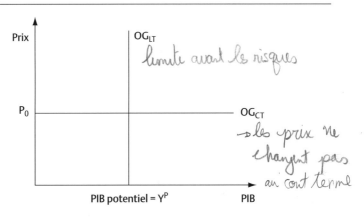

L'offre globale de court terme OG_{CT} est une courbe parfaitement élastique ou horizontale reflétant le fait qu'à court terme l'économie peut en arriver à toutes sortes de PIB sans que les prix aient à augmenter ou à diminuer pour autant. L'offre globale de court terme donne donc les divers PIB possibles pour un niveau de prix P_0 donné et inchangé à court terme.

L'offre globale de long terme OG_{LT} révèle pour sa part la quantité maximale ou limite de biens et de services que peut soutenir une économie à *long terme*, à supposer l'utilisation optimale de l'ensemble des ressources humaines et physiques pour une technologie et des institutions données. L'offre globale de long terme est une fonction parfaitement verticale ou inélastique par rapport au prix. Elle reflète la valeur du PIB potentiel.

Le PIB potentiel

Le PIB potentiel a la même définition que l'offre globale de long terme, à savoir la production limite ou maximale possible et optimale. À chaque année toutefois, il est raisonnable de penser que le PIB potentiel se développe sous l'impulsion de mouvements démographiques liés à l'expansion de la population active ou en âge de travailler, des découvertes scientifiques ou techniques et de l'amélioration générale de la productivité du travail et du capital.

Pour évaluer le PIB potentiel en pratique, il convient de tracer l'évolution du PIB par année au cours d'une période d'au moins deux cycles économiques complets. Par la suite, il convient d'extraire la tendance que l'on peut obtenir par analyse de régression et qui passe par le milieu des points observés au cours de la période. La valeur du PIB qui correspond à cette tendance constitue une évaluation du PIB potentiel. La figure 11.5 donne une représentation du PIB potentiel et de ses déviations tant négatives que positives autour de cette tendance.

Les observations situées sous la tendance nous disent que le PIB est sous son potentiel ou ne l'atteint pas, tandis que les observations situées au-dessus de la courbe en pointillé nous disent que l'économie fonctionne au-delà de son potentiel soutenable à long terme. Dans ces circonstances, les machines tournent à plein régime et au-delà de ce qui est spécifié par les fabricants pour leur usure normale, tandis que les travailleurs, de leur côté, exécutent beaucoup plus d'heures supplémentaires que d'habitude. L'usure des machines se fait prématurément et il peut même y avoir des bris de machines. L'excédent d'heures supplémentaires de son côté peut être considéré comme une source d'accidents du travail. À l'inverse, lorsque le PIB glisse sous son potentiel, il y a sous-

FIGURE 11.5

Estimation du PIB potentiel

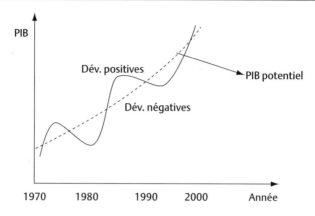

utilisation de la main-d'œuvre, chômage, thésaurisation du travail et bien souvent réduction des heures travaillées, ce qui prive les travailleurs de revenus et parfois même d'emploi. Dans les paragraphes qui suivent, nous procéderons à l'étude des effets à court, à moyen et à long terme d'une augmentation de la demande globale en utilisant le schéma de l'offre et de la demande globale.

Le court terme

À court terme, une augmentation de la demande globale a pour conséquence d'augmenter le PIB.

En effet et tel qu'il est indiqué à la figure 11.6a, la situation de départ est caractérisée par une offre globale à long terme OG_{LP}, une demande globale DG_0 et une offre globale de court terme initiale OG_{CT}^0 qui se rencontrent au point « a » pour déterminer le PIB potentiel Y^P au niveau de prix P_0.

Si la demande globale augmente de DG_0 à DG_1, il se produit alors un déplacement de l'équilibre à court terme de « a » vers « b » au point de rencontre entre la nouvelle demande globale DG_1 et l'offre globale de court terme OG_{CT}^0. Le PIB augmente de Y^P à Y^1 et il se crée une situation où le PIB

FIGURE 11.6a

Demande globale et PIB

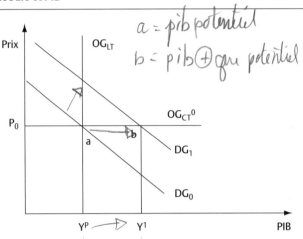

Handwritten note: a = pib potentiel / b = pib (+) que potentiel

FIGURE 11.6b

La courbe d'Okun

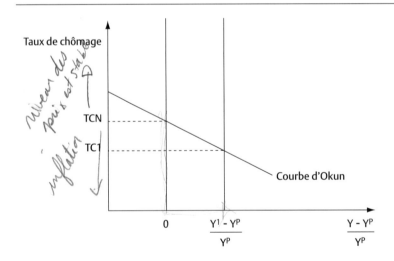

Handwritten note: Niveau des prix est stable / inflation

observé dépasse le PIB potentiel. Ce dépassement du PIB par rapport au PIB potentiel engendre une déviation positive Y^1-Y^P que l'on peut aussi écrire $(Y^1-Y^P)/Y^P$ sous forme de déviation *en pourcentage* du PIB observé par rapport au PIB potentiel.

La courbe d'Okun

La figure 11.6b située sous la figure 11.6a décrit la courbe d'Okun. La courbe d'Okun rapporte la relation empirique négative ou inverse qui s'établit *de facto* entre les déviations en pourcentage du PIB par rapport au PIB potentiel (en abscisse) et le taux de chômage (en ordonnée).

La relation inverse que décrit la courbe d'Okun se justifie bien par le fait qu'un PIB qui augmente est un PIB qui crée de l'emploi et donc qui réduit le chômage. Inversement, un PIB qui diminue caractérise une situation où la production diminue et où il y a des mises à pied et donc du chômage.

La courbe d'Okun nous donne accès à un concept nouveau et fort intéressant : le taux de chômage naturel TCN ou taux de chômage non accélérationniste (*Non Accelerating Inflation Rate Unemployment* ou *NAIRU*). Ce taux de chômage est celui qui prévaut dans l'économie lorsque le PIB est à son potentiel. Dans ces circonstances, le PIB observé est égal au PIB potentiel et la valeur de $(Y-Y^P)/Y^P$ est égale à zéro. Le taux de chômage qui correspond à cette valeur est le taux de chômage naturel TCN ou NAIRU apparaissant à la figure 11.6b. Le taux de chômage naturel ou taux de chômage non accélérationniste est ainsi appelé parce qu'il définit le seuil de chômage au-dessus duquel le niveau général des prix est stable et en dessous duquel l'inflation s'accélère. Le taux de chômage naturel au Canada peut être estimé à l'heure actuelle à 6 %.

Le moyen et le long terme

À moyen terme, nous l'avons vu, les prix peuvent bouger. Pour expliquer ces changements de prix, il nous faut maintenant passer en revue la courbe de Phillips d'un côté et le processus de détermination des prix en situation de concurrence imparfaite de l'autre.

La courbe de Phillips

La courbe de Phillips fait intervenir un nouveau marché : le marché du travail. Pour bien saisir les fondements théoriques de la courbe de Phillips, il convient de partir d'une représentation du marché du travail où il y a deux demandes excédentaires, soit une petite demande excédentaire d'un côté et une grande demande excédentaire de l'autre.

Dans la figure 11.7, nous observons, en premier lieu, une offre O_T, une demande D_T, et un point de rencontre « e » entre l'offre et la demande de travail qui détermine le salaire et l'emploi d'équilibre w^e et T^e respectivement. Puis nous observons, en second lieu, deux demandes excédentaires « ab » et « cd » de taille différente correspondant chacune aux taux de salaire w_0 et w_1 respectivement.

FIGURE 11.7

Deux situations de demande excédentaire sur le marché du travail

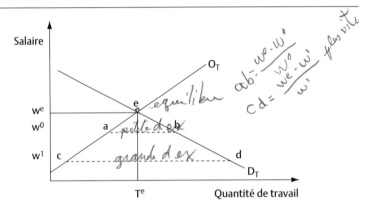

La théorie prédit qu'il s'exerce des pressions à la hausse sur les salaires lorsque les quantités de travail demandées par les employeurs dépassent les quantités de travail offertes par les travailleurs. Dans le premier cas où la demande excédentaire $De^0 = ab$ est petite, les salaires sont poussés à la vitesse $(w^e - w^o)/w^o$ vers le salaire d'équilibre w^e. Dans le second cas où la pénurie de main-d'œuvre est plus sévère, la demande excédentaire de travail est $De^1 = cd$ plus grande que dans le cas précédent. On doit s'attendre alors à ce que la vitesse d'ajustement s'accélère, soit $[(w^e - w^1)/w^1] > [(w^e - w^o)/w^o]$. Autrement dit, la distance à franchir en un même temps pour atteindre le salaire d'équilibre w^e est plus grande lorsque la pénurie de main-d'œuvre est plus sévère. Ce qui nous amène à conclure

que la variation en pourcentage des salaires Δ % w doit être proportionnelle à la taille de la demande excédentaire De :

$$\Delta \% w = (w_t - w_{t-1})/w_{t-1} = \alpha \, \text{De}$$

où Δ = la variation ; Δ % = la variation annuelle en pourcentage ; w = le
salaire ; t = l'année courante ; t − 1 = l'année antérieure ; α est un terme de
proportionnalité et « De » = la demande excédentaire. La représentation
graphique de cette équation nous est donnée par la figure 11.8a.

FIGURE 11.8a

**Demande excédentaire
et variation annuelle en % des salaires**

FIGURE 11.8d

Courbe de Phillips

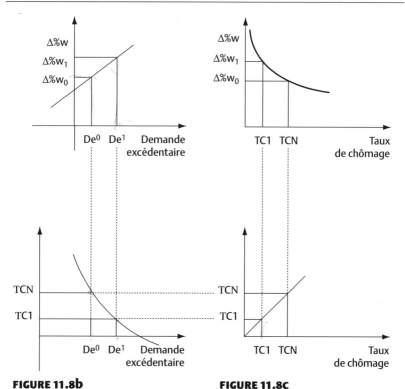

FIGURE 11.8b

**Demande excédentaire
et taux de chômage**

FIGURE 11.8c

Translation du taux de chômage

Dans cette figure, nous trouvons effectivement que les augmentations de salaire en pourcentage augmentent de $\Delta\%w_0$ à $\Delta\%w_1$ entre le moment où la demande excédentaire est de De^0 et celui où elle passe à De^1.

Si, par ailleurs, nous supposons qu'il s'établit une relation inverse entre la demande excédentaire et le taux de chômage, nous pourrons observer qu'une même augmentation de la demande excédentaire de De^0 à De^1 entraînera une baisse du taux de chômage de TCN à TC1. L'explication de cette relation inverse est simple. Supposons que la demande excédentaire peut être mesurée par les postes vacants offerts mais non comblés par les entreprises. Si les postes vacants et les annonces d'emploi augmentent dans l'économie, nous pouvons nous attendre à ce que le chômage recule parce que ces postes vacants seront éventuellement comblés par des chômeurs. Donc quand les postes vacants augmentent ou que la demande excédentaire de travail de la part des entreprises s'accroît, nous pouvons nous attendre à ce que le chômage baisse alors qu'à l'inverse nous pouvons nous attendre à ce que le chômage augmente lorsque la rubrique des offres d'emplois se dégarnit.

La figure 11.8c opère la translation du taux de chômage observé à la figure 11.8b de façon à le rabattre sur l'abscisse. La figure 11.8d importe le taux de chômage de la figure 11.8c sur son abscisse d'un côté et les variations annuelles de salaire de la figure 11.8a sur son ordonnée. Ce collage d'une partie des figures 11.8a et 11.8c sur la figure 11.8d nous fait découvrir la courbe de Phillips qui décrit une relation inverse entre le taux de chômage d'un côté et les variations annuelles en pourcentage des salaires de l'autre.

La raison pour laquelle il en est ainsi est qu'un accroissement de la demande excédentaire a deux effets. D'une part, il augmente les variations de salaire en même temps que, d'autre part, il diminue le chômage, ce qui nous permet de constater que les augmentations de salaire augmentent lorsque le chômage diminue.

Pour terminer, il convient de souligner que le taux de chômage observé précède les augmentations de salaire négociées. En effet, dans les négociations aussi bien collectives qu'individuelles, ce sont les observations à court terme sur l'état actuel du marché qui déterminent les augmentations de salaire qui s'appliqueront à moyen terme dans les mois et les années à venir.

La détermination des prix

En concurrence pure et parfaite, le processus de détermination des prix se fait au point de rencontre entre l'offre et la demande. Dès que ce prix est déterminé par le marché, il devient un incontournable pour les entreprises qui n'ont plus alors qu'à trouver le niveau de production qui maximise leurs profits. Pour que les règles de la concurrence pure et parfaite soient respectées, il faut toutefois que de nombreuses conditions soient respectées. Il faut notamment que l'information soit parfaite, que les produits soient parfaitement homogènes et que les entreprises n'aient aucune influence sur le prix, ce qui est rarement le cas. En pratique, les entreprises tiennent compte de la concurrence, mais il se peut également qu'elles s'appuient sur une règle et des données internes plus simples sur lesquelles elles ont plus de contrôle pour en arriver à une décision sur leurs prix.

En concurrence imparfaite, le prix et la production se déterminent là où le revenu marginal (Rmx) est égal au coût marginal (Cmx) de production. Le revenu marginal de production nous est donné par la formule :

$$Rmx = P - [(\Delta P/\Delta X) \cdot X]$$

où P = le prix, $(\Delta P/\Delta X)$ = la baisse de prix qu'il est nécessaire de pratiquer pour accroître ses ventes d'une unité ; X = les quantités qui autrement auraient été produites et vendues si le prix n'avait pas baissé.

Cette formule peut nous aider à trouver la règle recherchée si on la rapproche de l'élasticité de la demande pour le produit telle qu'elle est vue dans l'encadré du chapitre 2 : $e = (\Delta X/X)/(\Delta P/P) = (\Delta X/\Delta P) \cdot (P/X)$.

En prenant la réciproque de cette élasticité : $1/e = (\Delta P/\Delta X) \cdot (X/P)$, en isolant $(\Delta P/\Delta X)$ puis en substituant son équivalent $(1/e) \cdot (P/X)$ dans la formule du revenu marginal de production, nous obtenons

$$Rmx = P - [(1/e)(P/X) \cdot X] = P - [(1/e) P] = P [1 - (1/e)]$$

Soit : $Rmx = P [(e - 1)/e]$

Comme, par ailleurs, Cmx = Rmx à l'équilibre, il s'ensuit que :

$$Cmx = P [(e-1)/e],$$

c'est-à-dire que les prix, à l'échelle macroéconomique, sont égaux au coefficient « k » fois les coûts marginaux de production.

$$P = [(e/(e - 1)] Cmx = k Cmx \text{ où } k = [e/(e - 1)]$$

Le coefficient « k » peut être appelé « *mark up* » ou coefficient de majoration. Il représente le multiple qu'appliquent les fabricants et les marchands à leurs coûts (marginaux) de production pour décider du prix qu'ils demanderont à leurs clients. Ce coefficient, il est intéressant de le noter, varie en rapport inverse avec l'élasticité-prix de la demande. Plus la demande pour le produit est élastique, plus faible est la marge de manœuvre de l'entreprise. À l'inverse, toutefois, le pouvoir de l'entreprise sur la détermination du prix des biens et des services augmente lorsque la demande est inélastique.

Les conclusions de cette démarche sont que tout ce qui affecte les coûts marginaux de production (Cmx) affecte également les prix et donc que les variations en pourcentage des salaires ($\Delta \%w$) affecteront directement les prix (P) sur le marché, toutes choses égales d'ailleurs.

Au total, le raisonnement rétrospectif complet est le suivant :

1- La demande globale augmente de DG_0 à DG_1.
2- Le PIB augmente de Y^P à Y^1.
3- Il se crée une déviation du PIB par rapport à son potentiel : $(Y^1 - Y^P)/Y^P > 0$.
4- Cette déviation du PIB par rapport à son potentiel diminue le taux de chômage de TCN à TC1 à court terme. *Okun*
5- Les augmentations de salaire augmentent de $\Delta \%w_0$ à $\Delta \%w_1$ à moyen terme *Phillips*
6- Ce qui fait augmenter les prix de P_0 à P_1 et contribue à relever la courbe de l'offre globale à court terme de OG_{CT}^0 à OG_{CT}^1 à la figure 11.9. *à cause   markup*
7- Ce qui fait reculer le PIB de ~~PIB₁ à PIB₂~~ à moyen terme (point « c » de la figure 11.9). *Y^P Y^1*

Et le processus se répète : les prix augmentent tant que le PIB est au-dessus du potentiel et que le taux de chômage est au-dessous du taux de chômage naturel, jusqu'à ce que, finalement, l'offre globale de court terme rencontre en OG_{CT}^n l'offre globale à long terme OG_{LT} au point d'intersection « d » avec la nouvelle courbe de demande globale DG_1. Nous pouvons observer alors que le PIB est retourné à son point d'origine, soit le PIB potentiel Y^P mais à un niveau de prix P_n nettement supérieur au niveau de prix P_0 de départ. La distance franchie entre « a » et « b » à la figure 11.9 indique le court terme ; le déplacement de « b » à « c » le long de la demande globale DG_1 marque le moyen terme, tandis que le déplacement de « c » à « d » reflète le long terme.

FIGURE 11.9

Effets à court, moyen et long terme d'une politique monétaire ou budgétaire expansionniste

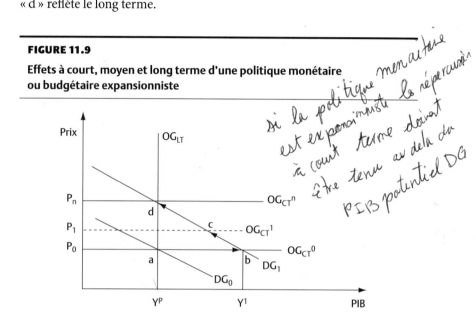

Ce modèle nous permet de dégager les quatre grandes leçons de la macroéconomie moderne.

Les quatre grandes leçons de la macroéconomie moderne

Les grandes leçons de la macroéconomie moderne sont :

1- Il est toujours possible pour un gouvernement de créer de l'emploi à court terme. Il lui suffit de déplacer la demande globale vers la droite (DG_0 vers DG_1 par la politique de son choix).

2- Mais, à moyen terme, ce même gouvernement devra réaliser qu'il existe une forme d'arbitrage entre l'inflation et le chômage (courbe de Phillips).

3- À long terme, toute tentative de créer de l'emploi au-delà du PIB potentiel est vouée à l'échec car elle ne réussira qu'à créer de l'inflation (retour du PIB à son potentiel).

4- La seule façon d'augmenter la richesse de manière durable consiste à déplacer la courbe d'offre globale de long terme (OG_{LT}) vers la droite, c'est-à-dire de développer les capacités productives de l'économie.

Les politiques publiques qui visent à déplacer l'offre globale de long terme vers la droite et à augmenter le PIB potentiel s'appellent des politiques de croissance économique. Elles font l'objet du chapitre suivant.

12

CROISSANCE ÉCONOMIQUE ET FINANCES PUBLIQUES

À travers le temps, le revenu réel des Québécois et des Québécoises s'est accru de façon marquée. En 1985, le PIB en dollars constants de 1997 était de 22 821 $. En 2003, il était de 30 829 $. C'est une progression et un enrichissement de plus du tiers, soit de 35,1 % en 18 ans ou d'un peu plus de 1,5 % par année.

Sur le plan international on peut constater qu'il existe toujours d'importantes disparités de revenus entre les pays (voir tableau 12.1). Le produit intérieur brut *per capita* en parité de pouvoir d'achat variait entre 25 000 $ et 30 000 $US pour la plupart des pays industrialisés sauf aux États-Unis où le PIB *per capita* pouvait atteindre les 37 808 $. À l'autre extrême, nous pouvons observer les pays pauvres comme Haïti, le Népal, le Yémen, le Sierra Leone, dont les revenus *per capita* ne dépassent pas les 5 $US par jour par personne pour se nourrir, se loger, se vêtir et faire face à tous les autres besoins. Entre ces deux extrêmes, il y a des pays en émergence comme la Chine et l'Inde et certains autres pays du Sud-Est asiatique.

Ce qui fait la différence entre les pays pauvres et les pays riches est simple, c'est le taux de croissance économique. En effet, la recherche historique nous montre qu'avant l'année 1800 de notre ère, la richesse *per capita* des pays était uniforme et s'établissait à moins de 1 000 $US par habitant pour tous les peuples de la planète. Il n'y avait donc aucune disparité marquée de la richesse entre tous ces pays. La condition humaine est ainsi faite que les humains, depuis leur origine jusqu'à 1800, devaient vivre avec l'équivalent de ce montant qui pouvait varier en fonction des grandes famines ou des années dites « de vaches grasses ». Par ailleurs, ce n'était pas tout le monde qui disposait de ce revenu, il y avait nécessairement des disparités importantes entre les rois, leur cour et les classes populaires.

En fait, aussi loin que l'on puisse remonter dans le temps, ce ne serait qu'à partir de 1800, en Angleterre, qu'on peut situer le moment où il devient possible de parler, pour la première fois, de croissance économique, c'est-à-dire d'une augmentation des revenus qui dépasse de façon durable, pour ne pas dire permanente, celle de la population. Auparavant, quand les revenus augmentaient, ils étaient très tôt rejoints par une augmentation comparable de la population qui ramenait le revenu par habitant à celui qui existait auparavant.

Donc, si chaque pays est parti du même point de départ, la seule chose qui peut expliquer arithmétiquement la différence de résultat en un point donné du temps est la différence de parcours à travers le temps. Cette différence de parcours se manifeste dans la différence des taux de croissance économique par pays. En fait, si nous partons d'un PIB de 1000 $ par individu et par année auquel s'applique un taux de croissance annuel de 2,5 % par année, le PIB aura augmenté à 1 854 $ par habitant après 25 ans, à 3 437 $ après 50 ans, à 6 372 $ après 75 ans, à 11 814 $ au bout de 100 ans et à 40 605 $ au bout de 150 ans. À ce jeu, une simple différence de 0,5 % par année peut faire des différences très importantes sur une seule génération. En somme, ce qui fait qu'un pays est plus riche qu'un autre est dû au fait que le premier a connu un taux de croissance économique plus élevé que l'autre, et c'est pourquoi l'étude des facteurs explicatifs de la croissance économique est aussi importante.

Les théories de la croissance économique

Il existe deux principales théories de la croissance économique : la théorie de la croissance exogène et la théorie de la croissance endogène.

TABLEAU 12.1

Produit intérieur brut *per capita* ($US en parité de pouvoir d'achat)*, 2003

Pays	Dollars	En % des É.-U.	Pays	Dollars	En % des É.-U.
États-Unis	37 808	100	Haïti	1 635	4,3
			Rép. Domin.	6 703	17,7
Canada	31 887	84,3	Cuba	?	?
Québec	28 044	74,2	Mexique	9 317	24,6
Allemagne	26 401	69,8	Brésil	7 767	20,5
France	28 691	75,9	Argentine	11 586	30,6
Japon	27 989	74,0	Russie	9 195	24,3
Italie	26 452	70,0	Sierra Leone	556	1,5
Royaume-Uni	29 057	76,9	Népal	1 418	3,8
Suède	28 163	74,5	Maroc	4 012	10,6
Norvège	36 163	95,6	Rwanda	1 268	3,4
Pays-Bas	29 282	77,4	Chine	4 995	13,2
Belgique	28 491	75,4	Inde	2 909	7,7
Suisse	31 384	83,0	Liban	5 503	14,6
Danemark	29 926	79,2	Yémen	889	2,4

* Parité de pouvoir d'achat veut dire la conversion du PIB qui élimine les différences dans le coût de la vie entre les pays.
Source : Institut de la Statistique du Québec, <www.stat.gouv.qc.ca/economie et finances/ conjoncture/economique>.

La théorie de la croissance économique exogène

Dans sa version la plus simple, la théorie de la croissance économique exogène s'articule selon une version mathématique ou encore selon une version graphique. Nous allons d'abord examiner la version mathématique.

Un exposé mathématique

Si nous posons, au point de départ, que les disparités internationales des revenus dépendent fondamentalement des disparités dans le taux de croissance *per capita*, nous pouvons écrire que le revenu *per capita* de tout pays au cours de l'année (y) dépend du revenu dont il disposait au point de départ y_0 (que nous avons supposé égal à 1 000 $US) multiplié par 1 plus le taux annuel moyen de croissance économique Δy à l'exposant correspondant à « t » années plus tard, soit :

(1) $y = y_0 (1 + \Delta y)^t$ *Revenu PIB = revenu point depart $(1 + \text{taux croissance})$*

Cette formule qui met clairement en évidence le rôle de la croissance Δy dans l'explication du revenu observé à tout moment nous amène au questionnement suivant : qu'est-ce qui détermine la valeur de Δy, soit les différences internationales dans les taux de croissance économique par pays ?

Pour répondre à cette question, nous pouvons nous appuyer sur une fonction de production classique : *pour expliquer le taux de croissance Δy*

(2) $Y = F(K, L)$ où $Y =$ la production ; $K =$ le capital et $L =$ la main-d'œuvre,   *WP?* $\rightarrow$ *multiplien*

que nous pouvons diviser par L de part et d'autre pour obtenir des valeurs *per capita,* soit : *explication valeur per capita*

(3) $y = f(k)$ pour $y = Y/L$; $k = K/L$ et $L/L = 1$ est invariable.

Ce qui nous permet d'établir que :   *$Y = f(K) = Y = (\frac{K}{L}, \frac{L}{L})$*

(4) $\Delta y = g(\Delta k)$ *$\Delta y = g(\Delta K)$*

c'est-à-dire de découvrir que les taux de croissance économique par pays dépendent foncièrement de l'accroissement du stock de capital *per capita* (Δk) et donc de nous pencher sur ce qui peut déterminer cette autre variable de détermination de la richesse des nations.

Par définition :   *accroissement de K = investissement $\pm$ dépréciation*

(5) $\Delta k = i - d$ où « i » est égal à l'investissement *per capita* (I/L) et « d » représente la dépréciation du stock de capital *per capita.*

Le montant qui définit la dépréciation du stock de capital *per capita* « d » est égal au produit du taux de dépréciation du stock de capital « δ » multiplié par le stock de capital accumulé « k », soit :

(6) $d = \delta k$ *la dépréciation $= (\Delta d) \delta \times$ le stock*

Comme, par ailleurs, l'être humain peut difficilement agir sur les facteurs de dépréciation du capital physique dont le temps est le principal élément, il s'ensuit que la seule variable sur laquelle nous pouvons espérer intervenir pour favoriser le développement du stock de capital *per capita* est l'investissement *per capita* « i ». Mais, pour connaître les déterminants de « i », il est nécessaire de recourir à un petit modèle keynésien simple où le PIB *per capita* (y) est défini par la somme de la consommation *per capita* (c) plus l'investissement *per capita* (i), soit :

retour à 5 ?

phi $\Delta k \rightarrow$ o effet y $\uparrow$

(7) $y = c + i$

et où l'on peut redéfinir la consommation *per capita* comme étant le complément de l'épargne, soit :

(8) $c = (1 - s)\, y$ où $s = $ la propension moyenne à épargner (épargne divisée par le revenu).

En substituant cet équivalent de la consommation *per capita* dans l'équation (7), nous obtenons :

(9) $y = (1 - s)\, y + i$, ce qui nous permet, après avoir simplifié cette équation puis mis la variable « i » en évidence, de trouver que :

(10) $i = s\, y$

Cette dernière équation nous permet d'établir que l'investissement *per capita* « i » dépend de la propension moyenne à épargner « s » fois le revenu *per capita,* d'une part, et de conclure, d'autre part, que la richesse des nations dépend foncièrement des habitudes d'épargne de ses habitants.

Ce résultat, très important, peut être reconstitué de la façon suivante :

1. Les habitudes d'épargne décrites par « s » déterminent « i », le niveau des investissements *per capita* (équation 10).
2. L'investissement *per capita* « i » détermine la variation du stock de capital *per capita* Δk dans l'équation (5).
3. La variation du stock de capital détermine le taux de croissance du PIB *per capita* dans l'équation (4).
4. La croissance du PIB *per capita* détermine la richesse des nations telle qu'elle est définie par l'équation (1).

Donc, les habitudes d'épargne des populations « s » déterminent la richesse des populations « y ».

Un exposé graphique

Graphiquement, nous pouvons trouver l'équivalent de ces équations de la façon suivante :

Premièrement et tel qu'il est décrit par l'équation (3), nous pouvons supposer que le PIB *per capita* (y) dépend positivement du stock de capital *per capita* (k). C'est-à-dire que plus le stock de capital *per capita* augmente et plus nous pouvons nous attendre à ce que, tel qu'il est illustré à la figure 12.1, le PIB *per capita* (= f(k)) soit également élevé.

FIGURE 12.1

Accumulation du capital et PIB *per capita*

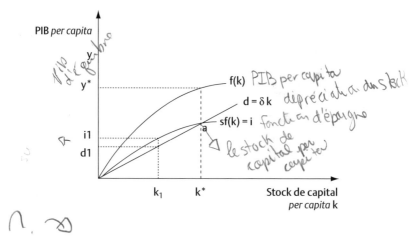

Deuxièmement, nous pouvons tracer la fonction d'épargne sf(k) comme étant une proportion « s » de la fonction f(k). Troisièmement, la fonction de dépréciation « d » peut être tracée par un segment de droite représentant la proportion δ de k. Au point d'intersection « a » entre ces deux courbes, se détermine le stock de capital *per capita* d'équilibre stationnaire k* qui, lui-même, détermine le PIB *per capita* d'équilibre stationnaire y*.

Le stock de capital d'équilibre stationnaire k* peut être qualifié de la sorte parce que tout autre niveau de « k » est instable. En effet, tout niveau inférieur k_1 donne un niveau d'investissement « i1 » supérieur à la dépréciation du capital « d1 » (à la figure 12. 1) et occasionne, par le fait même, une augmentation du stock de capital en direction de k*. Tout niveau supérieur à k* signifierait une dépréciation supérieure à l'investissement et donc un déclin du stock de capital et un retour vers k*.

De son côté, l'impact des habitudes d'épargne sur le PIB d'équilibre peut être facilement visualisé à l'aide de la figure 12.2.

FIGURE 12.2

Habitudes d'épargne et croissance du PIB

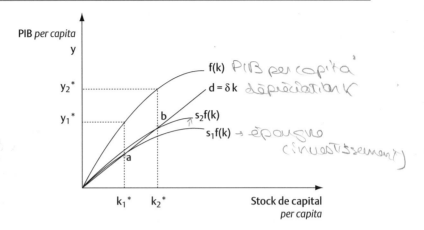

Dans cette figure, nous observons tout d'abord que des habitudes d'épargne s_1 définissent une fonction d'épargne $s_1 f(k)$ qui croise, au point « a », la fonction de dépréciation $d = \delta k$ pour donner lieu à un stock de capital d'équilibre stationnaire $k_1{}^*$, qui engendre un PIB *per capita* d'équilibre stationnaire $y_1{}^*$, tandis qu'un niveau supérieur d'épargne engendre une fonction d'épargne $s_2 f(k)$ supérieure à $s_1 f(k)$, qui croise en « b » la même fonction de dépréciation $d = \delta k$ pour former un niveau de capital d'équilibre stationnaire $k_2{}^*$ et un niveau de PIB *per capita* $y_2{}^*$ supérieur.

Autres facteurs de croissance

Parmi les autres facteurs de détermination de la croissance économique exogène, on trouve la croissance de la population d'un côté et le changement technologique de l'autre. Sur le plan de **la croissance de la population,** nous trouvons qu'il s'établit un rapport inverse entre la croissance de la population et le PIB *per capita*. En effet, si on complète le modèle précédent en y intégrant le taux de croissance de la population comme considération supplémentaire, nous aurions qu'à chaque année, l'investissement devrait être de $(d + n)k$ pour simplement assurer le maintien du stock de capital *per capita* existant. Si la population augmente de n %, il faut que le stock de capital augmente aussi de n % pour que rien ne change quant au ratio du stock de capital sur la population.

On peut intégrer ce nouvel élément démographique à la courbe « d » qui devient la courbe (d + n)k à la figure 12.3. Si, par exemple, la croissance démographique est n2 > n1, il s'ensuivra que la pente de la courbe (δ + n2)k sera plus élevée que la pente de la courbe (δ + n1)k et donc qu'elle croisera la courbe s f(k) en un point « b » plus rapproché de l'origine pour engendrer un stock de capital *per capita* stationnaire k_2^* inférieur à k_1^*. Si le stock de capital *per capita* k_2^* est inférieur au stock de capital *per capita* k_1^*, on doit alors s'attendre à ce que le PIB *per capita* y_2^* soit également inférieur au PIB *per capita* initial y_1^*.

FIGURE 12.3

Croissance démographique et PIB d'équilibre

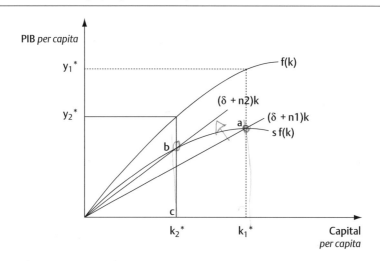

Le troisième facteur que permet de mettre en évidence la théorie de la croissance économique exogène est le changement technologique. Le changement technologique peut prendre diverses formes. L'amélioration des procédés de production d'un produit, la production de nouveaux produits comme la découverte de nouveaux médicaments et l'adoption de meilleures méthodes de gestion des ressources humaines sont autant d'exemples de changements technologiques.

À chaque fois qu'il y a amélioration technique, on peut dire que le nombre d'unités produites efficacement par la main-d'œuvre a augmenté. Pour intégrer ce concept dans la fonction de production, il suffit d'accoler à la variable main-d'œuvre L un terme E qui mesure ces unités d'efficacité technique. Tout se passe donc comme si la production Y dépendait premièrement du capital K puis d'une nouvelle variable qui est le produit de la main-d'œuvre existante L par le nombre d'unités de production efficace E :

(11) Y = F (K, L.E)

Si E augmente à cause d'une nouvelle technologie, la production de chaque travailleur sera d'autant augmentée. Et si, de plus, on évalue que E bouge au rythme de g % par année, on pourra établir que Y augmentera aussi de g % par année.

Dans le modèle de la croissance économique exogène, c'est l'épargne qui détermine le PIB *per capita* qui est accessible à chaque pays. Le dépassement de ce PIB d'équilibre stationnaire ne peut provenir, quant à lui, que d'un changement dans les habitudes d'épargne ou encore de changements technologiques exogènes parfaitement indépendants du fonctionnement interne de l'économie. Les découvertes techniques, scientifiques et organisationnelles fournissent l'élan nécessaire à la productivité qui pousse les revenus *per capita* à la hausse, mais les politiques gouvernementales ne peuvent susciter ces grandes découvertes.

Dans ce type de modèle, la variation observée du PIB pour un pays à travers le temps dépend strictement de trois facteurs qui s'additionnent l'un avec l'autre, soit : a) l'accroissement du stock de capital ; b) l'accroissement de la population active ; et c) un facteur résiduel composé de mesures qui augmentent l'efficacité économique comme, par exemple : 1- les innovations technologiques ; 2- l'amélioration de l'efficacité dans l'allocation des ressources ; et 3- les économies d'échelle.

Dans les études consacrées à l'estimation de l'importance respective des facteurs de croissance du PIB, il a été trouvé que c'est l'innovation technologique qui constituait le facteur explicatif le plus important. Sur le plan des politiques publiques, les gouvernements ont donc décidé de consacrer davantage de ressources et d'encouragements à la recherche et au dévelop-

pement (R et D). La recherche de l'amélioration de l'efficacité dans l'allocation des ressources a donné lieu à un mouvement de déréglementation des
industries du transport et des télécommunications alors que la recherche
d'économies d'échelle et de l'accès à de nouveaux marchés pouvant
augmenter la taille de la production a servi d'appui à des ententes de libéralisation et de mondialisation des échanges.

Finalement, pour compléter notre présentation du modèle de la croissance économique exogène, il convient de préciser que la relation entre le
stock de capital *per capita* et le PIB *per capita* est supposée concave en
raison de l'hypothèse des rendements décroissants qui s'applique à l'accumulation du stock de capital *per capita*.

La croissance économique endogène

Le modèle de la croissance économique endogène se distingue du modèle
de la croissance économique exogène de deux façons. Premièrement, la
relation attendue entre le PIB et le stock de capital *per capita* est linéaire
plutôt que concave à cause, notamment, du rôle particulier qui est dévolu
au capital humain. Deuxièmement, les effets des variables de détermination du PIB ne font pas que s'additionner. Ces variables ont aussi des effets
multiplicatifs et interactifs.

La formule la plus juste pour décrire le modèle de la croissance économique endogène est du type :

(12) $Y = AKLH$ *PIB = Progrès tech • Stock • Main do • Capital*

où Y = le PIB ; A = le progrès technologique, K = le stock de capital, L = la
main-d'œuvre et H = le capital humain.

Ce modèle est *multiplicatif* au sens où l'effet de l'une ou de l'autre
variable indépendante sur la variable dépendante varie en fonction de la
taille des autres variables indépendantes. Augmenter le stock de capital K
alors que la main-d'œuvre n'est pas formée (H) pour l'utiliser est beaucoup
moins productif et a beaucoup moins d'impact sur Y que d'effectuer la
même opération pour une population plus instruite. Par exemple, attribuer
des ordinateurs à une main-d'œuvre qui serait pratiquement analphabète
sera beaucoup moins productif que de les attribuer à une main-d'œuvre
déjà qualifiée et prête à en faire un usage efficace. À l'inverse, surqualifier

une main-d'œuvre déjà qualifiée sans lui adjoindre le matériel et les outils les plus perfectionnés pour travailler pourra être considéré comme une forme de gaspillage. La croissance doit donc être équilibrée.

Ce modèle est *interactif* au sens où les dépenses qui peuvent être affectées à l'une des variables indépendantes du modèle peuvent aussi changer la taille des autres variables du même modèle. Par exemple, une subvention en recherche et développement (R et D) peut mener à de nouveaux procédés de fabrication qui requièrent de nouveaux investissements en capital K, qui nécessitent à leur tour davantage de main-d'œuvre qualifiée H. L'augmentation des qualifications de la main-d'œuvre peut à son tour conduire à de nouveaux usages créatifs et innovateurs du capital en place qui favoriseront un certain progrès technologique, qui requerra à son tour de nouveaux équipements, et la roue tournera de façon à former un cercle vertueux. Dans ce contexte, les rendements du capital ne sont plus décroissants puisque l'apport de nouveaux capitaux conduit à l'amélioration du savoir qui lui ne connaît pas de rendements décroissants. C'est pourquoi on dit que le modèle de la croissance économique endogène ne connaît pas de limites et qu'il plaide pour une intervention accrue des gouvernements dans les outils du développement économique.

Les finances publiques

Dans les sociétés modernes, les gouvernements constituent l'activité économique la plus importante et la plus puissante à cause notamment de leur taille et de leurs pouvoirs de taxation et de coercition (police, armée) qui n'ont pas d'équivalent dans le secteur privé. Les finances publiques qui révèlent les revenus et les dépenses de l'État à chaque année donnent une lecture fidèle des orientations économiques réelles de ces gouvernements et s'avèrent d'une grande importance aussi bien pour leurs effets à court terme sur la conjoncture économique que pour leurs effets potentiels à plus long terme sur la croissance économique.

La dette publique

Un des enjeux importants qui peut affecter la conduite des affaires de l'État est la présence d'une dette publique. Dans les paragraphes qui suivent nous procédons à l'étude de cette question et à celle de ses répercussions sur la croissance économique.

Pour comprendre la dette publique, il faut tout d'abord comprendre ce qu'est un déficit public.

Un déficit public se définit par l'écart entre les dépenses et les revenus de l'État. Les déficits de l'État peuvent être de deux natures, soit un déficit primaire, soit un déficit global. Le déficit primaire se ramène à la comparaison des dépenses de programmes (éducation, santé, défense nationale...) avec les revenus de l'État (impôts sur le revenu, taxes à la consommation, droits d'accise et droits de douane...). Le déficit primaire exclut les intérêts que le gouvernement paie à son service de la dette, tandis que le déficit global les inclut. La distinction entre ces deux types de déficits a son importance, puisqu'il apparaît injustifiable de réaliser des déficits primaires autrement que pour pratiquer une politique keynésienne de soutien transitoire ou accidentel de la demande globale à court terme.

La dette publique d'un pays ou d'une province correspond à la somme des déficits passés. Si pendant 10 ans le gouvernement accumule des déficits de 10 milliards de dollars par année, sa dette publique sera portée à 100 milliards de dollars si celle-ci était nulle au point de départ. Au moment où nous écrivons ces pages, la dette publique du gouvernement du Québec est de l'ordre de 115 milliards de dollars, tandis que la dette publique du gouvernement du Canada se situe autour des 500 milliards de dollars. Les nouvelles règles de comptabilité adoptées par la plupart des gouvernements au Canada et ailleurs dans le monde permettent la co-existence de déficits zéro avec l'augmentation de la dette publique pourvu que les montants empruntés servent au financement de nouveaux investissements.

De façon pratique, l'étude du ratio de la dette publique sur le PIB donne un meilleur aperçu de l'ampleur relative de la dette. Dans le cas du Québec, ce ratio est de l'ordre de 44 % tandis que dans le cas du gouvernement fédéral, il est de l'ordre d'un peu moins de 40 %. Au total, cela fait un ratio d'un peu plus de 80 % pour l'ensemble des gouvernements fédéral et provincial au Québec. Ce ratio est en baisse depuis le sommet qu'il avait atteint au milieu des années 1990. À ce moment, il se situait à plus de 100 % du PIB québécois.

Le service de la dette

Pour les fins politiques toutefois, la statistique la plus importante et la plus pertinente est celle du service de la dette exprimé en pourcentage des dépenses gouvernementales :

$$\text{Service de la dette} = i\,D\,/\,G$$

où i = le taux d'intérêt ; D = la dette publique et G = les dépenses gouverne-mentales.

Le service de la dette représente ce qu'il y a de plus important sur le plan politique parce qu'il s'agit de dépenses pour lesquelles les gouvernements ne livrent pas de services explicites. Tout écart trop important entre les impôts payés et les services reçus par les contribuables menace la stabilité politique. Au Québec, le service de la dette mobilise à lui seul plus de 7 milliards de dollars (14 % du budget) contre plus de 35 milliards de dollars (16 % du budget) au niveau fédéral.

Pour contrôler et gérer le service de la dette, il convient de chercher à connaître ses principaux facteurs explicatifs. Les travaux effectués par Domar peuvent nous aider à les identifier. Ce qui importait pour Domar (1956) était moins la dette telle qu'elle se présentait à un moment donné mais la tendance imprégnée par la gestion des affaires courantes sur le long terme. Et c'est dans ce cadre de réflexion qu'il a pu établir que le ratio de la dette sur le PIB pouvait dépendre du ratio du déficit structurel exprimé en pourcentage du PIB (ds/Y) sur le taux de croissance annuel moyen de ce même PIB (Y), soit :

$$(12)\quad \frac{ds/Y}{\Delta\% \, Y} \longrightarrow \frac{D}{Y}$$

Cette formule requiert quelques explications. Tout d'abord, il importe, dans un premier temps, de définir ce qu'on entend par « ds », le déficit structurel, puis il importe, dans un second temps, de voir le rôle que peut avoir la croissance économique dans la définition de la dette publique et, éventuellement, dans le service de la dette.

Le déficit structurel

Un déficit structurel apparaît dès que les dépenses de l'État dépassent ses revenus alors même que le PIB atteint son potentiel.

Dans la figure 12.5, nous avons tracé un segment de droite G* qui représente les engagements fermes du gouvernement en termes de dépenses et de services à la population. Pour financer ces engagements, le gouvernement a besoin de revenus. La courbe T représente l'évolution anticipée de ses revenus de taxation en fonction du PIB. Dans les faits, ses revenus augmentent en proportion du PIB pour deux raisons. D'une part, les impôts sur le revenu s'appliquent à toutes les formes de revenus qui composent le PIB : salaires, profits ou bénéfices des sociétés tout comme les revenus d'intérêt ou les autres revenus de placement. Parce qu'ils prélèvent un pourcentage de ces mêmes revenus, les impôts varient dans le même sens que l'ensemble des revenus, c'est-à-dire qu'ils diminuent quand le PIB diminue et qu'ils augmentent quand le PIB augmente. D'autre part, les taxes sur les produits et services (TPS) et la taxe de vente du Québec (TVQ) sont deux taxes qui s'appliquent à plusieurs composantes des dépenses de

---

FIGURE 12.5

Déficit structurel

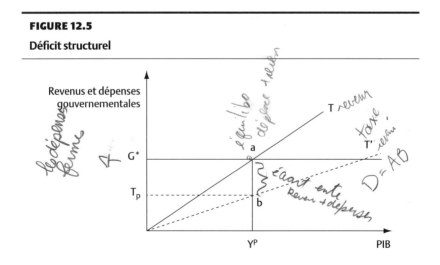

consommation courante qui constituent elles-mêmes la composante la plus importante du PIB.

Au point de rencontre « a » entre les courbes G* et T de la figure 12.5, nous trouvons un équilibre des dépenses et des revenus. Si le PIB qui correspond à ce point de rencontre est égal au PIB potentiel Y^P, alors on peut dire que le déficit structurel est nul ou inexistant. Dans ce cas, le ratio de la dette publique sur le PIB aura tendance à disparaître.

Si, toutefois, il arrive qu'il se forme un écart « ab » entre les taxes perçues T_p et les dépenses gouvernementales G* lorsque le PIB est égal au PIB potentiel, nous pouvons établir qu'il y a apparition d'un déficit structurel de la taille « ab ». Et c'est la taille de ce déficit structurel qui entre dans la détermination du ratio de la dette publique (D) sur le PIB (Y). Si, par exemple, ce déficit était de 6 % du PIB d'un côté et que la croissance du PIB était également de 6 %, on pourrait s'attendre à un ratio de la dette sur le PIB qui atteigne les 100 %, comme ce fut le cas du Canada au début des années 1990.

En fait, nous avons pu accumuler les preuves de l'existence d'un déficit structurel dans les finances publiques de nos gouvernements fédéral et provinciaux de 1975 à 1995 inclusivement. En 1975, les tables d'impôt du revenu étaient indexées au coût de la vie. Ceci avait pour effet de priver les gouvernements de revenus croissants avec l'inflation d'un côté. De l'autre côté, par ailleurs, les dépenses gouvernementales étaient indexées au coût de la vie, ce qui veut dire qu'elles augmentaient automatiquement avec l'inflation qui, à l'époque, était assez virulente. D'un côté les revenus étaient fixes alors que de l'autre les dépenses augmentaient.

La croissance économique

La croissance économique est un autre facteur qui peut affecter le ratio de la dette publique sur le PIB. Le rapport qu'elle entretient avec ce ratio est toutefois inverse. En effet, plus la croissance du PIB est élevée et plus le ratio de la dette publique sur le PIB diminue.

Un exemple simple peut nous aider à saisir les enjeux. Si les gouvernements s'engagent dans des déficits successifs de 10 milliards de dollars par année pendant 10 ans et que le PIB de départ qui est de 100 milliards de dollars reste inchangé, le ratio de la dette publique sur le PIB s'établira à 100 % après ces 10 années. Si, par contre, le PIB passe du simple au double pendant cette période, le ratio de la dette sur le PIB ne sera plus que de 50 %.

Une des raisons pour lesquelles il est important que les gouvernements favorisent la croissance économique est donc que le ratio de la dette sur le PIB a naturellement tendance à diminuer avec la croissance économique. À tel point qu'il peut paraître plus rentable à long terme d'investir dans ce facteur plutôt que de chercher à résorber la dette par des mesures qui risquent de réduire la croissance économique.

Les autres facteurs

Les autres facteurs qui influencent le service de la dette peuvent être trouvés en multipliant de part et d'autre la formule de Domar par « i » divisé par G/Y. Ce faisant, nous trouvons que le terme D/Y se transforme en service de la dette exprimé en pourcentage des dépenses gouvernementales :

$$(12) \quad \frac{i}{G/Y} \times \frac{D}{Y} = i \, D/G$$

tandis que la seconde composante de l'équation de Domar devient :

$$(13) \quad \frac{i}{G/Y} \times \frac{ds/Y}{\Delta\%Y} = \frac{i(ds/Y)}{\Delta\%Y(G/Y)}$$

qui nous livre les quatre facteurs explicatifs du service de la dette, puisque (13) = (12). Ces quatre facteurs sont le taux d'intérêt « i », le déficit structurel exprimé en pourcentage du PIB « ds/Y », la croissance annuelle en pourcentage du PIB « Δ %Y » et la taille relative de l'État dans le PIB « G/Y ». Dans ce dernier cas, on observe que le poids du service de la dette varie en rapport inverse avec la taille de l'État dans l'économie.

Trois exemples peuvent servir à illustrer la mécanique de cette formule.

Premièrement, nous supposons un déficit structurel de 3 %, un taux d'intérêt de 7 %, une taille de l'État égale à 40 % et un taux de croissance annuel du PIB de 4 % composé de 2 % d'inflation et de 2 % de croissance réelle. Le résultat est :

$$(14)\ \frac{iD}{G} = \frac{0,07 \times 0,03}{0,40 \times 0,04} = \frac{0,0021}{0,0160} = 13,1\ \%$$

Deuxièmement, nous supposons que la croissance réelle du PIB est nulle, mais que tous les autres paramètres restent les mêmes (intérêt à 7 %, déficit structurel à 3 % et inflation à 2 %). La croissance nominale du PIB est donc réduite à 2 % et le résultat est :

$$(15)\ \frac{iD}{G} = \frac{0,07 \times 0,03}{0,40 \times 0,02} = \frac{0,0021}{0,0080} = 23,3\ \%$$

Dans ce scénario, nous constatons que la simple annulation de la croissance économique réelle conduit les frais du service de la dette au-delà d'un seuil d'alerte qui serait situé à 20 % des dépenses publiques. En effet, à partir de ce seuil, les gouvernements doivent procéder à des diminutions de dépenses ou à des augmentations d'impôts qui risquent de nuire à la croissance économique et donc d'aggraver le problème de la dette et du service de la dette.

Troisièmement, nous supposons que le gouvernement passe outre à ces avertissements et laisse courir le déficit structurel à 6 % du PIB. Le résultat est :

$$(16)\ \frac{iD}{G} = \frac{0,07 \times 0,06}{0,40 \times 0,02} = \frac{0,0042}{0,0080} = 52,5\ \%$$

Un tel ratio peut difficilement être atteint parce qu'à partir de 40 %, il y a crise et normalement cette nation ne sera plus capable d'emprunter sur le marché international des capitaux. Les gouvernements doivent relever les impôts et réduire leurs dépenses sociales à un tel point que les grands équilibres macroéconomiques sont rompus et qu'il y a alors risque d'effondrement social.

La contrainte budgétaire intertemporelle des gouvernements

Au total, nous venons de voir qu'il est important que les gouvernements respectent les grands équilibres macroéconomiques en ce qui a trait aux finances publiques. Les règles à respecter pour garder cet équilibre peuvent être étudiées à partir de l'équation de la contrainte budgétaire intertemporelle des gouvernements :

dépense   *revenu*

$$G_c + G_i + Tr + iD = T + \Delta A + \Delta B + \Delta D$$

Où G_c = les dépenses de programmes, c'est-à-dire les dépenses courantes en termes de biens et de services livrés à la population ; elles se composent principalement de dépenses salariales versées aux employés de l'État (santé, éducation, environnement…),

G_i = les dépenses du gouvernement en termes d'infrastructures collectives : systèmes d'égouts, d'aqueducs, routes, écoles, hôpitaux, édifices publics, avions militaires, etc.,

Tr = paiements de transferts : aide sociale, assurance-chômage, pensions de vieillesse, bourses aux étudiants, subventions aux entreprises, paiements de péréquation du gouvernement fédéral aux provinces, etc.,

iD = le service de la dette, soit le produit du taux d'intérêt « i » par le montant de la dette « D »,

T = les taxes de vente, d'accises, les droits de douane, les impôts sur le revenu des particuliers, les impôts sur les profits des entreprises privées ou publiques et les tarifs (permis de pêche, permis de conduire, plaques d'immatriculation, frais de scolarité…),

ΔA = la vente d'actifs du gouvernement (aéroports, compagnies pétrolières telles que PetroCanada, routes, écoles, édifices, compagnies aériennes telles que Air Canada, compagnies d'hydroélectricité telles que Hydro-Québec, sociétés de la Couronne telles que Poste Canada…),

ΔB = l'augmentation de la base monétaire (gouvernement fédéral seulement),

ΔD = l'augmentation de la dette publique.

En tout temps, la portion de gauche, qui correspond aux dépenses, doit être égale à la portion de droite, qui correspond aux revenus. Tout nouveau projet de dépenses devra donc être financé par des compressions réalisées sur d'autres postes de dépenses ou par de nouveaux revenus perçus à même les postes de revenus. Il est à remarquer aussi que, pour tout taux d'intérêt donné, le service de la dette ne peut être réduit qu'à la condition de réduire la dette elle-même, que l'augmentation du taux des impôts peut nuire à la croissance économique, que la vente des actifs publics ne peut rapporter de l'argent qu'une seule fois et que l'augmentation de la base monétaire (fédéral seulement) peut produire un cycle ou une spirale inflationniste.

Dans les années à venir, le principal défi qui est posé à nos gouvernements est celui du vieillissement de la population et de nos infrastructures collectives (aqueducs, réseaux d'égouts et réseaux routiers). Dans ce dernier cas, il faut prévoir d'importants montants nécessaires au financement de travaux de très large envergure. Dans le premier cas, il est à prévoir une augmentation des dépenses publiques en même temps qu'une diminution des entrées fiscales. Les dépenses publiques risquent d'augmenter pour deux raisons. La première est relative à l'augmentation attendue dans les dépenses de soins de santé (G_c), car il est bien prouvé que c'est en vieillissant que ces coûts augmentent de façon substantielle. La seconde est liée aux montants des pensions (Tr) à verser. Ces montants seront d'autant plus importants qu'on s'attend à une hausse appréciable de l'espérance de vie chez les personnes âgées. Les entrées fiscales (T) quant à elles sont appelées à diminuer en raison du retrait de plus en plus important de personnes et de ménages de la population active.

Les solutions qui se présentent sont nombreuses, mais aucune n'apparaît à elle seule tout à fait satisfaisante. Tout d'abord, il y a les mécanismes du marché. Premièrement, si la main-d'œuvre se fait rare, les salaires vont augmenter et cela freinera quelque peu les sorties de la population active. Ces hausses de salaires pourront également attirer un certain nombre de retraités à retourner sur le marché du travail. Deuxièmement, la hausse des salaires conduit au remplacement du travail par du capital. La production des mêmes biens et services risque donc d'être davantage robotisée. Le cas japonais peut servir d'exemple à cet égard, puisque le Japon nous précède en cette matière. Par ailleurs, on pourrait chercher à prendre des mesures incitatives pour retarder la sortie des baby boomers du marché du travail et développer nos capacités d'accueil de nouvelles clientèles immigrantes.

Sur le plan des finances publiques, toutefois, il reste d'importants défis à relever. Parmi les divers scénarios qui se présentent, il y en a qui sont plus pressants que d'autres. Par exemple, il apparaît important que le gouvernement du Québec garde le cap sur la réalisation de budgets équilibrés. Il serait souhaitable de prévoir une réserve en cas de ralentissement de l'économie. Cette réserve pour éventualités pourrait se chiffrer à 1 milliard de dollars à chaque année. Si jamais elle était en excédent, elle pourrait servir en partie au remboursement de la dette et en partie à la formation et à la consolidation d'un fonds de prévoyance qui permettrait d'absorber des chocs plus importants que le milliard prévu à cet effet (Joanis et Montmarquette, 2004). Cette façon de procéder éviterait d'imposer aux jeunes d'aujourd'hui le fardeau plus lourd d'une taxation plus élevée dans le futur.

PARTIE 3

Les politiques de l'État

L'économie peut se diviser en deux grandes composantes : l'économie positive et l'économie normative. Cette troisième partie aborde spécifiquement les aspects normatifs de l'économie et des relations industrielles. La composante positive de l'économie consiste à chercher à expliquer les divers phénomènes, puis à soumettre ses idées à l'observation des faits, sans arrière-pensée et sans poser aucun jugement sur les phénomènes à l'étude ou sur leurs causes. Par exemple, si nous disons qu'un prix augmente parce que la demande augmente, nous ne posons aucun jugement particulier. Mais si nous affirmons que les prix sont trop élevés, nous posons un jugement de valeur. En se prononçant sur le bien ou le mal d'un état de fait et en nous apprêtant à émettre des recommandations pour corriger la situation, nous faisons de l'économie normative.

Le champ des relations industrielles constitue un terrain privilégié pour discuter des aspects normatifs de l'économie, puisqu'il n'y a pratiquement pas de situation où les patrons, les syndicats et les gouvernements ne se prononcent pas sur les états de fait, les politiques publiques et le rôle de l'État. Dans le prochain chapitre, nous abordons spécifiquement la question des politiques publiques et du rôle de l'État dans une économie de marché.

Poser un jugement normatif nécessite une définition de ce qui est bien et de ce qui est mal ainsi que des conditions qui doivent être respectées pour réaliser le bien. Les deux chapitres subséquents s'emploient à définir ce que nous entendons par « efficacité économique » puis à spécifier les critères qui doivent être satisfaits pour y arriver lorsque le marché n'y parvient pas tout seul. Il y sera notamment question d'optimum de Pareto, de biens publics et d'externalités ainsi que des principaux moyens d'intervention de l'état (programmes, taxation, subvention, réglementation…).

Dans le chapitre 16, nous nous intéresserons à la manière dont les décisions politiques sont prises et à leurs conséquences sur le bien-être collectif des populations. Dans le chapitre 17, nous nous pencherons sur des applications de l'économie normative à l'évaluation des programmes ou des activités gouvernementales spécifiques comme l'assurance-chômage, la tarification de l'électricité et les principaux programmes de redistribution du revenu.

13

ÉCONOMIE DE MARCHÉ ET RÔLE DE L'ÉTAT

Le contexte dans lequel se déroulent les relations industrielles influence grandement la pratique des conseillers en relations industrielles. Ce contexte, au sens large du terme, est celui du système économique.

Le système économique dans lequel nous nous situons est mixte, avec, d'un côté, celui du marché et, de l'autre, celui des politiques publiques et des institutions créées ou encadrées par l'État. C'est pourquoi le premier chapitre de cette troisième partie sur les politiques de l'État s'ouvre sur les trois grandes questions suivantes :

- Qu'est-ce qu'une économie de marché ?
- À quelles conditions une économie de marché fonctionne-t-elle bien ?
- Quel est le rôle et la place de l'État dans une économie de marché ?

Qu'est-ce qu'une économie de marché ?

De façon traditionnelle, les grandes questions auxquelles s'adresse la science économique sont : 1- Quoi produire ? ; 2 - Comment produire ? ; et 3 - Pour qui produire ? À ces trois questions traditionnelles, il faut en ajouter désormais une quatrième, à savoir : 4- Qui doit prendre les décisions de production : l'État ou le secteur privé ? Cette question a fait l'objet des grands débats du XXe siècle et, en ce début du XXIe siècle, elle n'est pas encore tout à fait résolue.

Une économie a une finalité et cette finalité est de servir au mieux les intérêts et le bien-être de la collectivité qu'elle dessert. On a pu entendre dire à cet égard que l'économie doit servir la population et non le contraire. La question se pose alors de savoir lequel des systèmes économiques dessert le mieux les intérêts et le bien-être des collectivités.

Une économie de marché est une économie qui confie aux marchés le soin de produire l'ensemble des biens et des services visant à assurer la survie, le bien-être, l'épanouissement et la pérennité d'une collectivité.

Une économie planifiée est une économie qui poursuit les mêmes objectifs mais qui est dirigée par un bureau central qui dresse les plans pour la production des biens et des services qui devront être produits et consommés par l'ensemble de la population pour des intervalles de temps donnés, disons de un à cinq ans par exemple.

Cet organisme est aussi chargé de déterminer les prix de chacun des biens et de fixer les salaires de chacun des employés. La propriété des entreprises est collective, de même que celle de tous les moyens de production. Les machines, les équipements, le sol et les locaux de production appartiennent tous à l'État. Rien n'appartient aux individus si ce n'est les vêtements qu'ils portent et la nourriture qu'ils consomment.

Dans une économie décentralisée, la propriété des entreprises est privée. Les entreprises n'appartiennent qu'aux propriétaires ou aux actionnaires, c'est-à-dire à ceux qui achètent ou qui détiennent les actions de la compagnie[1]. Les actionnaires délèguent leurs pouvoirs à des administrateurs qu'ils nomment et qui doivent leur rendre des comptes périodiquement.

Dans une économie de marché concurrentielle, c'est-à-dire là où il y a plusieurs producteurs qui fabriquent le même produit ou livrent des services comparables, c'est le marché qui détermine les prix et les salaires et non les entreprises elles-mêmes. Ces prix et ces salaires agissent alors à leur tour comme des signaux qui canalisent, coordonnent, orientent et réorien-

---

1. Une action est un titre de propriété d'une entreprise. Elle est négociable à la Bourse, elle donne droit de vote aux assemblées des actionnaires et elle donne accès aux dividendes versés à même les profits de l'entreprise.

tent les ressources aussi bien humaines que physiques entre leurs différentes affectations possibles.

Tout comme un être humain peut œuvrer dans une profession, une industrie ou une région spécifique, les matières premières, de même que l'outillage, peuvent être affectés à différents usages. Ce sont, dans chacun de ces exemples, une affectation possible et, dans une économie de marché, il appartient aux marchés de coordonner, d'orienter et de réorienter ces activités et ces usages dans le respect des préférences des uns et des autres et de ce qui devrait être leur meilleure utilisation possible. Une économie de marché ne réalisera pleinement ces objectifs que sous certaines conditions seulement.

À quelles conditions une économie de marché fonctionne-t-elle bien ?

Pour qu'une économie de marché fonctionne bien, il faut que les incitations appropriées soient claires et nettes. Sans ces incitations, pourquoi devrait-on poursuivre de longues études et travailler toute une vie ?

Les économies de marché fournissent des incitations à travers les signaux que constituent les prix.

Tout comme les salaires qui renferment une très grande quantité d'informations sur la qualité de la main-d'œuvre et la nature des emplois, les prix condensent une multitude d'informations relatives à la qualité du produit, à sa nature, à son coût et à sa rareté. Ces prix nous disent qu'il faut économiser de tous les biens qui ont nécessité le déploiement d'énergies et d'efforts humains en vue de transformer la matière pour la rendre utile et agréable et qui puisent à même nos ressources naturelles rares et souvent non renouvelables.

Les prix sont aussi comparables à des votes. Si j'achète un meuble dont le prix est plus élevé qu'un autre, c'est peut-être parce que mes préférences pour ce meuble sont plus grandes et donc que je lui accorde plus de votes en cédant plus de dollars pour l'obtenir. Autrement dit, si un vote égale un dollar ; dix dollars seront égaux à dix votes, et ainsi de suite pour des objets ou des services de plus en plus chers.

En se fiant aux prix que sont prêts à payer les consommateurs, les entreprises peuvent déterminer les goûts et les préférences des consommateurs.

Si la demande pour les aliments naturels (« biologiques ») augmente en raison des goûts de la population, le prix de ces aliments augmentera, les agriculteurs chercheront à en cultiver davantage et il y en aura davantage sur le marché. Pour que les prix jouent ce rôle toutefois, trois conditions doivent être satisfaites.

Premièrement, il faut qu'il y ait de la **concurrence,** c'est-à-dire qu'il y ait un grand nombre de producteurs et de consommateurs sur un même marché. D'une part, la concurrence entre les entreprises privées constitue une puissante incitation à l'élimination du gaspillage parce qu'elle pénalise les firmes non compétitives en ce qui a trait à leurs coûts de production. D'autre part, les monopoles demandent des prix exagérément élevés et offrent des produits en moins grande quantité, alors que les monopsones embauchent moins et paient des salaires plus bas, ce qui, dans chacun de ces cas, entraîne des distorsions dans l'allocation des ressources qui causent, à leur tour, des revenus et des niveaux de production inférieurs à ce qu'ils auraient été autrement.

Deuxièmement, il faut que les entreprises aient la possibilité de faire des **profits**. En effet, la volonté et la possibilité de faire des profits est un puissant moteur qui incite les entreprises à répondre à la demande exprimée par les consommateurs et aux signaux que représentent les prix. Autrement dit, le mécanisme des profits incite les entreprises à produire les biens et les services recherchés par les consommateurs. Si les prix augmentent parce que la demande pour un produit augmente, il faut que ce soit là un signe pour l'entreprise que c'est plus payant d'en produire davantage ou pour inciter d'autres entreprises à entrer sur le marché.

Troisièmement, pour que la possibilité de faire des profits joue son rôle, il faut que les entreprises aient la possibilité de conserver au moins une partie de leurs profits. Ces **droits de propriété** sont tels que les propriétaires des entreprises puissent disposer de leurs biens à leur guise aussi bien que de les vendre, à leur gré, quand bon leur semble. De façon générale, le système de la propriété privée incite les individus à investir dans les entreprises et à entretenir convenablement les actifs dont ils disposent.

Incitations, prix, concurrence, profits et droits de propriété constituent donc les mots clefs du bon fonctionnement d'une économie de marché. Ils représentent les conditions nécessaires pour qu'une économie de marché fonctionne bien en théorie, mais ils n'en constituent pas tout à fait les conditions suffisantes pour qu'elle fonctionne bien en pratique. En effet, pour que les marchés soient pleinement efficaces en pratique, il faut que de nombreuses autres conditions soient satisfaites et souvent même que l'État intervienne.

Quel est le rôle et la place de l'État dans une économie de marché ?

Les raisons de l'intervention de l'État sont au nombre de six :

1. **La loi et l'ordre.** L'État doit s'assurer que les droits de propriété ainsi que la loi et l'ordre sont respectés dans le pays. Autrement, il n'y a pas de marché possible. Pour ce faire, l'État doit instituer un cadre légal et réglementaire qui fait en sorte que les ententes et les contrats conclus librement entre particuliers ou entre groupes d'individus soient dûment respectés. Il doit aussi disposer des pouvoirs et des moyens nécessaires pour qu'il en soit ainsi, à l'aide, notamment, d'un système de justice formelle et des forces de sécurité policière appropriées. Dans une économie sans police, il est à prévoir que les gens devraient consacrer beaucoup de temps et d'énergies à se protéger contre le vol et le pillage. La production de biens de consommation et le niveau général de bien-être seraient sensiblement réduits.

2. **Les biens publics.** L'État doit voir à ce que la bonne quantité de biens publics soit produite et distribuée à la population. Un bien public est un bien dont les coûts marginaux de production sont nuls et dont les coûts d'exclusion sont très élevés. L'éclairage municipal est un bien public. Il n'en coûte pas plus cher en éclairage à la municipalité qu'il y ait un passant de plus la nuit sur les trottoirs municipaux alors qu'il en coûterait très cher de chercher à l'exclure de cet éclairage. Il en va de même de la défense nationale qui, à ce titre, constitue un bien public pur. Il convient de noter toutefois que le fait que l'État doit s'assurer que la bonne quantité de biens publics est produite ne signifie pas automatiquement qu'il doit la produire lui-même ou qu'il doit être le seul à en assumer la production.

3. **Les externalités.** Une externalité se définit par une retombée involontaire d'une activité sur une autre personne ou sur une autre activité. Les externalités peuvent être positives ou négatives.

Une externalité est **négative** lorsqu'elle nuit à d'autres personnes ou à d'autres activités : la fumée secondaire nuit aux autres personnes dans l'entourage immédiat du fumeur ; la pollution d'un cours d'eau associée à la production de papier journal peut s'avérer nuisible à des activités de pêche ou encore de natation des habitants en aval de ce cours d'eau ; le bruit et la pollution associés au passage des motoneigistes nuit au calme, à la quiétude et à la paix de l'esprit auxquels ont droit les personnes qui résident en campagne.

Une externalité est positive lorsque, au contraire, l'activité améliore le bien-être d'autres personnes ou favorise le développement d'autres activités : la formation générale donnée par une entreprise à ses employés comporte des externalités positives parce que cet employé peut se servir de cette formation pour un employeur concurrent. L'entreprise qui donne cette formation génère donc une ou des externalités positives pour les autres entreprises.

Quand les externalités négatives ne sont pas suffisamment internalisées, c'est-à-dire que le producteur ne paie pas ce qu'il doit payer pour le dommage qu'il crée aux autres, on dit que le marché privé produit trop de ces biens. Quand l'externalité positive n'est pas adéquatement récompensée, on dira plutôt que le système de marché n'en produit pas assez. L'État dispose de multiples moyens pour gérer les externalités soit : 1- la taxation ; 2- les subventions ; 3- la réglementation ; et 4- la marchandisation.

4. **Les marchés incomplets.** Les marchés incomplets sont des situations où le secteur privé ne produit pas spontanément de réponse aux besoins exprimés par la population. Par exemple, et pour ne nommer que quelques cas, nous avons pu constater à travers le temps que les entreprises privées n'ont pas satisfait correctement la demande pour l'assurance chômage, l'assurance-maladie, les services de garde, la protection des dépôts des petits épargnants ainsi que l'accès au capital financier pour les prêts aux étudiants, pour l'acquisition d'une résidence personnelle auprès des ménages et des

familles et les garanties de prêts aux entreprises exportatrices. Dans chacun de ces cas, les gouvernements se sont sentis en droit d'intervenir et de combler ces besoins que ne comblait pas adéquatement et spontanément le secteur privé.

5. **L'information imparfaite.** Les marchés privés opèrent de façon théoriquement efficace dès que l'information est parfaite, symétrique entre les acheteurs et les vendeurs et connue de tous. À partir du moment où cette information n'est plus parfaite parce qu'elle est difficile et coûteuse à connaître par l'une, par l'autre ou par les deux parties, le gouvernement est en droit d'agir et de chercher à fournir cette information. C'est le cas plus particulièrement des maladies professionnelles en matière de santé et de sécurité au travail, de la Loi sur les corporations professionnelles et des lois sur la protection du consommateur qui contraignent les entreprises à informer les consommateurs des ingrédients qui composent un produit ou des dangers associés au mauvais usage de certains produits.

6. **La redistribution du revenu.** Nous formons une collectivité où les fortunes de tous et de chacun sont fort diverses. Dans ce contexte, il peut se produire d'importantes inégalités de revenus attribuables à différents facteurs incontrôlables par les individus eux-mêmes tels que la discrimination sociale, la maladie, un accident ou la mort d'un proche qui représentait le principal soutien financier du ménage. Plusieurs estiment que l'État est en droit de procéder à la redistribution du revenu des plus riches aux plus pauvres. Le marché génère des inégalités et, bien souvent, gère des injustices. Si la population est gênée par l'ampleur de ces inégalités et de la pauvreté qui en découle, l'État peut intervenir pour chercher à les corriger, les réduire ou même les éliminer. Ses principaux moyens d'intervention sont les impôts sur le revenu et les programmes sociaux. Dans les paragraphes qui suivent, nous verrons tour à tour les enjeux qui sont liés à chacune de ces interventions.

14

L'optimum de Pareto

L'optimum de Pareto peut être étudié sous deux angles. Il peut être étudié sous l'angle de la consommation, si l'on suppose un univers idéal où les êtres humains n'auraient pas à produire les différents biens et services et qu'ils n'auraient qu'à se les partager. Dans cette perspective, on doit se demander comment les biens et les services pourraient être mieux répartis entre les individus composant la société, compte tenu d'une distribution initiale des revenus et des biens ? Quel est le rôle du marché en cette matière ? Peut-il aider à mieux répartir ces biens et ces services, et sous quelles conditions y parviendra-t-il ? Par ailleurs, il convient d'intégrer l'univers de la production et d'identifier les conditions qui permettront d'éviter le gaspillage des ressources puis de résoudre simultanément le problème de la production et de la répartition efficace et optimale des biens et des services.

Dans ce chapitre, nous étudierons l'optimum de Pareto sous chacun de ces angles en commençant par l'énoncé des définitions de l'optimum de Pareto puis en étudiant successivement le rôle du marché et les conditions nécessaires à la réalisation des conditions d'optimalité tant sur le plan de la production que de la répartition du revenu.

Les définitions de l'optimum

L'optimum de Pareto est une autre façon de parler de l'optimum économique. C'est aussi une façon de rendre hommage à l'économiste Vilfredo Pareto né en 1848 et décédé en 1923 pour sa contribution importante et sa définition de l'efficacité sur le plan économique.

L'optimum de Pareto se définit par une situation où il est impossible d'augmenter le bien-être d'une personne sans détériorer celui d'une autre. En corollaire à cette définition, nous pouvons dire qu'une situation est inefficace sur le plan économique s'il est possible d'améliorer le bien-être d'au moins une personne sans nuire au bien-être de qui que ce soit d'autre. Ce concept est très proche des concepts d'amélioration parétienne et d'amélioration parétienne potentielle.

D'une part, on parle d'une **amélioration parétienne** lorsqu'une décision ou une action améliore le sort de quelqu'un sans détériorer le sort de quelqu'un d'autre. D'autre part, on parle d'une **amélioration parétienne potentielle** lorsque les gagnants peuvent compenser les perdants et qu'il reste encore quelque chose pour les gagnants.

Dans la réalité, on trouve rarement des situations d'améliorations parétiennes et encore moins de situations Pareto optimales, mais les situations d'améliorations parétiennes potentielles sont nombreuses. Dans le cas de la libéralisation des échanges par exemple, il y a des gagnants et des perdants et il est fort possible que les gains des gagnants dépassent les pertes des perdants, mais il est difficile de cibler et d'identifier clairement qui sont les véritables gagnants et ceux qui sont les véritables perdants. En pratique, nous disposons de programmes généraux de protection contre les risques de perte d'emplois ainsi que des programmes de protection ou de compensation des pertes de revenu indépendamment de la cause de ces pertes (assurance-emploi, aide sociale, régime des rentes du Québec…) et nous espérons qu'ils sont à la hauteur pour compenser équitablement ces mêmes perdants à même les taxes, les contributions et les ressources retenues sur les revenus (impôts et cotisations sociales) des gagnants. Il arrive parfois que des comités spéciaux soient mis sur pied pour relocaliser et faciliter le retour en emploi ou la prise de retraite hâtive des personnes déplacées.

En résumé, on peut retenir de cette analyse qu'il n'y a pas une mais trois définitions de l'optimum de Pareto, soit : 1) une situation où il n'est pas possible d'améliorer le bien-être d'une personne sans nuire au bien-être d'une autre ; 2) une situation où il est possible d'améliorer le bien-être d'au moins une personne sans nuire à qui que ce soit (amélioration parétienne) ; 3) une situation où les gains des uns peuvent plus que compenser les pertes des autres. Dans ce dernier cas, on parle d'amélioration parétienne potentielle.

Le marché est-il en mesure de conduire spontanément et naturellement à l'optimum de Pareto ? Dans les paragraphes qui suivent, nous verrons comment et sous quelles conditions.

Robinson et Crusoé

Dans l'histoire qui suit nous mettrons en présence deux personnages qui habitent une île déserte : Robinson habite les hauteurs et chasse le bétail. Crusoé habite la plaine et cueille les légumes. Le patrimoine dont ils disposent nous est donné au tableau 14.1. Le PIB de cette économie ne peut pas dépasser 100 unités de légumes et de viande. Au point de départ, Robinson dispose de 40 unités de viande et de 10 unités de légumes tandis que Crusoé dispose de 10 unités de viande et de 40 unités de légumes.

TABLEAU 14.1

Patrimoine individuel et collectif de Robinson et de Crusoé

	Viande	*Légumes*	*Total*
Propriété de Robinson	40	10	50
Propriété de Crusoé	10	40	50
Total collectif	50	50	100

Chacune de ces combinaisons de viande et de légumes peut être située sur une courbe d'iso-utilité ou courbe d'indifférence pour chacun des individus visés.

Dans la figure 14.1, nous avons représenté la situation de Robinson tandis que dans la figure 14.2, nous avons représenté celle de Crusoé.

FIGURE 14.1

Utilité et bien-être de Robinson

FIGURE 14.2

Utilité et bien-être de Crusoé

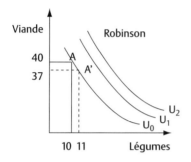

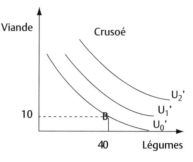

La combinaison de viande et de légumes dont dispose Robinson est représentée par le point A. La combinaison de viande et de légumes dont dispose Crusoé est représentée par le point B. Chacune de ces combinaisons se situe sur une courbe d'iso-utilité ou courbe d'indifférence qui signale un niveau d'utilité ou de bien-être pour chacun des individus concernés. La combinaison A donne un niveau d'utilité U_0 à Robinson. La combinaison B confère un niveau d'utilité ou de bien-être U_0' à Crusoé.

À partir de nos connaissances en matière de courbes semblables, nous pouvons dire qu'il s'agit de courbes à pente négative et convexes par rapport à l'origine et que la carte des courbes d'indifférence indique des niveaux croissants de bien-être au fur et à mesure qu'on s'éloigne de l'origine ou décroissants au fur et à mesure qu'on s'en rapproche. Par exemple, les niveaux d'utilité associés aux combinaisons de légumes et de viande situées sur la courbe U_2' de Crusoé sont supérieurs aux niveaux d'utilité associés aux combinaisons de légumes et de viande situées sur la courbe d'utilité U_1'.

La propriété sur laquelle nous insisterons est que la pente de chacune des courbes d'indifférence se doit d'être décroissante de gauche à droite ou croissante de droite à gauche et qu'elle traduit à chaque fois le taux marginal de substitution entre les biens X (légumes) et Y (viande).

Dans la figure 14.1, nous sommes en présence d'une situation où consommer 40 unités de viandes et 10 unités de légumes ou consommer 3 unités de moins de viande, laisse Robinson parfaitement indifférent à condition de consommer 1 unité de plus de légumes. En suivant cet exemple, Robinson demeure sur la même courbe d'iso-utilité U_0 et il lui est parfaitement indifférent de consommer la quantité qui correspond au point A ou celle qui correspond au point A'.

Le taux marginal de substitution représente, pour sa part, la quantité de viande que Robinson est prêt à céder pour avoir une unité de plus de légumes. Dans notre exemple, ce taux est de trois pour un, c'est-à-dire que Robinson est prêt à sacrifier trois unités de viande pour disposer d'une seule unité de légumes supplémentaire. Après tout, il semble qu'il en a un peu ras le bol de consommer autant de viande et si peu de légumes.

Si nous poursuivons davantage la substitution de la viande par des légumes en nous déplaçant de gauche à droite sur l'axe horizontal, nous constatons que Robinson exigera à chaque fois de plus en plus de légumes mais qu'il deviendra éventuellement saturé de légumes. Pour garder un équilibre et un niveau de bien-être constant, il sera donc de moins en moins disposé à céder de la viande contre des légumes. La quantité de viande qu'il sera prêt à sacrifier pour une unité de légumes additionnelle diminuera, autrement dit le taux marginal de substitution diminuera de gauche à droite le long de la courbe d'utilité U_0.

La pente, ou taux marginal de substitution (TMS_{XY}) en chaque point d'une courbe d'indifférence, nous est donnée par la tangente en ce point, c'est-à-dire le segment de droite qui effleure à peine la courbe d'indifférence de l'individu en ce point. La figure 14.2a nous permet de constater que cette pente diminue de gauche à droite au fur et à mesure que s'élève la consommation de légumes de la part de Robinson.

Un exercice tout à fait identique peut être mené à la figure 14.2b et appliqué à la courbe d'indifférence de Crusoé avec les mêmes observations. Crusoé sera de moins en moins enclin à sacrifier des légumes pour de la viande au fur et à mesure que se raréfie sa consommation de légumes.

Formellement, le taux marginal de substitution entre toute paire de biens X et Y se définit par :

$$(1) \quad TMS_{XY} = \Delta^- Y / \Delta^+ X$$

c'est-à-dire la quantité de Y qu'un individu est prêt à sacrifier ($\Delta^- Y$) pour obtenir une unité de plus de X ($\Delta^+ X = 1$).

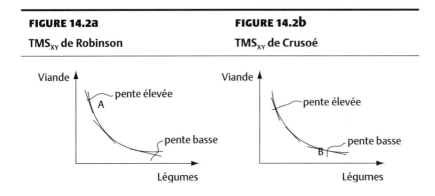

FIGURE 14.2a

TMS$_{XY}$ de Robinson

FIGURE 14.2b

TMS$_{XY}$ de Crusoé

En pratique, nous éliminons les signes apparaissant à côté des symboles de variation Δ et nous écrivons :

$$(1)' \ TMS_{XY} = \Delta Y / \Delta X$$

L'échange

L'échange, en théorie, permet d'augmenter le bien-être de tous et de chacun. Afin de le vérifier, il convient de réunir Robinson et Crusoé sur une même place publique et de leur permettre de découvrir les transactions qui leur seraient mutuellement avantageuses.

La façon de permettre aux deux individus de se rencontrer consiste à construire une boîte d'Edgeworth comme indiqué à la figure 14.3. Une boîte d'Edgeworth consiste à positionner la figure 14.2a de Robinson dans le coin gauche inférieur puis de renverser la figure 12.2b de Crusoé et de l'appliquer dans le coin droit supérieur de manière à former un rectangle ou un carré parfait. Le point « d » qui apparaît dans cette boîte à la figure 14.3 représente la situation de départ. Robinson dispose de 40 unités de viande et de 10 unités de légumes alors que Crusoé dispose de la portion restante de viande, soit 10 unités (axe latéral de droite), et de 40 unités de légumes. Autrement dit, Crusoé se situe dans le coin supérieur droit de la figure 14.3, tandis que Robinson se situe dans le coin inférieur gauche de cette même figure.

Le champ de développement des préférences de Robinson s'étend du coin inférieur gauche vers le coin supérieur droit. Le niveau d'utilité de

FIGURE 14.3

Boîte d'Edgeworth

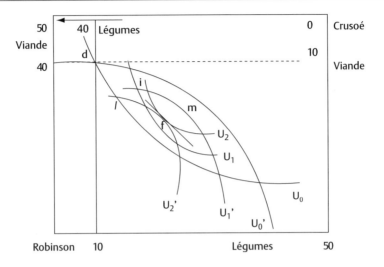

Robinson est plus élevé en U_2 comparativement à U_1 et à U_0. Le champ de développement des préférences de Crusoé s'étend du coin supérieur droit vers le coin inférieur gauche. Le niveau d'utilité de Crusoé s'avère donc supérieur en U_2' comparativement à U_1' et à U_0'. Les limites de consommation des deux individus sont de 50 unités de légumes et de 50 unités de viande.

Le point « i » représente une situation intermédiaire. Les deux individus ont échangé. Robinson dispose maintenant de moins de viande mais de plus de légumes, tandis que c'est le contraire pour Crusoé. Vraisemblablement, ce régime plus équilibré tant en ce qui concerne le goût que l'alimentation profite aux deux parties car le point « i » se situe sur une courbe d'indifférence plus éloignée de l'origine de Crusoé ($U_1' > U_0'$) tout autant que de Robinson ($U_1 > U_0$), mais ce n'est pas la solution optimale parce qu'il y a encore moyen de faire mieux en échangeant davantage.

La solution optimale se trouve au point « f » ou point final, car en ce point, il n'est plus possible d'améliorer le bien-être de qui que ce soit sans nuire à celui de l'autre. Le point « l » situé à gauche de « f » améliore le bien-être de Crusoé, mais au détriment d'une perte de bien-être pour Robinson.

En effet, comme on peut l'observer dans la figure 14.3, le point « *l* » se situe plus loin de l'origine de Crusoé, ce qui signifie une hausse de l'utilité de Crusoé ; mais il est plus prêt de l'origine de Robinson, ce qui signifie une baisse de l'utilité de Robinson. Par ailleurs, nous pouvons remarquer également que le point « *m* » situé à droite de « f » améliore le bien-être de Robinson, mais au prix d'une perte de bien-être chez Crusoé. En somme, quelles que soient les combinaisons retenues en dehors de « f », le bien-être de l'un, de l'autre ou des deux habitants de l'île s'en trouve toujours réduit par rapport à la combinaison optimale définie par le point « f ».

Il est à remarquer également qu'au point « f », les deux courbes d'iso-utilité de Robinson et de Crusoé se touchent à peine. La pente en ce point est exactement la même pour chacun d'eux et elle correspond à la pente du segment qui est tangent à l'une comme à l'autre courbe d'iso-utilité. Nous pouvons dire qu'en ce point, le taux marginal de substitution entre les légumes et la viande est exactement le même pour Robinson comme pour Crusoé et nous pouvons généraliser ce résultat en établissant que la condition technique pour laquelle nous atteignons un optimum de Pareto est la suivante : « *Un optimum économique ou optimum de Pareto est atteint lorsque les taux marginaux de substitution pour toute paire de biens sont égaux pour toute paire d'individus.* » Cette condition s'écrit :

$$(2) \ TMS_{XY}^{\ A} = TMS_{XY}^{\ B}$$

Une présentation plus intuitive de ce résultat peut s'appuyer sur l'exemple suivant. Supposons, au point de départ, que le taux marginal de substitution de Robinson est de 3 (unités de viande) pour 1 (unité de légumes), mais que ce taux est beaucoup plus faible pour Crusoé, disons qu'il n'est que de 1 pour 1.

Si nous empruntons 1 unité de légumes à Crusoé pour la remettre à Robinson et que ce dernier s'engage en retour à lui remettre 2,5 unités de viande, il en résulterait que le bien-être des deux habitants de l'île se serait amélioré. Robinson voit son niveau de bien-être relevé par une consommation additionnelle de 1 unité de légumes alors que Crusoé se retrouve avec 2,5 unités de plus de viande. Dans le premier cas, Robinson aurait été disposé à céder 3 unités de viande, mais il n'a eu qu'à en céder 2,5. Dans l'autre cas, Crusoé aurait accepté une compensation de 1 unité de viande. Il en a reçu 2,5.

Dans ces conditions d'amélioration du bien-être mutuel, on peut penser que Robinson et Crusoé poursuivront l'échange. Mais au fur et à mesure que se prolongent ces échanges, Robinson est de moins en moins disposé à se départir de viande contre des légumes. Son taux marginal de substitution pour de la viande diminue. Tandis que c'est le contraire pour Crusoé qui est de moins en moins enclin à se départir de ses légumes. À un moment donné, les taux marginaux de substitution s'égalisent. Chacun des individus est disposé à échanger 2 unités de viande contre 1 unité de légumes. Il n'y a plus de bénéfices à poursuivre les transactions. Les échanges s'arrêtent et nous avons atteint un optimum de Pareto.

Le marché

Pour étudier le rôle et l'effet du marché dans les transactions entre les individus, il convient maintenant d'introduire la notion de prix. Ceci peut se faire en se référant au concept de contrainte budgétaire.

Rappelons à cet effet les propriétés générales des contraintes budgétaires. Une contrainte budgétaire renferme l'ensemble des combinaisons linéaires de biens ou de facteurs de production qui épuisent le budget. La pente des contraintes budgétaires représente le prix relatif d'un bien par rapport à l'autre. Pour le vérifier, il suffit de se donner un exemple.

Soit la contrainte budgétaire suivante :

$$400\ \$ = 20\ X + 40\ Y$$

où 400 \$ est le budget total ; 20 est le prix à l'unité de X et 40 est le prix à l'unité de Y.

La pente de cette contrainte budgétaire nous est donnée par les quantités maximales qui peuvent être consommées de Y divisées par les quantités maximales de X qui peuvent être alternativement consommées. La quantité maximale de Y qui peut être consommée est de 10 unités (10 x 40 \$ = 400 \$). La quantité maximale de X qui peut être consommée avec le même budget est de 20 unités (20 x 20 \$ = 400 \$). Le ratio de la quantité maximale de Y sur le maximum de la quantité de X est de 10 sur 20, c'est-à-dire exactement le même ratio (1/2) que celui du prix de X (10 \$) sur le prix de Y (20 $). Donc, la pente de la contrainte budgétaire exprime le prix relatif du bien X sur le prix de Y.

La figure 14.4 illustre diverses contraintes budgétaires dont les pentes donnent différents prix relatifs du bien X par rapport au bien Y.

FIGURE 14.4

Pentes de contraintes budgétaires et prix relatifs

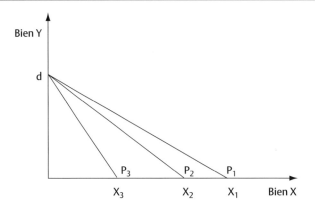

La pente de la contrainte budgétaire dP_1 représente un prix bas pour le bien X puisque le budget permet d'en acheter beaucoup (X_1 au maximum), tandis que la pente de la contrainte budgétaire dP_2 représente un prix plus élevé pour le même bien X puisqu'on peut moins s'en procurer ($X_2 < X_1$). Finalement, la pente de la contrainte budgétaire dP_3 représente un prix qui est encore plus élevé puisque la quantité maximale dont on peut disposer est encore plus petite : $X_3 < X_2 < X_1$. Donc, plus la pente de la contrainte budgétaire est élevée, plus le prix de X est élevé par rapport au prix de Y.

Si on introduit un commissaire-priseur qui, sur invitation expresse de Robinson et de Crusoé, lance le prix dP_1 à partir du point initial « d » de la figure 14.5, nous pourrons observer que Robinson désire en acheter beaucoup, soit une quantité X_1 plus grande que la quantité X_0 dont il disposait au point de départ. Crusoé est quant à lui déçu. Il hésite à céder autant de son bien X vu que le prix en est bas. L'offre de X par Crusoé correspond à B_1 et s'avère nettement inférieure à la demande telle qu'elle est exprimée par Robinson en A_1.

FIGURE 14.5

Lancement d'un premier prix par le commissaire-priseur

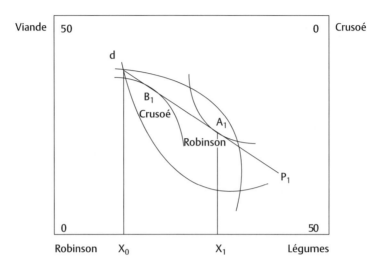

Le commissaire-priseur, constatant ce déséquilibre haussera donc le prix de X et la pente de la contrainte budgétaire se relèvera en dP_2, tel qu'il est indiqué à la figure 14.6. Si, comme indiqué dans cette figure, le prix de X est relevé à dP_2, la quantité de X que souhaitera avoir Robinson diminuera alors que la quantité que voudra céder Crusoé augmentera. Les équilibres correspondant aux points de tangence entre la nouvelle contrainte budgétaire dP_2 et les fonctions d'iso-utilité de Robinson et Crusoé se déplaceront de A_1 en A_2 puis de B_1 en B_2 respectivement. Les parties se sont rapprochées, mais elles ne sont pas encore parvenues à une entente.

Cela prend en fait une troisième enchère, au prix P_3 pour le bien X, pour faire en sorte que Crusoé fasse le pas additionnel pour vendre un petit peu plus de légumes à Robinson en même temps que ce dernier restreigne légèrement sa demande. Tel qu'il est indiqué à la figure 14.7, une entente est conclue au point de tangence entre la contrainte budgétaire dP_3 et les courbes d'iso-utilité de Robinson et de Crusoé qui seront elles-mêmes tangentes l'une par rapport à l'autre. En ce point, nous remarquons que la condition de l'optimum de Pareto est satisfaite, car les taux marginaux de

FIGURE 14.6

Lancement d'un deuxième prix par le commissaire priseur

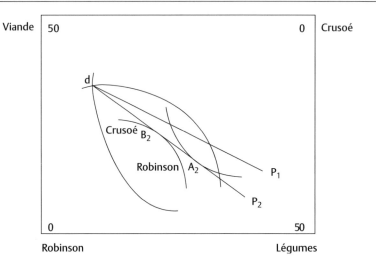

FIGURE 14.7

Le prix d'équilibre

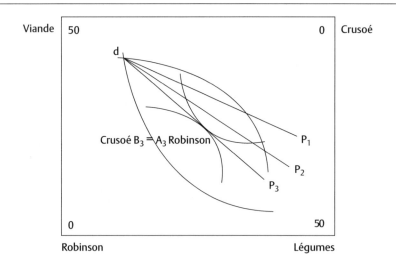

substitution sont les mêmes pour les deux individus : $TMS_{XY}{}^A = TMS_{XY}{}^B$ au prix P_3 établi par le commissaire-priseur, c'est-à-dire par le marché.

Si nous avions joint les diverses combinaisons A_1, A_2, A_3, d'un côté, et B_1, B_2, B_3, de l'autre, nous aurions obtenu, sur un même graphique, l'équivalent de l'offre et de la demande des différents biens X et Y avec, au point de rencontre « f », le prix d'équilibre P_3, qui aurait défini les quantités optimales de biens échangés entre Robinson et Crusoé.

La production

L'économie que nous avons décrite dans la section précédente était passablement simplifiée. Cet univers se rapprochait dangereusement du Paradis terrestre : il sonnait faux parce qu'il n'y avait pas d'activité de production spécifique. Les biens étaient donnés par la nature, et les habitants du pays n'avaient pas à travailler pour s'en procurer. Dans les faits, cependant, nous savons tous que c'est le lot de la très large majorité de la population que de devoir travailler et de se consacrer à une activité de production à la maison ou ailleurs sur le marché du travail. Pour avoir une idée plus complète et plus réaliste du fonctionnement d'une économie, il faut introduire la problématique de la production dans l'analyse.

La théorie de la production : un rappel

La théorie de la production stipule que les producteurs combinent le travail et le capital pour fabriquer un bien ou livrer un service. Nous avons déjà vu que cette production peut se faire de diverses façons, mais ce qu'il importe de soulever ici c'est que les mêmes ressources peuvent être utilisées à des fins différentes : on peut construire une machine (le capital) pour presser le papier, pour ciseler des instruments chirurgicaux ou pour modeler des objets d'art d'un côté, alors que le travail peut être alloué à l'industrie du papier, à la fabrication d'objets d'art ou encore à celle d'instruments chirurgicaux de l'autre côté.

Les figures 14.8a et 14.8b illustrent deux cartes d'isoquants qui montrent que les mêmes facteurs de production, soit le travail et le capital, pourraient aussi bien servir à produire des instruments chirurgicaux

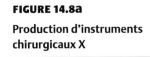

FIGURE 14.8a

Production d'instruments chirurgicaux X

FIGURE 14.8b

Production de papier journal Y

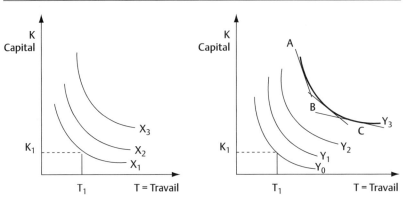

(14.8a) que du papier journal (14.8b). Par exemple, la même quantité de travail et de capital, T_1 et K_1, pourrait aussi bien servir à produire X_1, des instruments chirurgicaux, ou Y_0 du papier journal.

Les propriétés des isoquants ont déjà été rapportées ailleurs dans ce volume, mais il convient de rappeler deux nouveaux éléments d'information particulièrement importants pour la suite de l'analyse. Premièrement, supposer que les isoquants sont convexes c'est supposer que leur pente doit être décroissante de gauche à droite. Deuxièmement, cette pente porte un nom : le taux marginal de substitution technique entre le travail et le capital : $TMST_{KT}$. Si la pente en chaque point d'un isoquant peut être représentée comme c'est le cas avec les segments A, B et C tangents à l'isoquant Y_3 à la figure 14.8b, on constate alors que la pente diminue et s'aplatit au fur et à mesure qu'on se déplace de gauche à droite le long de cet isoquant. Le taux marginal de substitution technique représente l'aisance que l'on a à remplacer un facteur de production par un autre pour arriver au même résultat de production. En « A », par exemple, il est facile de remplacer le capital par du travail : la baisse importante de capital est vite remplacée par une toute petite hausse de travail. En revanche, il devient de plus en plus difficile de remplacer le capital et la machinerie par du travail au fur et à mesure que celle-ci se fait rare. En C, par exemple, la même baisse du capital nécessiterait une hausse majeure du travail.

Pour qu'une économie fonctionne au mieux de ses capacités et qu'il n'y ait aucun gaspillage de ressources, il faut que les facteurs de production soient répartis correctement entre leurs divers usages possibles. Il serait dommage de renoncer à un redéploiement des facteurs de production qui conduirait à l'augmentation de la production d'un bien sans nuire à la production de tout autre bien.

Pour que les facteurs de production soient répartis de façon correcte, nous dirons qu'il faut que leur répartition soit telle qu'il ne soit pas possible d'augmenter la production de l'un quelconque des biens sans devoir diminuer la production de l'autre. Autrement dit, tant qu'il est possible de réorganiser l'allocation des facteurs de production de façon à augmenter la production d'un bien sans diminuer la production de l'autre, nous ne sommes pas à l'optimum. Pour être certain d'avoir atteint un optimum sur le plan de l'allocation des facteurs de production, certaines règles doivent être suivies. Ces règles ou conditions d'optimalité sont que les taux marginaux de substitution technique (TMST) pour toute paire de facteurs de production doivent être les mêmes pour toute paire de biens, soit : $TMST_{KT}^{X} = TMST_{KT}^{Y}$, où X et Y sont les biens et K et T représentent le capital et le travail respectivement. Nous en faisons la démonstration dans la section suivante.

Les conditions d'optimalité dans l'allocation des facteurs de production

Graphiquement, le résultat précédent nous est donné par les points de tangence A, B et C entre les paires de courbes d'isoquants correspondant à la production des biens X et Y à la figure 14.9. La boîte d'Edgeworth dans cette figure confronte les cartes de courbes d'isoquants pour la production des biens X et Y.

La carte des courbes d'isoquants pour la production du bien X part du coin inférieur gauche 0_X. Les niveaux de production de X sont croissants du bas vers le haut, ce qui signifie que la production en X_1 est inférieure à la production en X_2, qui est elle-même inférieure à la production en X_3.

La carte des courbes d'isoquants pour la production du bien Y a pour origine le coin supérieur droit 0_Y. Les niveaux de production du bien Y augmentent au fur et à mesure que l'on s'éloigne de cette origine pour se rapprocher du coin inférieur gauche. La production en Y_3 est donc plus grande que la production en Y_2, qui est elle-même supérieure à la production en Y_1.

Les quantités de capital et de travail disponibles dans cette économie sont limitées à T^{MAX} et K^{MAX} et, par définition, la quantité de capital ou de travail utilisée pour la production d'un bien ne peut l'être pour la production de l'autre bien.

La preuve à l'effet que le point B, comme d'ailleurs tout autre point qui se situe le long de la ligne $0_X ABC0_Y$, donne lieu à une répartition optimale des facteurs de production consiste à montrer que tous les points situés à l'extérieur de ce type de combinaison sont inefficaces. En recombinant les facteurs de production différemment, nous pourrions produire davantage de l'un des produits sans avoir, de quelque façon que ce soit, à réduire la production de l'autre ou, mieux encore, nous pourrions parvenir à produire plus des deux biens à la fois.

Si, par exemple, nous choisissons le point H comme point de départ et que nous le comparons au point B, nous trouvons, comme indiqué à la figure 14.9, qu'il engendre un niveau de production du bien Y inférieur à Y_2 puisque l'isoquant (en caractère gras) sur lequel il se situe est plus rapproché de 0_Y que ne l'est Y_2. En revanche, cette même répartition des facteurs de production entre les biens X et Y engendre aussi une production inférieure du bien X parce que la combinaison de facteurs de production qui est attribuée à la production du bien X se situe sur un isoquant (en pointillé) plus rapproché de 0_X que ne l'est X_2. Autrement dit, un simple réaménagement de la répartition initiale des facteurs de production, soit, dans ce cas, un déplacement du capital du secteur d'activités X vers le secteur d'activités Y et du travail du secteur Y vers le secteur X (de T_H vers T_B à la figure 14.9), suffirait pour conduire à une augmentation dans la production de X et de Y.

En généralisant cette proposition, nous pouvons établir que tous les points situés le long de la ligne $0_X ABC0_Y$ constituent des points à partir desquels il n'est plus possible d'accroître la production d'un bien sans réduire la production de l'autre bien. Or, comme on peut le constater pour le point B, ce type d'allocation des facteurs de production correspond exactement à une situation où les taux marginaux de substitution tech-

FIGURE 14.9

L'allocation optimale des facteurs de production

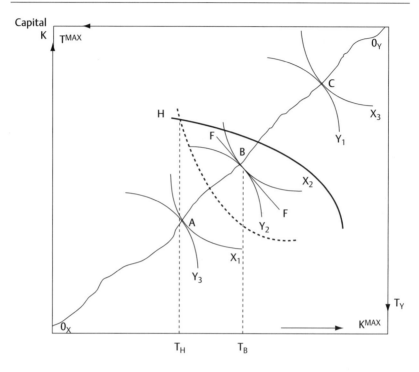

nique entre les facteurs de production sont exactement les mêmes pour toute paire de bien :

$$\text{TMST}_{KT}^{X} = \text{TMST}_{KT}^{Y}$$

ce qui représente la condition pour que les facteurs de production soient correctement alloués.

À l'extérieur de ces points de tangence entre les isoquants de X et de Y, l'allocation des ressources est inefficace et conduit, comme nous venons de le voir, à des niveaux de production qui peuvent être améliorés pour l'un des produits sans réduire la production de l'autre ou qui peuvent engendrer des niveaux de production plus élevés pour les deux produits à la fois. Autrement dit, on peut produire différentes quantités de X et de Y, mais on ne peut les produire n'importe comment. Cette liste de productions possibles et efficaces s'inscrit le long de la frontière des possibilités de production.

La frontière des possibilités de production

Les enjeux liés à l'établissement de la frontière des possibilités de production sont différents de ceux liés à la répartition optimale des facteurs de production. En fait, la frontière des possibilités de production suppose résolu le problème de la correcte répartition des facteurs de production. Elle résulte de l'ensemble des combinaisons efficaces qui formaient la ligne $0_X ABC0_Y$ de la figure 14.9.

Dans la figure 14.10, par exemple, apparaît tout d'abord les combinaisons de production de X et de Y correspondant au point A de la figure 14.9. En A, nous avions un niveau de production de X_1 faible, mais un niveau de production de Y_3 élevé.

Les combinaisons B, C et D de la figure 14.10 sont aussi théoriquement issues de la figure 14.9. La courbe des possibilités de production qui en résulte est concave par rapport à l'ordonnée à l'origine. Ce caractère reflète la spécialisation des facteurs de production et la difficulté de remplacer la production d'un bien par la production d'un autre bien au fur et à mesure que l'un des deux biens se fait rare. En B, à la figure 14.10, il a suffi d'une petite réduction de Y ($Y_3 \rightarrow Y_2$) pour amener une forte augmentation de X ($X_1 \rightarrow X_2$). En D, toutefois, il aura fallu une réduction beaucoup plus importante de Y ($Y_1 \rightarrow Y_0$) pour n'accroître que marginalement la production de X ($X_3 \rightarrow X_4$). Certaines machines sont conçues et certaines personnes sont formées pour la production dans un secteur donné. Les transférer dans un autre secteur complètement différent ne donne pas des résultats particulièrement significatifs.

La courbe ou frontière des possibilités de production PP est importante parce qu'elle nous permet de visualiser ce qu'une économie peut produire au maximum de ses capacités. Tout point H situé à l'intérieur de cette courbe témoigne d'une mauvaise allocation des ressources tandis que tout point H' situé à l'extérieur de cette courbe est inaccessible à court terme. L'économie n'a tout simplement pas les ressources ni la technologie pour parvenir à ces niveaux de production. Nous pouvons espérer toutefois que

FIGURE 14.10

La frontière des possibilités de production

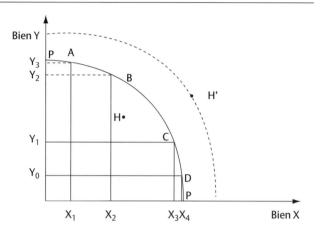

le changement technologique et l'amélioration de nos compétences pourront nous permettre d'y arriver un jour. La courbe des possibilités de production correspond donc ni plus ni moins au PIB potentiel.

Une des propriétés importantes de la courbe des possibilités de production est que sa pente nous donne le taux marginal de transformation (TMT) pour toute paire de biens X et Y. Cette pente, qui peut être illustrée par une tangente en chacun de ses points, correspond au sacrifice qu'il faut faire d'un bien pour obtenir davantage de l'autre bien. Elle révèle le coût marginal relatif du bien en question. Par exemple, si $TMT_{XY} = \Delta^-Y/\Delta^+X$, cela signifie que le coût d'une unité additionnelle de X est le sacrifice Δ^-Y (= CmX) alors que le coût d'une unité additionnelle de Y serait de Δ^-X (= CmY). C'est pourquoi nous pouvons écrire que $TMT_{XY} = Cmx/CmY$. Cette propriété du taux marginal de transformation des biens les uns contre les autres va s'avérer fort utile ultérieurement.

La réunion des conditions de production et de consommation

Pour réunir dans une même figure les conditions de production et de consommation optimales, il nous faut tout d'abord nous en référer à une courbe des frontières des possibilités de production PP à partir de laquelle nous pouvons tracer une tangente au point M qui donne le prix ou le coût de production d'un bien par rapport à l'autre. Ce point définit les quantités de X et de Y qui seront produites efficacement, c'est-à-dire là où le taux marginal de substitution technique entre le capital et le travail pour la production du bien X sera identique au taux marginal de substitution technique entre le capital et le travail pour la production du bien Y.

Ce point définit également une boîte d'Edgeworth à l'intérieur de laquelle une répartition optimale sera obtenue là où le taux marginal de substitution entre ces biens sera le même pour chacun de ces individus. Au point M' figurant dans la figure 14.11, la portion du PIB qui va à A est (X^A, Y^A) tandis que la portion du PIB qui va à B est ($X^B = X^{MAX} - X^A$, $Y^B = Y^{MAX} - Y^A$).

Au total, la réunion des conditions d'optimalité dans les domaines de la consommation et de la production répond aux grandes questions traditionnelles de l'économie : Quoi produire ? La réponse est Y^{MAX} et X^{MAX}. Comment produire ? La réponse est en combinant les facteurs de production de telle sorte que l'économie se situe le long de la frontière des possibilités de productions efficaces. Pour qui produire ? La réponse est pour A et B dans les proportions qui respectent les conditions de l'optimum de Pareto.

FIGURE 14.11

Quoi produire, comment produire et pour qui produire ?

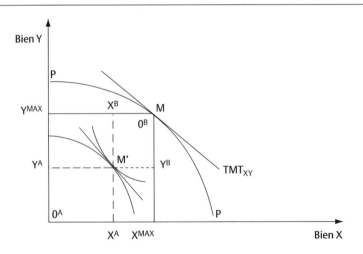

Dans le chapitre suivant, nous nous pencherons plus spécifiquement sur la quatrième question de l'économie : Qui doit produire, l'État ou le secteur privé ?

15

Biens publics et externalités

L'identification de ce qu'est un bien public est importante aussi bien pour les spécialistes de relations industrielles que pour la population en général. La raison en est qu'à partir du moment où un bien ou un service est classé bien public, il devient l'objet de préoccupations de la part de l'État. Autrement, s'il s'agit d'un bien privé, la production de chaussettes, par exemple, il est évident que cela n'est pas du ressort de l'État qui n'a pas à produire ni à se préoccuper de la quantité à produire. Le secteur privé y réussit généralement très bien.

Par ailleurs, pour les syndicats du secteur public, il est clair que leur étendue et leur rayonnement dépend en large partie de l'étendue et du rayonnement du secteur public et donc qu'il est dans leur intérêt de classer le maximum de biens dans la catégorie des biens publics. Pour l'entreprise privée, c'est le contraire. Dès que ce type d'entreprise entrevoit la possibilité de produire et de vendre un bien pour lequel le consommateur est prêt à payer un prix qui s'avère supérieur à son coût de production, elle a tout intérêt à ce que l'activité soit privée ou privatisée si elle ne l'est pas déjà.

Pour être produit par l'entreprise privée, un bien doit être parfaitement divisible et sa consommation doit être autant que possible exclusive. Il en est ainsi de la plupart des biens produits par l'entreprise privée. Prenons l'exemple suivant : vous achetez une chemise. C'est un bien parfaitement divisible. Nous pouvons compter : une chemise, deux chemises, trois chemises et ainsi de suite. L'entreprise privée peut donc en faire des lots séparés d'une unité à chaque fois et lui apposer un prix à l'unité. La consommation des chemises est parfaitement exclusive. Si je porte une chemise, personne d'autre ne peut la porter en même temps que moi.

Reprenons maintenant l'exemple de l'éclairage municipal. Il est indivisible. Tout le monde se trouvant à même distance d'un lampadaire municipal bénéficie du même éclairage. On ne peut fabriquer des carrés de lumière et on ne peut apposer un prix à chacun de ces carrés. La consommation de lumière issue de l'éclairage municipal n'est pas exclusive. Le fait que je consomme de la lumière issue d'un lampadaire en me promenant dehors n'empêche personne de la consommer. Donc, l'entreprise privée ne s'aventurera jamais dans la vente d'éclairage municipal parce qu'elle ne peut pas vendre des paquets de lumière aux individus, elle ne peut pas en tirer un prix pour chaque paquet qui coûterait moins cher à produire que le prix que seraient prêts à payer les individus et réaliser un profit. Si on laissait le soin à l'entreprise privée de prendre l'initiative de produire l'éclairage des rues, il n'y aurait pas assez d'éclairage municipal et il se peut même qu'il n'y en ait pas du tout… Et pourtant, l'éclairage municipal est quelque chose de sécuritaire et de fort utile pour ne pas dire essentiel pour bien des gens. L'éclairage municipal est un bien public. C'est un bien qui appartient à tout le monde en même temps, mais à personne en particulier. L'État doit se préoccuper de sa production et voir à ce que la bonne quantité de biens publics soit produite. Comment peut-on faire pour trouver cette quantité ?

La théorie de la valeur

Pour connaître la quantité optimale de biens publics dont la production doit être sous la responsabilité de l'État, il faut commencer par explorer la théorie de la valeur et effectuer le passage entre l'utilité des biens et leur prix.

Au tournant du XXe siècle, les économistes étaient préoccupés par le paradoxe suivant : Pourquoi le prix du pain qui est un bien essentiel est-il si bas alors que le prix d'un bien aussi peu essentiel à la survie humaine qu'est le diamant est aussi élevé ? La réponse à cette question a été trouvée au début du XXe siècle. Et celle-ci consiste à dire que le prix des biens n'est pas déterminé par leur utilité totale mais plutôt par leur utilité marginale. Dès lors, pour trouver la réponse à ce qui donne de la valeur aux biens, il convient de définir ce qu'on entend par utilité totale et utilité marginale tout d'abord, puis d'effectuer le passage entre l'utilité marginale et le prix des biens par la suite.

Utilité totale et utilité marginale

L'utilité totale d'un bien correspond à la somme de ses utilités marginales. Dans la figure 15.1a apparaît une représentation de l'utilité totale associée à la consommation de pain au petit déjeuner.

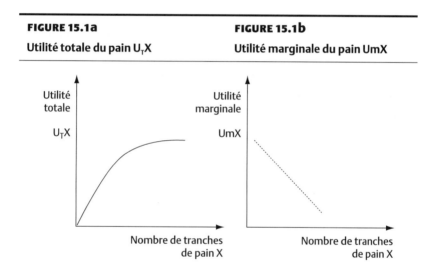

FIGURE 15.1a

Utilité totale du pain U_TX

FIGURE 15.1b

Utilité marginale du pain UmX

La première tranche de pain est très appréciée. Elle assure la survie de l'individu. L'utilité procurée par la deuxième tranche de pain peut s'avérer un peu moins appréciée pour un certain nombre d'individus et mène à une sensation de satiété. Néanmoins, pour bon nombre d'entre nous, la troisième tranche de pain est moins savoureuse que les deux premières et ainsi de suite pour les quatrième et cinquième tranches. En général, l'utilité totale augmente mais l'utilité marginale diminue : la cinquième tranche de pain apporte moins de plaisir (s'il en est) que la quatrième, que la troisième et ainsi de suite. Le graphique 15.1b donne une représentation de l'évolution de l'utilité marginale. L'utilité marginale se définit comme étant la variation de l'utilité ou du bien-être (ΔU) associée à l'augmentation d'une unité additionnelle du bien X ($\Delta^+ X = 1$). Elle s'écrit : UmX = $\Delta U / \Delta X$.

Un certain rapport peut être établi entre l'utilité marginale et le taux marginal de substitution. En effet, si nous nous rappelons que le taux marginal de substitution entre deux biens nous donne la quantité additionnelle de Y qui doit être offerte à un individu pour qu'il accepte de se priver d'une unité de X, nous pouvons écrire :

$$(1) \; TMS_{XY} = \Delta^+ Y / \Delta^- X$$

tel que (2) $\Delta^+ Y \cdot UmY = |\Delta^- X \cdot UmX|$
où $|\;|$ signifie : en valeur absolue.

Si l'utilité marginale associée à la consommation d'une unité de moins du bien X (UmX) est de 3 alors que l'utilité marginale associée à la consommation d'une unité de plus de Y (UmY) est de 1, il s'ensuit que la quantité additionnelle $\Delta + Y$ devra être égale à +3 pour compenser la perte de 1 unité de X :

$$(3) + 3 \cdot 1 = |-1 \cdot 3|$$

Par ailleurs, en divisant (2) par $\Delta X \cdot UmY$, nous obtenons que le taux marginal de substitution est égal au rapport des utilités marginales de chacun des biens, soit :

$$(4) \; \Delta^+ Y / \Delta^- X = TMS_{XY} = UmX/UmY$$

Comme, par ailleurs, le taux marginal de substitution est aussi égal au prix relatif du bien X par rapport au bien Y à l'optimum, il s'ensuit que :

$$(5) \; Px/Py = UmX/UmY$$

et donc que :

$$(6) \; Px = UmX \, [Py/UmY]$$

Si, pour terminer, nous convenons que le bien Y peut servir de numéraire, c'est-à-dire de bien qui sert au paiement des autres biens, il s'ensuit que :

$$(7) \; Px = \lambda \, UmX \; \text{pour} \; \lambda = (Py/UmY)$$

c'est-à-dire que le prix des biens (Px) est égal à un multiple λ ou à une proportion près de leur utilité marginale.

Dans un environnement où il existe un marché pour le bien X, le marché sert à déterminer le prix du bien et opère la transition ou le passage entre l'univers des utilités et l'univers des prix. Dans un environnement où ce marché n'existe pas (comme c'est le cas des biens publics), cela ne veut pas dire que le bien en question n'a pas de valeur monétaire. Nous définirons le bénéfice marginal d'un bien X (BmX) comme étant la valeur monétaire de ce bien, soit :

$$(8) \ BmX = \lambda \ UmX$$

où λ effectue la transition entre l'utilité marginale et la valeur monétaire de cette utilité.

Quelle quantité produire ?

Pour entreprendre l'étude de la détermination de la quantité optimale de biens publics à produire, il convient de retourner à l'exemple de Robinson et Crusoé.

Robinson et Crusoé se retrouvent donc à nouveau sur leur île et, après discussion, considèrent que la construction d'un lac ou d'un étang au pied des montagnes servirait bien leurs intérêts mutuels : l'un pour arroser ses légumes ; l'autre pour abreuver son bétail. Le lac ou le cours d'eau en question est, pour ainsi dire, un bien public parce que l'usage par l'autre de ce cours d'eau ne coûte rien de plus une fois qu'il est construit, d'une part, et parce que, d'autre part, il est pratiquement impossible ou trop coûteux d'empêcher l'autre de s'en servir pour ses fins. Dès lors, ni l'un ni l'autre n'est intéressé à creuser le sol parce qu'il absorberait tous les coûts et n'en toucherait qu'une fraction des bénéfices. Donc, personne n'entreprendra de construire le lac et tout le monde s'en trouvera moins à l'aise. Par ailleurs, même s'il se trouvait quelqu'un pour creuser le sol pour obtenir une mare, se pose encore le problème de la taille de cette mare. Veut-on ou doit-on construire un ruisseau, un étang ou un véritable lac ?

La frontière des possibilités de productions efficaces peut être illustrée dans cette économie par la courbe PP de la figure 15.2a. La quantité (taille) du bien public (étendue d'eau captive) G apparaît en abscisse tandis que l'ensemble, indistinctement, de biens privés X (légumes et viande) apparaît sur l'ordonnée.

FIGURE 15.2a

Courbe PP et courbe d'utilité de Robinson (A)

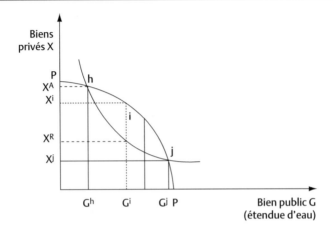

Si, par ailleurs, nous choisissons au hasard une courbe d'iso-utilité U^A pour Robinson, il s'ensuivra un résidu entre la courbe PP et la courbe U^A. Au point d'intersection « h » des deux courbes, nous trouvons que la quantité de biens privés consommés par Robinson est X^A tandis que la quantité du bien public consommé par Robinson et Crusoé est G^h. Il ne reste toutefois aucun bien privé pour Crusoé.

Au point « i », nous observons que la quantité totale de biens privés produite est X^i. Robinson a accès à une consommation égale à X^R. Crusoé a accès, quant à lui, à la portion $X^i - X^R$ pour sa propre consommation.

Au point « j », finalement, la quantité de biens privés consommés par Robinson est X^j, plus petite qu'en X^A, mais la quantité de bien public G^j disponible pour la consommation de l'un comme de l'autre habitant de l'île est abondante. Encore une fois, cependant, il ne reste plus de bien privé à la disposition de Crusoé.

La consommation de biens privés accessibles à Crusoé est donnée à la figure 15.2b. Cette consommation est nulle en G^h, elle atteint un maximum en G^i, puis elle redevient nulle en G^j. Lorsque nous superposons la carte des courbes d'iso-utilité de Crusoé sur cette figure, nous obtenons les niveaux de consommation de biens privés X^B et du bien public G^l qui maximisent le bien-être de Crusoé au point de tangence « f » entre la courbe d'iso-utilité U^B la plus éloignée de l'origine et la courbe de consommation résiduelle de Crusoé. Au point de tangence « f », se définirait alors la combinaison de biens privés et du bien public qui maximiserait la satisfaction de Crusoé sans diminuer la satisfaction de Robinson.

FIGURE 15.2b

Courbe de consommation et courbe d'utilité de Crusoé

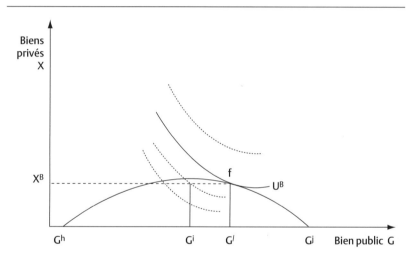

En ce point, la pente de la courbe d'iso-utilité de Crusoé est égale au taux marginal de substitution entre les biens X et G, soit TMS_{XG}^B en même temps qu'elle est égale à la pente de la courbe de consommation résiduelle de Crusoé. Or, cette pente est elle-même égale à la différence de pente entre le taux marginal de transformation de la frontière des possibilités de production (TMT_{XY}) et le taux marginal de substitution entre X et G pour Robinson, soit TMS_{XG}^A. Il en résulte qu'à l'optimum, nous obtenons :

$$(9) \quad TMS_{XG}^B = TMT_{XG} - TMS_{XG}^A$$

Ce qui revient à dire qu'à l'optimum le taux marginal de transformation doit être égal à la somme des taux marginaux de substitution, c'est-à-dire :

$$(10) \ \text{TMT} = \text{TMS}_{XG}{}^A + \text{TMS}_{XG}{}^B$$

Cette expression nous rapproche d'un des résultats les plus importants de la théorie des biens publics.

Si nous rappelons tout d'abord que $\text{TMT}_{XY} = \text{TMS}_{XY}$ à l'optimum puis que le taux marginal de transformation est égal au rapport des coûts marginaux de production, soit que $\text{TMT}_{XY} = \text{CmX}/\text{CmY}$, d'une part, et que les taux marginaux de substitution sont eux-mêmes égaux au rapport des utilités marginales, soit, $\text{TMT}_{XY} = \text{UmX}/\text{UmY}$, d'autre part, il s'ensuit que le rapport des coûts marginaux de production est égal au rapport des utilités marginales :

$$(11) \ \frac{\text{CmX}}{\text{CmY}} = \frac{\text{UmX}}{\text{UmY}}$$

Dès lors, pour $\text{UmX} = \text{Px}/\lambda$ et $\text{UmG} = \text{BmG}/\lambda$ issus de la définition des bénéfices marginaux privés et publics, nous obtenons, à la suite du renversement de (11) et pour Y jouant le rôle de bien public G

$$(12) \ \frac{\text{CmG}}{\text{CmX}} = \frac{\text{BmG}^A}{\text{Px}} + \frac{\text{BmG}^B}{\text{Px}} = \frac{\text{BmG}^A + \text{BmG}^B}{\text{Px}}$$

Soit qu'un optimum conjoint dans la production <u>et</u> l'allocation des biens publics est atteint lorsque le coût marginal de production du bien public est égal à la somme des bénéfices marginaux de ce bien pour chacun des individus A et B composant la population.

En effet, lorsque le prix des biens privés est déterminé en fonction de leur coût marginal de production, $\text{CmX} = \text{Px}$. Le dénominateur de l'expression (12) est donc vérifié et il en résulte que le numérateur CmG à gauche doit être égal au numérateur à droite, soit que $\text{CmG} = \text{BmG}^A + \text{BmG}^B$ ou encore que $\text{CmG} = \Sigma_i \, \text{BmG}^i$ pour $i = A,B$.

Graphiquement, tel qu'il est indiqué à la figure 15.3, cela donne que la demande pour les biens publics est égale à la somme verticale des bénéfices marginaux et que cette demande, une fois croisée avec l'offre de biens publics, définit la quantité G* qu'il est optimal de produire dans l'économie.

FIGURE 15.3

La production optimale de biens publics

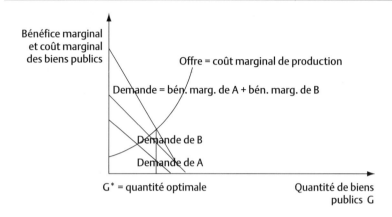

En ce point, il serait équitable que chacun paie selon le bénéfice marginal qu'il retire du bien public. Néanmoins, cette façon de faire comporte des problèmes d'information car chacun a intérêt à mentir sur les quantités qu'il désire ou le prix qu'il est prêt à payer. Un gouvernement qui enquêterait pour savoir la quantité d'air pur <u>et</u> d'espaces verts que désire consommer la population trouverait que le désir est élevé s'il n'y a pas de contrainte de prix, mais faible s'il demande plutôt combien chaque individu est prêt à payer lui-même de sa propre poche pour l'obtenir. La tâche n'est donc pas facile pour les gouvernements de trouver exactement la bonne quantité de biens publics que souhaite obtenir la population. Nous y reviendrons.

Les externalités

Il existe, nous l'avons dit, deux sortes d'externalités : les externalités négatives et les externalités positives. Dans le cas des externalités négatives, il s'agit plus particulièrement des cas où une activité empiète sur une autre sans qu'il y ait de compensation ou d'indemnisation pour les dommages subis par autrui : une usine qui pollue un cours d'eau ; un étudiant qui est bruyant en classe, un automobiliste qui conduit en état d'ébriété sont des situations qui engendrent des externalités négatives. Dans le cas d'une externalité positive, il s'agit, au contraire, d'une activité qui rejaillit sur une autre sans qu'aucune forme d'indemnisation ne soit versée à l'agent émetteur de ce type d'externalité : les innovations, la formation de la main-d'œuvre, la recherche et le développement, sont des exemples d'externalités positives.

Dans le cas des externalités négatives, on trouve que le marché a naturellement tendance à en produire trop. Dans le cas des externalités positives, on trouve que le marché a naturellement tendance à en produire insuffisamment.

Pour mieux voir comment les choses se passent, il convient de se référer à un graphique qui illustre les écarts entre les coûts et les bénéfices privés et publics.

Trop de pollution

Pour illustrer la problématique des externalités négatives, il suffit d'imaginer une fonction de dommages marginaux (Dm) dont la valeur croît avec la quantité produite du bien en question (figure 15.4a). Prenons l'exemple d'une usine de pâte et papier qui émettrait des résidus dans l'eau. Plus elle produit et plus elle déverse de polluants (dommages) coûteux à éliminer, plus les dommages causés à l'environnement sont élevés.

FIGURE 15.4a

Fonction de dommages marginaux associés à production du bien X

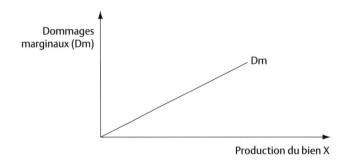

Par la suite, il convient de considérer les fonctions de coûts marginaux de production du bien en question (figure 15.4b). Le coût marginal total (CmS) ou coût marginal social de production du bien X se compose de deux éléments : le coût marginal privé (CmP) et les dommages (Dm) causés à l'environnement, aux personnes et aux autres activités économiques, soit :

$$CmS = CmP + Dm$$

Puisque la demande pour les biens privés sur le marché est égale au bénéfice marginal privé (BmP), il s'ensuit que c'est au croisement de BmP et de CmP que s'établira la quantité produite X^P du bien X.

FIGURE 15.4b

Surproduction de biens polluants

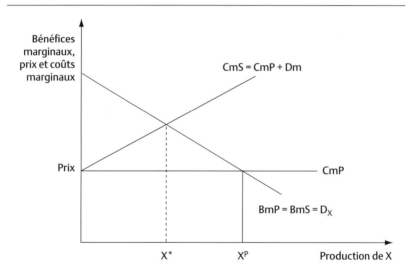

En l'absence d'intervention de l'État et en présence d'externalités négatives, nous pouvons constater que le niveau de production issu du fonctionnement du marché engendre des niveaux de pollution qui dépassent le niveau optimal (graphique 15.4b). On peut aussi dire que le marché, en l'absence d'intervention de l'État, conduit à trop de production de X et trop de rejets industriels dans l'eau : $X^P > X^*$. Compte tenu des coûts engendrés par l'émission de déchets dans l'eau, la production optimale du bien X devrait être de X* alors qu'elle est plutôt de X^P.

Pas assez de formation

Dans le cas des externalités positives, on peut s'attendre à ce que le marché n'en produise pas assez. Tout d'abord, il convient d'imaginer une fonction de bénéfices marginaux sociaux (BmS) qui dépassent les bénéfices marginaux privés (BmP). Dans notre exemple, ce serait une compagnie qui offre de la formation en entreprise.

Les coûts marginaux privés sont donnés par la fonction CmP (figure 15.4c) alors que les bénéfices marginaux sociaux (BmS) sont égaux à la somme des bénéfices privés touchés par l'entreprise plus les bénéfices que touchent les concurrents qui auront embauché certains des employés qui auront quitté cette entreprise. Puisque l'entreprise ne forme que jusqu'à ce que son coût marginal égale son bénéfice marginal privé, la quantité de formation donnée F^P à la figure 15.4c s'avérera sensiblement inférieure à F*, c'est-à-dire qu'elle sera inférieure à la quantité qu'il serait optimal d'offrir pour l'ensemble des entreprises.

FIGURE 15.4C

Sous-production de formation en entreprise

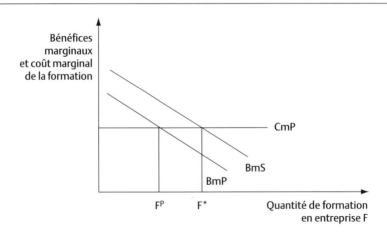

Autrement dit, la formation en entreprise est F^p, la formation optimale du point de vue social est F^* : $F^p < F^*$. La question que l'on peut se poser est la suivante : que peuvent faire les gouvernements pour empêcher les marchés de produire trop de pollution et pas assez de formation ?

Que peuvent faire les gouvernements ?

Dans le cas des externalités négatives, les gouvernements peuvent réglementer l'activité, taxer la production, subventionner les équipements de dépollution, marchandiser l'environnement ou encore instituer des tribunaux appropriés pour mieux garantir les droits de propriété. Dans le cas des externalités positives, les gouvernements peuvent être tentés de réglementer, de subventionner l'activité ou d'imposer une taxe qui pénalise la non-conformité aux objectifs des gouvernements.

La réglementation

La réglementation des externalités négatives consiste à imposer un seuil maximal d'émission de matières polluantes dans l'environnement (dioxyde de carbone, monoxyde de carbone, particules de souffre, etc.), instituer un comité de surveillance et imposer les amendes d'une hauteur appropriée lorsqu'il y a des infractions. De cette façon, les gouvernements peuvent être assurés que la quantité de pollution émise dans l'environnement sera contrôlée. S'il s'agit d'externalités positives, les gouvernements peuvent aussi contraindre les entreprises à en produire la quantité recherchée. Dans le domaine du travail, on pourra considérer les diverses réglementations qui limitent les émissions de polluants sur les lieux de travail et qui contraignent les employés à porter des masques de protection.

La taxation

Alternativement, les gouvernements peuvent taxer les externalités négatives (activités polluantes) et faire en sorte que leur coût de production soit plus élevé jusqu'à ce qu'elles soient réduites ou éliminées de façon efficace. Dans ce cas, l'introduction d'une taxe égale à la différence entre $P'x$ et Px

comme indiqué dans la figure 15.5 fera en sorte que la consommation et la demande pour le produit seront réduites à leur niveau optimal X^S. Le coût marginal privé ne sera plus CmP, mais il sera maintenant CmP' et l'entreprise égalisera ce nouveau coût marginal avec le bénéfice marginal privé (BmP) au niveau de production socialement optimal X^S.

Alternativement, les gouvernements peuvent aussi taxer directement le produit jusqu'à ce que son prix soit égal à P'x. Dans ce cas, la demande pour le produit viendrait rejoindre le coût marginal privé Cmp là où la production est X^S. Dans le cas des accidents du travail, cette taxe peut prendre la forme d'une cotisation qui varie avec la performance de l'entreprise en termes de santé et de sécurité au travail. Une entreprise qui affiche une mauvais performance paiera des primes plus élevées, ce qui l'incitera à trouver des moyens pour réduire l'incidence des accidents sur les lieux de travail.

Les subventions

La troisième solution consiste à subventionner les équipements qui contribueront à réduire les externalités négatives et les dommages causés à autrui. Dans ces circonstances, les gouvernements absorbent une partie des coûts associés aux dommages marginaux.

FIGURE 15.5

Taxation d'une activité polluante

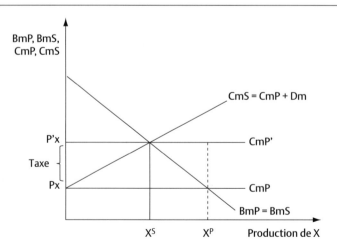

Dans le cas des externalités positives par ailleurs, la subvention de l'activité émettrice conduira elle aussi à une amélioration parétienne. Si comme indiqué à la figure 15.6, le bénéfice marginal social (BmS) est supérieur au bénéfice marginal privé (BmP), la production du bien en question, la formation (générale en entreprise), sera insuffisante ou sous-optimale à moins d'une intervention gouvernementale.

FIGURE 15.6

Subvention d'une externalité positive

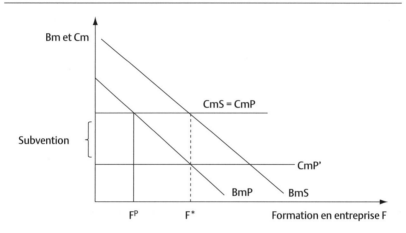

Une subvention d'un montant égal à CmP – CmP' fera en sorte que le coût marginal de production sera réduit et l'entreprise sera incitée, par le mécanisme de la maximisation des profits, à accroître son montant de formation à F**, soit la quantité qui est socialement optimal de produire.

En pratique, la France et le Québec ont procédé à un mélange de réglementation et de taxation pour viser ce genre de résultat en matière de formation en entreprise. En effet, les gouvernements ont jugé que les anciens programmes d'incitation et de subvention à la formation en entreprise n'éveillaient pas suffisamment d'intérêt chez les employeurs. Une norme de 1 % de la masse salariale (un peu plus en France) a été décrétée pour toutes les entreprises d'une certaine taille. Si l'entreprise ne procède pas à cette dépense, elle doit alors verser une « taxe » égale à ce pourcentage ou à la partie résiduelle non utilisée pour fins de formation. Le fruit de cette taxe doit servir au financement de programmes de formation professionnelle.

La marchandisation des externalités négatives

La marchandisation des externalités négatives s'applique au domaine de l'environnement et plus particulièrement au contrôle des gaz à effet de serre. Au préalable, les gouvernements doivent fixer une quantité maximale de matières ou de gaz émis dans l'atmosphère. Ensuite, ces éléments doivent être divisés en unités distinctes puis des droits d'émission doivent être vendus aux enchères sur le marché. *A priori*, cette idée a pu sembler choquante et impraticable, mais il n'en est rien.

Si, d'un côté, on reconnaît aux marchés un grand pouvoir d'action à cause des incitations qui leur sont associées et si, de l'autre, on considère que l'environnement est un bien rare qui doit être protégé et économisé pour notre propre génération et pour les générations subséquentes, aussi bien mettre à profit les forces du marché pour arriver le plus rapidement et le plus efficacement possible à ce résultat. De cette manière, ce sont les entreprises qui polluent le plus qui paieront davantage et qui devront demander plus cher à leurs clients. La hausse du prix de leur produit réduira à son tour la demande et donc la production de produits polluants. Les entreprises qui ne polluent pas ou qui ont trouvé un moyen efficace de ne pas polluer ne paieront pas de droits. Les entreprises ont donc des incitations financières pour réduire la pollution. Si elles polluent ou ne cherchent pas à restreindre leur pollution, cela leur coûtera plus cher de produire et réduira leurs profits. Si elles découvrent un moyen de ne pas polluer, elles pourront augmenter, au contraire, leurs profits en vendant leurs droits de pollution. Cette solution, encore expérimentale, fait l'objet de l'accord de Kyoto.

Les tribunaux

Le recours aux tribunaux constitue une autre façon de gérer les externalités négatives. Puisque l'activité d'une personne nuit à une ou plusieurs autres personnes en endommageant leurs biens ou leur propriété, le problème est assimilable à une question de droits de propriété. Il suffirait de faire en sorte que la personne qui use de la propriété d'un ou de plusieurs autres paie pour les dommages qu'elle leur inflige. Les tribunaux peuvent faire valoir ces droits et imposer à l'émetteur les coûts occasionnés aux tierces parties. Ce faisant, les coûts imposés aux autres seraient complètement internalisés et explicitement pris en compte par la source émettrice d'externalités négatives. Les coûts marginaux de production de l'émetteur seraient plus élevés et la production serait réduite d'autant.

Deux autres éléments méritent d'être soulignés. Premièrement, il est possible de démontrer que toutes ces mesures sont parfaitement équivalentes dans un univers où les coûts de transactions sont nuls. Les gouvernements pourraient donc adopter indifféremment réglementations, subventions, taxation, judiciarisation des différends, etc. puisqu'elles mèneraient à des solutions équivalentes et toutes aussi efficaces les unes que les autres. Dans la réalité, les coûts de transactions ne sont pas nuls et la leçon à tirer de cette analyse est qu'il faut procéder au cas par cas, c'est-à-dire en choisissant autant que possible la solution qui coûte le moins cher. Et c'est ainsi, par exemple, que dans un cas particulier, la solution des tribunaux et des actions collectives peut être tout à fait appropriée sans qu'il y ait nécessité de l'intervention de l'État, tandis que dans d'autres cas, la taxation ou tout autre mode d'intervention constituerait une forme d'incitation plus efficace pour parvenir au même résultat.

Deuxièmement, de tous les cas examinés jusqu'à présent, il ressort qu'une donnée est absolument essentielle. Il faut que l'information soit suffisamment précise et accessible aux gouvernements pour qu'ils puissent évaluer l'intensité des préférences de la population pour les biens publics. Dans d'autres cas, il faut qu'ils puissent évaluer la taille exacte des externalités et trouver la norme ou la réglementation appropriée, le bon montant de subvention ou de taxation à appliquer. Puisque les gouvernements ne connaissent pas avec grande précision l'une ou l'autre de ces données, il est important de reconnaître que cela constitue une limite importante des interventions de l'État.

16

LA THÉORIE DES DÉCISIONS POLITIQUES

Dans plusieurs cas, les décisions de production sont de nature politique et qui dit décision politique doit choisir, au préalable, la règle du jeu, c'est-à-dire la règle qui fait en sorte que ce type de décision est adopté. Est-ce que la règle la plus appropriée pour trouver la quantité optimale de biens publics à produire est l'affaire d'une seule personne, d'un groupe restreint, d'une pluralité de votes ou d'une majorité ? Dans la pratique courante, on s'entend souvent pour adopter la règle de la majorité simple, soit 50 % des votes plus un. C'est une règle intéressante parce qu'elle empêche qu'une minorité gouverne ou manipule une majorité. C'est une règle qui s'avère efficace, mais pas toujours à 100 %. Parfois, il peut être avantageux de retenir la règle des 2/3 du vote, dans d'autres cas, il vaut mieux adopter une approche consensuelle ou s'en remettre à une charte des droits qui empêche une majorité de causer des préjudices à une minorité.

Le choix de la règle de décision

Comment pouvons-nous trouver la règle la plus efficace adaptée aux circonstances ? Pour répondre à cette question, il peut s'avérer utile de s'en remettre à la théorie de la détermination des règles de décision politique. Cette théorie postule que chaque règle comporte deux types de coûts : les coûts externes et les coûts internes.

Les coûts externes

Les coûts externes représentent les risques d'être dirigé par une poignée de personnes qui ne partagent pas nos intérêts. L'exemple le plus extrême est certainement celui du dictateur qui est seul à prendre des décisions qui ne vont pas forcément dans le sens de nos intérêts. À moins de faire partie de sa « cour » ou de profiter de ses bonnes faveurs, il y a de fortes chances pour que le citoyen ordinaire fasse les frais d'une forte imposition, satisfaisant ainsi les délices et les caprices du dictateur et de son entourage immédiat. En fait, plus large est le bassin de la population consultée, plus grandes sont les chances qu'un citoyen ordinaire soit protégé contre des décisions arbitraires et que son avis soit pris en compte. Dans ce cas, les risques de se faire exploiter ou abuser par le pouvoir en place sont plus faibles. Les coûts externes d'une décision évoluent donc en relation inverse avec le nombre de personnes consultées et qui doivent l'approuver. C'est ce qu'exprime la courbe CE de la figure 16.1.

FIGURE 16.1

Coût externe d'une décision politique

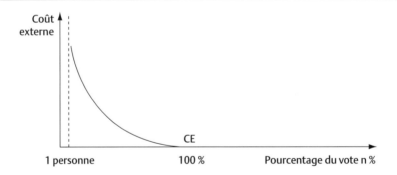

Lorsqu'il suffit d'avoir l'adhésion d'une seule personne, celle qui propose le projet, les coûts externes pour le citoyen ordinaire sont extrêmes et approchent l'infini. Lorsqu'il est nécessaire d'obtenir l'appui de 100 % des électeurs, les coûts externes sont nuls, car chaque individu a un droit de veto formel. L'unanimité ou l'adoption consensuelle des décisions est requise. Mais en démocratie, il n'y a pas que des coûts externes, il y a aussi des coûts internes.

Les coûts internes

Les coûts internes sont liés aux démarches qu'il faut faire pour convaincre diverses personnes d'appuyer un projet public. Convaincre quelques voisins ou amis de son entourage d'adhérer à un projet d'embellissement, d'entretien et d'amélioration de l'environnement, comme celui d'interdire l'usage des automobiles au centre-ville, peut s'avérer relativement facile, mais le faire à grande échelle peut s'avérer beaucoup plus difficile et complexe. Tout projet public qui nécessite de mener des études d'impacts plus ou moins élaborées et coûteuses et de se heurter à la polémique peut s'avérer fort onéreux et cela d'autant plus qu'il y a un grand nombre de personnes à écouter, à visiter, à convaincre et à persuader. Les coûts internes d'une décision politique évoluent en rapport direct avec le nombre et le pourcentage (n %) de personnes qu'il faut convaincre. C'est ce qu'exprime la courbe CI de la figure 16.2.

Il n'en coûte rien de persuader la personne qui est à l'origine du projet, mais au fur et à mesure que le nombre de personnes qu'il faut convaincre s'élève, les coûts et le temps qu'il faut pour en arriver à une décision consensuelle augmentent. Lorsqu'il faut 100 % (n % = 100 %) des

FIGURE 16.2

Coût interne d'une décision politique

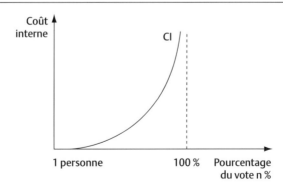

personnes pour agir, le risque est grand que la société soit pratiquement
paralysée, que très ou trop peu de décisions politiques soient prises dans
l'intérêt général et, dans le cas où on serait finalement parvenu à une décision, il se peut que le processus se soit avéré inutilement long et coûteux.

La règle de décision optimale

La règle de décision optimale sera celle qui minimise les coûts. C'est-à-dire
la règle qui minimise la somme des coûts externes et internes. La courbe
qui représente la somme des coûts internes et externes est la courbe CT à la
figure 16.3. Cette courbe est formée de la somme verticale de chacune des
courbes CE et CI. Si le coût interne d'une règle (n %) est « x » et que le coût
externe de cette même règle est « z », alors, son coût total (CT) est égal à « x
+ z ». Par exemple, au point « n % », nous trouvons la règle qui engendre les
coûts totaux minimaux « m ».

FIGURE 16.3

Coût total des règles de décision

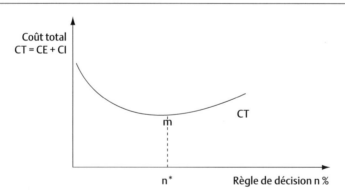

La courbe CT a tendance à diminuer sous l'impulsion d'une diminution
relativement rapide des coûts externes au début du processus. Il n'en coûte
pas très cher de convaincre et d'obtenir l'adhésion d'un petit nombre de
personnes. À partir d'un certain seuil, cependant, cette tendance se
renverse pour refléter la poussée des coûts liés à la volonté de convaincre un

plus grand nombre de personnes dont celles qui risquent plutôt de s'y opposer. Dans les sous-sections qui suivent, nous étudions quelques-unes des règles de décision les plus courantes.

Le consensus

Le consensus requiert l'appui de 100 % des personnes invitées à prendre la décision. La méthode consensuelle représente l'idéal. Elle est tout à fait conforme à l'optimum économique, parce qu'elle garantit que seuls les changements qui améliorent le bien-être des uns, sans jamais diminuer le bien-être des autres, seront adoptés. En termes de coûts internes, cependant, c'est la règle la plus coûteuse et, comme nous l'avons déjà signalé, elle peut paralyser toute une société en l'empêchant de prendre les décisions qui s'imposent pour s'adapter aux changements rapides de l'environnement et pour adopter des mesures qui contribueraient à l'amélioration du bien-être collectif. En tout état de cause, quand les enjeux sont grands, comme dans un cas de vie ou de mort, il est nécessaire d'agir par consensus. Cet argument plaide en faveur de l'abolition de toute forme de conscription. Pour cette raison, la participation à la défense nationale devrait être une question d'adhésion strictement volontaire et personnelle. Par ailleurs, si on considère que les coûts internes diminuent et deviennent gérables et abordables au fur et à mesure que le nombre de participants diminue, il s'ensuit que la formule consensuelle s'avère éminemment supérieure et souhaitable dans tous les cas où le nombre de personnes appelées à prendre des décisions est petit. En somme, la formule consensuelle s'avère préférable dès que le nombre le permet ou lorsque les droits individuels et l'intégrité physique des individus sont mis en jeu.

La règle des deux tiers

On entend souvent parler de la règle des deux tiers pour un certain nombre de décisions publiques (Constitution, Charte des droits…). Cette règle est intéressante parce qu'elle limite le pouvoir des majorités qui pourraient être parfois tentées de léser les droits des minorités. En effet, avec la règle des deux tiers, il suffit qu'un petit groupe s'oppose à un projet public pour que le projet soit rejeté. Il faut donc comprendre de cet exemple que la règle de décision ne fait pas que déterminer les conditions d'adoption d'un projet, elle détermine aussi les conditions de rejet d'un projet. Ces règles revêtent donc une grande importance pour les groupes minoritaires. La contrepartie de la règle des deux tiers est qu'elle peut indûment favoriser les élites conservatrices. En effet, puisqu'il suffit d'un tiers seulement de la population pour bloquer toute tentative de changement, la généralisation d'une telle règle risque de conduire à une société ultra-conservatrice, ce qui peut nuire à ses capacités d'adaptation, d'amélioration et de développement.

La règle de la majorité simple

La règle de la majorité simple consiste à obtenir 50 % des voix plus une. Cette règle a l'avantage d'interdire toute forme d'imposition des volontés d'une minorité à une majorité. La règle de la majorité simple protège donc les droits de la majorité, c'est-à-dire qu'elle protège les citoyens contre toute forme de dictature. Parce qu'elle est moins restrictive que la règle des deux tiers, on peut avancer également qu'elle favorise l'adoption de projets de loi innovateurs qui peuvent conduire à des améliorations parétiennes. Ces projets peuvent porter aussi bien sur l'augmentation des transferts de revenus aux plus démunis, la production de biens publics, la réduction de la taille de l'État ou la meilleure gestion des externalités. Elle ne conduit pas nécessairement à un État plus gros ou plus petit. Pour ainsi dire, la règle de la majorité simple favorise une meilleure adaptation des institutions, de l'économie et de la société à leur environnement. Donc, pour une grande part des décisions économiques, il apparaît que cette règle comporte un certain potentiel pour conduire à la maximisation du bien commun. Mais le fait-elle réellement ?

Le modèle de l'électeur médian

Le modèle de l'électeur médian est tout indiqué pour discuter de l'efficacité des décisions politiques prises à la majorité simple au regard de la détermination de la quantité de biens publics qu'il est souhaitable de produire dans une économie.

Prenons le cas de trois électeurs A, B et C ayant des préférences différentes pour un bien public G et trois projets de taille variée G1, G2 et G3
pour ce même bien public. Ce pourrait être le cas, par exemple, de l'instau-
ration d'espaces verts au centre-ville. Le premier projet prévoit la libération
de 50 acres, le second de 100 acres et le troisième de 150 acres de nouveaux
espaces verts. Les préférences des trois électeurs (conseillers municipaux
ou conseillers d'arrondissement) sont toutefois fort différentes et représen-
tatives de leurs électeurs. Le premier conseiller, représentant un premier
tiers de la population, préfère de loin le projet court (50 acres). Ses
commettants sont principalement des propriétaires de commerces favori-
sant davantage les parcs automobiles et les espaces de stationnement. Le
deuxième conseiller, représentant un autre tiers de la population, accueille-
rait volontiers plus d'espaces verts, mais il trouverait abusif qu'il y en ait
plus de 100 acres, puisque à son avis, cela risquerait de mettre en péril la
vitalité et le rôle commercial de la ville qui présentent plusieurs avantages
pratiques (restaurants, boutiques, cinémas...). Finalement, le troisième
conseiller, qui représente une tranche de la population plus radicale, accor-
derait son appui au projet de 150 acres. Les préférences de chacun des
conseillers pour chacun des projets sont exprimées à la figure 16.4.

L'utilité totale de l'individu A est maximisée avec le projet de 50 acres,
l'utilité de l'individu B est maximisée avec le projet de 100 acres tandis que

---

FIGURE 16.4

La demande pour les espaces verts au centre-ville

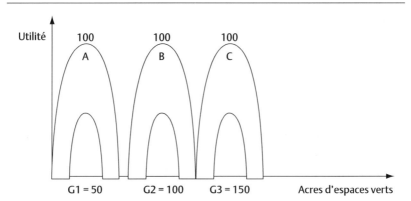

l'utilité de l'individu C est maximisée avec le projet de 150 acres. Cette utilité est supposée égale à 100 unités pour chacun, lorsque leur projet préféré est retenu. Autrement dit, l'utilité totale décline pour l'individu A, lorsque le projet dépasse les 50 acres et elle en fait de même lorsque le projet dépasse les 100 acres pour l'individu B et qu'elle dépasse les 150 acres pour l'individu C. En revanche, l'individu C apprécie très peu que le projet ait moins de 150 acres. Tout projet inférieur lui amène moins de bien-être et il en est ainsi pour des projets inférieurs à 100 acres pour le conseiller B et de moins de 50 acres pour le conseiller A.

Les projets G1, G2 et G3 sont soumis au vote. Tout d'abord, le projet G1 de 50 acres est opposé au projet G2 de 100 acres. Les électeurs B et C préfèrent G2 à G1. L'électeur A est le seul à approuver le projet de 50 acres. Le résultat du scrutin est donc 1 vote pour le projet G1 et 2 votes pour le projet G2. Le projet de 50 acres est battu au premier tour et c'est le projet G2 qui, au second tour, est maintenant confronté au projet G3. Le résultat prévisible de ce nouveau scrutin est le rejet du projet G3 de 150 acres et l'adoption du projet G2 de 100 acres. Seul l'électeur C approuve le projet G3. Au total, c'est l'électeur médian B, c'est-à-dire celui qui reflète une position médiane ou mitoyenne par rapport aux deux autres électeurs, qui remporte le scrutin et voit ses propositions l'emporter sur les autres.

À la suite de cet exercice, nous pouvons constater que la règle de la majorité favorise l'électeur médian. Mais nous sommes en droit de nous demander si l'utilité totale de la communauté est aussi maximisée? Autrement dit, est-ce que la règle de la majorité simple garantit l'adoption de propositions Pareto optimales?

Pour répondre à cette question, il est nécessaire de faire quelques hypothèses sur l'utilité ressentie par chacun des électeurs pour les différents projets soumis au ballottage. Le tableau 16.1 résume ces hypothèses. Nous observons que le niveau d'utilité ou de bien-être tiré d'un projet public diminue au fur et à mesure qu'on s'éloigne du projet souhaité. L'électeur A reçoit un niveau d'utilité de 100 si son projet préféré est choisi, mais ce niveau descend à 50 puis à 25 au fur et à mesure qu'on s'en éloigne. L'électeur B préfère le projet G2 aux deux autres projets. Son niveau d'utilité baisse de moitié (50) lorsque c'est l'un ou l'autre de ces projets de rechange qui est choisi. En ce qui a trait à l'électeur C, nous constatons que son niveau d'utilité croît en raison directe avec la superficie des espaces verts proposés. Le projet de 50 acres a un niveau d'utilité de 25, celui de 100 acres lui rapporte 50 utilités, alors que le projet de 150 acres va jusqu'à lui en rapporter 100. Une « utilité », on dit parfois un « utile », représente une unité de mesure arbitraire et purement théorique qui permet de comparer le bien-être de chacun des électeurs et surtout de procéder à la sommation des utilités de chaque individu et donc de trouver le projet qui maximise l'utilité collective définie par la somme des utilités individuelles. Ce résultat figure au bas de chacune des colonnes du tableau 16.1.

Si nous procédons à la comparaison de ces projets, nous trouverons que le projet G1 engendre un niveau d'utilité totale de 175, tandis que le projet G2 engendre un niveau d'utilité totale de 200, mais que le projet G3 ramène ce niveau d'utilité à 175. Donc, le mécanisme de la majorité simple n'a pas seulement permis d'informer le gouvernement des préférences de ses électeurs, il a aussi conduit à la maximisation de l'utilité collective et à la sélection du projet public qui produit le plus haut niveau de bien-être matériel dans l'économie.

TABLEAU 16.1

Utilité associée à différents projets de développement d'espaces verts

Électeur	G1 (50 acres)	G2 (100 acres)	G3 (150 acres)
A	100	50	25
B	50	100	50
C	25	50	100
Utilité totale	175	200	175

La seconde conclusion à laquelle nous parvenons est que la démocratie a une nette tendance à favoriser l'électeur qui se situe au milieu de la distribution des préférences à l'égard des biens publics. Son point de vue a tendance à l'emporter sur tous les autres, car c'est cet électeur qui fait pencher la balance en faveur d'un parti ou d'un autre, d'une proposition ou d'une autre. Dans ce modèle, le politicien soucieux d'être élu ou ré-élu aux prochaines élections devra chercher à plaire et à se montrer particulièrement attentif à cet électeur qui, en un certain sens, a plus de pouvoir que les autres.

Ce genre d'approche donne lieu à des prévisions intéressantes : les préférences et les caractéristiques socio-démographiques des électeurs médians, dont l'âge et le revenu moyen sont des composantes importantes, seraient susceptibles d'exercer un effet déterminant sur l'issue de plusieurs décisions politiques.

Nous disposons de plusieurs exemples à l'appui de ces attentes. Dans les conventions collectives, par exemple, il appert que les travailleurs-électeurs médians, qui votent pour l'adoption de ces conventions et qui appuient le chef syndical, s'avèrent particulièrement bien servis, et peut-être même mieux servis que les autres groupes plus éloignés ou différents de la médiane. La sélection et l'importance des avantages sociaux favorisent nettement l'électeur médian. Après tout, le syndicat forme une entité politique et les leaders syndicaux doivent répondre aux vœux de la majorité. Si l'électeur médian est un travailleur plus âgé, qui travaille dans l'entreprise depuis un certain temps et qui s'y voit pour longtemps encore, sa demande pour des avantages sociaux de type assurance-maladie complémentaire, fonds de pension, ou nombre de semaines de vacances variable avec l'ancienneté sera plus intense que celle du jeune travailleur « marginal » qui vient tout juste d'arriver et qui n'est pas certain d'y trouver sa place pour « le restant de ses jours ».

Sur le plan de l'État, par ailleurs, on est à même de constater que les priorités des gouvernements s'accordent bien souvent aux réclamations de la classe moyenne et qu'en tout état de cause, l'étude des dépenses et des revenus de l'État démontre bien que ce sont les membres de la classe moyenne qui, tout à la fois, paient le plus d'impôts et en bénéficient le plus. Les dépenses pour des routes, écoles, garderies et d'autres dépenses d'infrastructure profitent avant tout largement à la classe moyenne.

Des préférences à plus d'une pointe

L'exemple que nous avons vu précédemment nous conduisait à une solution Pareto optimale, mais cette solution dépendait de façon cruciale d'une hypothèse particulière, à savoir que les préférences des individus n'avaient qu'une pointe ou un seul sommet, comme c'était le cas dans la figure 16.4 : l'individu A préférait peu d'espaces verts et sa pointe d'utilité se situait vis-à-vis du projet G1. B préférait le projet G2 à tout autre et il maximisait son utilité à ce projet qui visait à créer 100 acres d'espaces verts, tandis que C préférait le projet qui maximisait les espaces verts. Sa pointe d'utilité se manifestait à l'égard du projet G3.

Si nous fonctionnons autrement et si nous permettons l'expression de préférences à deux pointes, les conclusions précédentes ne tiennent plus. Supposons, pour prendre un exemple emprunté aux relations industrielles, que l'individu B préfère un environnement syndiqué à un environnement non syndiqué, mais qu'il apprécie très peu un environnement situé à mi-chemin constitué d'une simple association de travailleurs. Il aime sa liberté tout autant que sa sécurité. Une association lui enlève de sa liberté et l'oblige à faire des concessions sans lui octroyer pour autant la sécurité que lui offrirait un vrai syndicat de travailleurs. Dans ce cas, on peut représenter sa structure de préférences par un niveau d'utilité B1 élevé avec le projet G1 (non syndiqué), un niveau d'utilité plus bas en G2 (association), mais un niveau d'utilité à nouveau plus élevé pour le projet G3 (syndiqué). C'est ce que nous entendons par une structure d'utilité à deux pointes. Tel qu'il est indiqué à la figure 16.5, ces deux pointes se manifestent pour les états G1 et G3 pour l'électeur B.

L'individu A, quant à lui, a des préférences à une pointe. Il est contre le syndicat. Son niveau d'utilité est A1 élevé lorsqu'il n'y a pas de syndicat ; il baisse quand on lui propose une association et il est à son plus bas s'il adve-nait qu'il soit syndiqué : A1 > A2 > A3. L'individu C préfère une situation de syndiqué à une situation de non-syndiqué mais, idéalement, il aimerait mieux faire partie d'une association : C3 > C1 mais C2 est plus grand que C1 et C3 tout à la fois.

La question qui se pose est **Est-ce que cette unité se syndiquera ou non ?** La réponse est **On ne sait pas**, tout dépend de l'ordre dans lequel seront présentées les propositions par le président de l'assemblée. Pour le vérifier, il convient de passer au vote chacune de ces propositions.

Premièrement, si, pour commencer, on confronte G1 à G2, nous obtien-drons le résultat suivant : A et B préfèrent G1, car A1 > A2 et B1 > B2 ; la proposition G1 est acceptée. Si nous poursuivons l'opération en confron-

FIGURE 16.5

Ordonnancement des préférences à plus d'une pointe

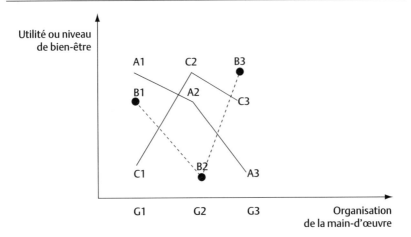

tant l'option gagnante, c'est-à-dire G1, avec l'option G3, le résultat du vote sera 2 votes pour G3 et 1 vote seulement pour G1, puisque C3 > C1 et B3 > B1 d'un côté et que A3 < A1 de l'autre. La proposition de se syndiquer sera acceptée à la majorité et **les travailleurs auront choisi de se syndiquer.**

Deuxièmement, si nous avions procédé autrement. Par exemple, si nous avions confronté G2 à G3 **pour commencer,** cette fois ce serait la proposition G2 qui aurait été acceptée, parce que C, tout autant que A, préfère la formule de l'association à celle du syndicat : C2 > C3 et A2 > A3. La proposition G3 est donc écartée et c'est la formule d'association G2 qui est maintenant mise au vote et confrontée à l'option G1, soit le *statu quo*. Comme on peut le constater à partir de la figure 16.5, les travailleurs voteront majoritairement contre la formule d'association et le résultat final sera que les travailleurs auront choisi **de ne pas se syndiquer.**

Logique collective versus logiques individuelles

En toute logique, si nous avions confronté les projets G1 et G2, nous aurions trouvé que G1 est préféré à G2 puis, si dans une deuxième étape, nous avions confronté G2 à G3, nous aurions trouvé que G2 aurait été préféré à G3. La conclusion logique de notre démarche aurait été que G1 est le projet dominant puisque G1 > G2 > G3. Mais, en procédant autrement, comme ce fut le cas de notre première démarche, c'est-à-dire en éliminant le projet défait au premier tour, nous parvenons au résultat contraire : G3 l'a emporté sur G1. La logique des individus n'est pas fausse, chacun a un ordonnancement cohérent de ses préférences et il vote de façon cohérente avec cet ordonnancement, mais la logique collective est différente de la logique individuelle. Pour un gouvernement qui cherche à prendre des décisions dans l'intérêt collectif, cela complique considérablement le problème de l'agrégation des bénéfices marginaux de chacun des individus et donc l'identification des préférences collectives.

L'intensité des préférences

Le modèle de l'électeur médian, tel que nous l'avons vu, ne tenait pas compte de l'intensité des préférences. Nous avons opéré dans le cadre de « un électeur un vote », indépendamment de l'intensité des préférences de chaque électeur pour chacun des projets publics. Or il se peut, théoriquement tout au moins, que la forte intensité d'appui à un projet par un électeur ou un groupe d'électeurs minoritaire soit telle qu'elle compense les inconvénients du projet pour les autres. Dans ce cas, il se pourrait qu'un « bon » projet ne soit pas accepté, d'où l'intérêt d'incorporer la notion d'intensité des préférences de façon explicite dans l'analyse. L'introduction de cette notion est discutée à l'aide de la figure 16.6.

Dans cet exemple, nous supposons que le coût du projet public qui consiste à assainir les eaux d'un lac autour duquel habitent trois riverains et dans lequel reposent de nombreux débris forestiers (souches et troncs d'arbres), qui nuisent aussi bien à l'esthétique qu'à l'équilibre écologique de sa vie marine, est de 300 $ par unité d'assainissement (tonne métrique). Pour simplifier la présentation du problème, nous supposons également que les trois résidents du lac ont décidé de se partager les coûts en parts égales. Le coût unitaire de la cotisation est donc de 100 $ par unité de dépollution pour chacun.

À 100 $ par unité, les individus sont tous en faveur d'extraire 4 unités de débris. En effet, l'individu A est d'accord avec la première unité, parce

FIGURE 16.6

Intensité des préférences

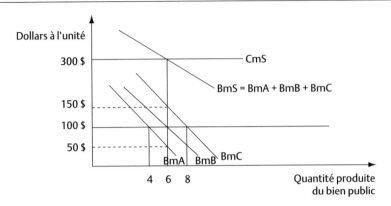

qu'elle rapporte un bénéfice marginal supérieur à 100 $. Il en va de même de la deuxième jusqu'à la quatrième unité. Dans ce dernier cas et tel qu'il est indiqué dans la figure 16.6, le bénéfice marginal est tout juste égal à son coût marginal pour cet individu. Pour les autres résidents, il reste cependant supérieur à son coût marginal.

En fait, l'individu B est prêt à se rendre jusqu'à 6 unités de dépollution. Au-delà, cependant, il n'est plus d'accord, car la taxe dépasse le bénéfice marginal associé au paiement de la dépollution d'une unité supplémentaire, c'est-à-dire d'une septième unité.

Si on passait ces diverses propositions au vote, on trouverait un vote majoritaire à 6 unités de dépollution. Voici pourquoi : à 4 unités de dépollution, le projet est adopté à l'unanimité parce que tous les résidents sont d'accord pour retirer 4 tonnes de débris et de matières plus ou moins polluantes. Entre 4 et 6 unités, la majorité donne son appui au projet puisque les résidents-électeurs B et C votent en faveur de l'un ou l'autre de ces projets malgré l'opposition de A. Toute proposition de déblaiement de plus de 6 unités serait toutefois rejetée par une majorité, car B se joindrait à A pour s'y opposer. Le projet accepté à la majorité simple sera donc de 6 unités de dépollution ou 6 tonnes métriques de débris végétaux et forestiers. Cette réponse de la démocratie à un problème environnemental est-elle optimale ? La réponse est OUI, car le coût marginal social (CmS) de cette activité qui est de 300 $ pour la sixième unité est exactement égal au bénéfice marginal social (BmS) égal à la somme des bénéfices marginaux individuels qui sont respectivement de 50 $ pour A, de 100 $ pour B et de 150 $ pour C[1]. Le vote majoritaire conduit donc, dans cet autre exemple, à la production de la quantité optimale de bien public. Mais il faut savoir que cet exemple est arbitraire et qu'il en aurait été autrement si nous nous étions appuyé sur un autre cas de figure. Par exemple, si le bénéfice marginal pour l'individu C avait été de 180 $ ou encore de 130 $ plutôt que de 150 $, le coût marginal social (CmS) aurait été différent du bénéfice marginal social (BmS) et on aurait produit soit trop soit pas assez de dépollution.

La leçon à tirer de ces exemples est qu'un vote majoritaire qui ignore la diversité des appréciations de la consommation de biens publics par différents individus peut engendrer des décisions politiques qui ne conduisent pas nécessairement à un choix optimal. D'autres mécanismes peuvent toutefois être mis en place pour corriger le problème. C'est le cas par exemple du marchandage des votes.

Le marchandage des votes

La deuxième analyse à laquelle mène la présence d'inégalités dans l'intensité des préférences est celle de l'échange des votes. Pour traiter de cette question, nous pouvons nous servir du tableau 16.2.

TABLEAU 16.2

Utilité retirée de différents projets par différents électeurs

Électeur	Gel	Projet Urgences	Éoliennes
A	+ 100	– 50	– 35
B	– 100	+ 100	– 75
C	– 25	– 60	+ 100
Utilité totale du projet :	– 25	– 10	– 10

---

1. À noter toutefois qu'un tarif spécifique égal à chacun de ces montants pour chacun de ces individus aurait engendré une solution encore supérieure à celle d'un partage égal des coûts.

Le tableau 16.2 nous indique tout d'abord qu'il y a trois individus A, B et C qui sont en présence de trois projets, soit le projet 1 qui consiste à décréter un gel des frais de scolarité universitaire, le projet 2 qui consiste à investir dans la réduction de l'attente dans les urgences des hôpitaux et le troisième projet qui vise la construction d'éoliennes en Gaspésie.

Le premier électeur A cherche à geler les frais de scolarité, le second B cherche à réduire le temps d'attente à l'urgence et le troisième électeur C voudrait que l'on construise un parc d'éoliennes en Gaspésie. Aucun électeur n'est toutefois disposé à endosser le projet des autres. Si le projet de gel est accepté, cela procurera un niveau d'utilité de 100 à A, mais une diminution de la même ampleur à B qui croît devoir tout payer sans jamais en bénéficier. La réduction du bien-être de l'électeur C est de 25 unités. Au total, si on additionne le bien-être collectif généré par le projet de gel des frais de scolarité, on trouve un résultat négatif se chiffrant à –25.

Dans le cas des autres projets, les résultats ne sont pas beaucoup mieux. Au total, l'utilité collective serait de –10 dans chacun des cas. Donc, le bien-être obtenu par les uns est toujours plus que compensé par la perte ressentie par les autres. Du point de vue de l'optimum de Pareto, aucun de ces trois projets ne devrait être adopté.

Pourtant, s'il y avait coalition d'électeurs, on pourrait trouver des résultats différents. Si A s'unit avec C, on trouve une combinaison de projets qui génère 100 – 35 = 65 utilités nettes à A dans un cas et 100 – 25 = 75 utilités nettes à C. L'électeur A vote donc pour le projet 3, en échange de l'appui de C pour son propre projet. Au total donc et en présence de telles coalitions, nous trouvons que deux projets seront endossés et nous nous retrouvons devant une situation où les coalitions d'électeurs ou, le plus souvent, de députés, mènent à l'adoption de beaucoup plus de projets de lois qu'autrement et qui, dans ce cas, s'avèrent néfastes du point de vue du bien commun. Mais, encore une fois, il aurait été facile d'imaginer un autre cas où les résultats nets auraient été positifs pour l'ensemble de la société grâce à ce mécanisme de retour d'ascenseur. Donc, ce n'est pas parce qu'il y a, à l'occasion, ou qu'il peut y avoir marchandage des votes que les résultats sont nécessairement mauvais. Au contraire, ce processus peut tout aussi bien améliorer la situation. Le tableau 16.3 donne l'exemple d'une situation où la coalition des électeurs A et B engendrerait un résultat avantageux du point de vue de la maximisation du bien-être individuel et collectif.

TABLEAU 16.3

Adoption de projets collectifs avantageux à travers le marchandage des votes

Électeur	Gel	Projet Urgences	Éoliennes
A	+ 100	− 50	− 65
B	− 30	+ 100	− 35
C	− 25	− 25	+ 120
Utilité totale du projet :	+ 45	+ 25	+ 25

Autrement dit, ce qui change avec le principe de l'échange des votes, c'est qu'il y a plus de projets collectifs qui sont adoptés, mais cela ne veut pas dire que c'est nécessairement mauvais.

Les groupes d'intérêt

Plusieurs décisions gouvernementales sont perçues comme étant le résultat de pressions insistantes de la part de groupes d'intérêt ; que ce soit à travers le gel des frais de scolarité chez les étudiants, la construction de parcs d'éoliennes de la part des mouvements écologistes (Green Peace) ou du choix du site d'un hôpital universitaire défendu par des membres de la classe d'affaires d'un côté ou des représentants de grandes centrales syndicales de l'autre, sans compter l'influence des grandes entreprises multinationales. Les groupes d'intérêt sont une source d'inquiétude dans le processus politique, dans la mesure où on se demande si ces groupes ne réussissent pas à détourner les deniers et les ressources publiques en leur faveur et pour leur intérêt personnel au détriment d'une majorité silencieuse.

Les économistes qualifient ce type d'activité de « recherche de rente ». Quand des individus, des entreprises et des associations spécialisées consacrent tout leur temps et toutes leurs énergies à s'attirer les faveurs du gouvernement sous forme d'allègements fiscaux, de prestations et subventions gouvernementales ou de diverses formules de protection contre la concurrence étrangère, plutôt que de produire des biens et des services demandés sur les marchés, on peut qualifier ces activités de recherche de rente. Non seulement ces activités sont-elles inéquitables, mais elles sont aussi nuisibles puisqu'elles prennent la place d'activités plus productives.

Par ailleurs, on ne doit pas considérer que tous les groupes d'intérêt travaillent nécessairement contre l'intérêt de la population. Au contraire, ces entités regroupent des membres qui font pleinement et de plein droit partie de la population, alors que les gouvernements pour leur part doivent être bien informés des besoins de cette population. L'existence d'autant de groupes d'intérêt constitue à cet égard un outil de communication qui sert cet objectif.

Pour analyser l'effet et l'influence des divers groupes d'intérêt sur la production de biens publics et l'intervention de l'État, il importe de procéder à l'étude des avantages et des coûts des décisions politiques pour trois groupes spécifiques de la population : l'électeur ordinaire d'un côté, l'électeur intéressé d'un autre côté et, finalement, le politicien.

L'électeur ordinaire

L'électeur ordinaire est celui qui constitue la majorité des électeurs. Nous étudierons séparément les bénéfices et les coûts qu'il y a pour cet électeur de se renseigner sur les multiples enjeux des décisions politiques.

Du côté des coûts, nous pouvons raisonnablement supposer que l'électeur ordinaire est plutôt préoccupé par son quotidien et qu'il lui serait plutôt coûteux en temps et en énergie de s'informer, en détail, sur chacune des décisions politiques. En effet, il peut apparaître très coûteux pour ce citoyen de s'informer par lui-même sur le meilleur système privé ou public pour offrir les meilleurs soins de santé à la population, pour décider s'il est temps ou non de changer la flotte d'hélicoptères ou d'acheter certains types de sous-marins nucléaires, d'organiser la production de biens publics ou semi-publics, sous forme de partenariat privé-public ou de la confier au monopole de l'État.

Les bénéfices associés à cette collecte d'informations sont par ailleurs difficilement palpables. En quoi toutes ces démarches changeraient-elles la décision politique ? La réponse est qu'elle ne la changerait d'aucune façon, puisque nous parlons du citoyen ordinaire qui n'a droit qu'à un vote parmi des millions. Le résultat de ce calcul est simple, l'électeur ordinaire n'a aucun intérêt à pousser très loin la cueillette d'informations et l'analyse des décisions de l'État. Il sera donc pauvrement informé et, dans l'état actuel des systèmes démocratiques, il est tout à fait rationnel qu'il en soit ainsi, c'est pourquoi nous parlons alors de **l'ignorance rationnelle de l'électeur ordinaire.**

L'électeur intéressé

L'électeur intéressé est d'un tout autre genre. Cet électeur est, à la différence de l'électeur ordinaire, très intéressé à connaître tous les détails de certaines mesures ou réglementations qui l'avantageraient personnellement. Les subventions gouvernementales aux agriculteurs américains peuvent apporter plusieurs dizaines de milliers de dollars de revenus annuels additionnels à des propriétaires disposant au point de départ de revenus annuels déjà élevés. Dans ce cas, l'électeur intéressé s'associera à des **groupes d'intérêt** dont les représentants réuniront toutes les informations nécessaires pour défendre leur cause directement auprès des politiciens. Dans ce cas, on pourra dire que les bénéfices escomptés dépassent largement les coûts d'association.

Les politiciens

La logique avouée du politicien est de s'accomplir, d'être au cœur du processus décisionnel et de changer le monde ou encore d'y trouver du prestige ou des avantages personnels financiers ou autres. Pour atteindre l'un ou l'autre de ces objectifs, il doit toutefois être élu. Et, pour être élu, il doit accumuler le nombre de votes qu'il faut pour gagner ses élections. À cette fin, il devra soupeser le pour et le contre, c'est-à-dire le nombre de votes qu'il gagne contre le nombre de votes qu'il perd en appuyant certaines motions.

Quatre situations différentes peuvent se présenter. Premièrement, il peut s'agir d'une situation où la motion rapporte des bénéfices importants et significatifs pour l'ensemble de la population à des coûts qui lui sont inférieurs. Deuxièmement, il peut s'agir d'une situation où le projet mis de l'avant rapporte beaucoup à de petits groupes qui doivent toutefois en assumer tous les coûts. Dans un cas comme dans l'autre, les décisions publiques seront optimales et créatrices de richesse collective. Les projets qui créent plus de bénéfices que de coûts sociaux seront adoptés, tandis que les projets qui coûtent plus cher à la société qu'ils ne lui rapportent seront rejetés.

Les deux autres situations sont, premièrement, celle où les bénéfices sont élevés et concentrés entre quelques mains alors que les coûts sont payés par l'ensemble de la population. Deuxièmement, c'est la situation où les coûts sont concentrés sur un petit nombre et les bénéfices sont répartis sur un grand nombre. Dans le premier cas, il y a de fortes chances pour que les projets soient adoptés, tandis que, dans le second cas, il y a de fortes chances pour qu'ils soient rejetés.

Les raisons pour lesquelles les projets à forte concentration de bénéfices sur un petit groupe ont de fortes chances d'être adoptés sont que les bénéficiaires sont bien organisés, bien visibles aux yeux des politiciens et qu'ils y trouvent largement leur compte. Les bénéfices nets qu'ils tirent de cette forme de représentation directe (*lobby*) auprès des politiciens sont appréciables. Pour cette raison, le politicien sentira que les membres associés à ces groupes d'intérêt auront tendance à réduire les enjeux électoraux à cette seule et unique dimension et que ces derniers voteront pour le candidat qui appuie la mesure. Par ailleurs, si les coûts du projet ou de la mesure sont payés par un grand nombre d'électeurs peu informés, il s'ensuit que les pertes électorales pour le politicien qui appuie le groupe d'intérêt se ramènent à presque rien. La décision devient facile à prendre.

Dans le cas des décisions qui pénaliseraient des groupes bien organisés, mais dont les bénéfices s'étendraient à l'ensemble de la population, il est facile de voir que le politicien qui cherche à assurer sa survie politique aurait de la difficulté à appuyer de tels projets, puisque la grogne des agitateurs se fera visiblement sentir, tandis que les bénéfices pour la collectivité seront plutôt noyés dans l'indifférence générale. Et cela même si les bénéfices sociaux dépassent les coûts privés.

Dans l'ensemble et pour conclure ce chapitre, nous avons trouvé que l'État dispose de différents moyens pour connaître les préférences de ses citoyens pour les biens publics. L'élection avec une majorité des votes ou une majorité des sièges est un de ces moyens qui conduit, sous certaines conditions, à la maximisation du bien-être collectif. Mais pas toujours, ni à n'importe quelles conditions ou en toutes circonstances.

Si les préférences des individus vis-à-vis de certaines questions ne sont pas parfaitement linéaires ou graduelles, il peut arriver des cas d'inconsistance et donc de renversements plutôt aléatoires ou arbitraires des décisions. D'une part, ce résultat nous met en garde contre le difficile problème d'agrégation des préférences collectives et les apparentes contradictions souvent rencontrées dans certains sondages d'opinion. D'autre part, si les préférences diffèrent d'un individu à l'autre, le mécanisme d'« une personne un vote » ne garantit pas la maximisation de l'utilité collective. Les mécanismes d'échange de votes ou de bons procédés peuvent en retour remédier à certaines lacunes du principe précédent. On sait toutefois que ce genre de mécanisme conduit à l'adoption de plusieurs mesures qui, autrement, n'auraient pas été acceptées mais, tout comme dans le cas des groupes d'intérêt, on ne peut pas dire *a priori* si, au total, ces trains de mesures se font au détriment ou à l'avantage de la population. En somme, la démocratie, telle qu'on la connaît, comporte des avantages absolus sur les autres formes de gouvernement, mais il importe de signaler qu'elle comporte aussi des lacunes dont il vaut mieux être informé.

17

Assurance-chômage, monopoles d'État et redistribution du revenu

Notre analyse de l'intervention de l'État serait incomplète si nous ne parlions pas d'assurance-chômage, de monopoles d'État et de redistribution du revenu. Dans les sections qui suivent, nous aborderons chacun de ces thèmes.

L'assurance-chômage

Le fait de pouvoir disposer d'un revenu de remplacement lorsqu'un travailleur perd son emploi est une source de sécurité sur le plan économique qui apporte aussi du bien-être sur le plan psychologique. Dans un premier temps, nous étudierons plus en détail l'intérêt et le bien-fondé associés à l'existence d'une assurance contre la perte de revenu attribuable au chômage puis, dans un second temps, nous verrons pourquoi les gouvernements ont dû s'en occuper.

Les bienfaits de l'assurance

Pour bien situer le problème de l'assurance-chômage, il convient de se mettre en contexte de risques et d'incertitudes. Dans le premier exemple retenu, nous considérons le cas d'un individu qui aurait le choix entre deux emplois : un premier emploi qui offre un salaire certain et un autre qui est à commission et qui comporte des risques de fluctuations dans les revenus touchés au cours de l'année.

Le tableau 17.1 décrit la relation qui s'établit entre le revenu et l'utilité liée au revenu. À 0 $, l'utilité est 0 ; à 10 000 $ de revenu annuel, cette utilité serait de 10. Puis, elle monterait à 16 lorsque le revenu monterait lui-même à 20 000 $. Finalement, des revenus de 30 000 $ par année engendreraient une utilité de 18, tandis qu'un revenu de 40 000 $ procurerait un niveau d'utilité de 20. Le lien supposé entre le revenu et l'utilité n'est pas proportionnel en vertu de l'hypothèse de l'utilité marginale décroissante du revenu.

Dans le premier emploi, le salaire promis est de 20 000 $ par année. Dans le cas du second emploi, le revenu estimé est de 30 000 $ les bonnes années, mais il peut tomber à 10 000 $ les pires années ou, sur une base annuelle, pendant les pires mois de l'année. Si, pour terminer, nous supposons que les chances de gagner 30 000 $ sont de 60 % tandis que les risques de n'en gagner que 10 000 $ sont de 40 %, on doit se poser la question suivante : Quel emploi la personne devra-t-elle choisir ?

Pour répondre à cette question, il faut comparer l'utilité du revenu certain avec l'espérance d'utilité des revenus incertains.

L'espérance d'utilité des revenus incertains se calcule par la somme de l'utilité des différents revenus pondérée par la probabilité de leur avènement. Dans notre exemple et en s'appuyant sur les données du tableau 17.1, nous obtenons :

$$E(u) = 0,40 \ u(10\,000\ \$) + 0,60 \ u(30\,000\ \$)$$
$$= 0,40 \ (10) + 0,60 \ (18)$$
$$= 4 + 10,8 = 14,8$$

L'utilité du revenu certain est égale quant à elle à $U(Y) = U \ (20\,000\ \$)$ = 16. Donc, la personne préférera l'emploi à revenu certain à l'emploi à revenu incertain même si l'espérance de revenu comme telle [0,4 (10 000 $) + 0,6(30 000 $) = 22 000 $] en situation incertaine est supérieure au revenu certain (20 000 $).

FIGURE 17.1

Revenus et espérances de revenus

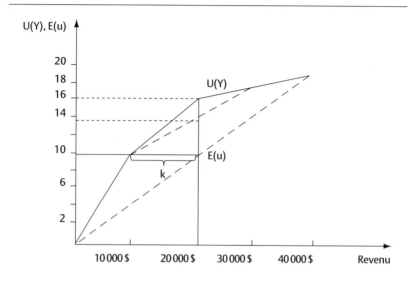

TABLEAU 17.1

Revenu et utilité du revenu

Tranche de revenu	Utilité
0 $	0
10 000 $	10
20 000 $	16
30 000 $	18
40 000 $	20

Si, par ailleurs, nous poussons un peu plus loin l'analyse, on peut chercher à généraliser cette proposition et démontrer que, *à revenu égal*, l'utilité tirée d'un revenu certain est toujours supérieure à l'utilité d'un revenu incertain. Dans le cas où les probabilités de toucher un revenu de 10 000 $ ou de 30 000 $ seraient égales à 50 %, nous trouvons que l'espérance de revenu est de 20 000 $. L'utilité d'un revenu certain de 20 000 $ est de 16, mais l'espérance d'utilité E(u) de ce même revenu n'est que de 14 car :

$$E(u) = 0,5 \, u(10\,000\,\$) + 0,5 \, u(30\,000\,\$)$$
$$= 0,5\,(10) + 0,5\,(18) = 14$$

Finalement, on pourrait aborder directement le problème du chômage et considérer le cas d'un emploi qui offre un salaire de 40 000 $ par année mais avec une probabilité de chômage de 50 %. L'espérance d'utilité dans ce cas serait de :

$$E(u) = 0,50 \, u\,(0\,\$) + 0,50 \, u(40\,000\,\$) = 0 + 0,50\,(20)$$
$$= 10$$

La question se pose alors de savoir combien un individu qui a une espérance de revenu de 20 000 $ serait prêt à payer pour préserver son niveau d'utilité (= 10). La réponse à cette question est 10 000 $. En effet, si l'individu gagnait un revenu certain de 10 000 $, il bénéficierait d'un niveau d'utilité de 10 et il n'y perdrait pas au change. Toute prime d'assurance-chômage inférieure à 10 000 $ lui garantit donc une amélioration de son niveau de vie et de son bien-être. Cette prime, égale à « k » dans la figure 17.1, donne le montant qu'un individu est prêt à céder pour disposer d'un revenu stable.

Si la prime en question s'établissait, par exemple, à 9 000 $, cela lui ferait un revenu certain de 11 000 $ et générerait un niveau d'utilité supérieur à 10 000 $. Donc, pour toutes ces raisons, il apparaît que en plus d'agir comme stabilisateur automatique de la consommation sur le plan macroéconomique l'existence d'un programme d'assurance-chômage est parfaitement justifiable parce que ce type d'assurance améliore le bien-être et la sécurité économique des travailleurs. Le problème est toutefois qu'il faut trouver un assureur dans le secteur privé qui est prêt à prendre le risque d'assurer les chômeurs. Or, divers problèmes interviennent pour limiter l'intérêt et l'efficacité du secteur privé dans ce genre d'entreprise. Ces problèmes sont : le risque moral, la sélection adverse et la covariance des risques.

Le risque moral

Le risque moral est un phénomène commun dans le domaine des assurances. Ce risque est rattaché à la capacité des individus d'influencer les décisions relatives à la nature et à l'ampleur des dommages quand il est difficile ou trop coûteux pour les assureurs de les connaître ou de les mesurer avec précision. Par exemple, il peut être difficile d'assurer quelqu'un contre les incendies et les vols pour les liquidités qu'il dit posséder à la maison. Ces montants sont incontrôlables et donc difficiles à couvrir à moins d'augmenter les primes en proportion de la somme considérée.

Dans le cas de l'assurance-chômage, les risques encourus sont ceux d'un prolongement indu de la durée de la période de chômage sinon du chômage volontaire. C'est à cause du problème du risque moral qu'il est d'ailleurs impossible d'assurer les gens qui sont à leur propre compte. Ils pourraient se mettre à pied eux-mêmes et toucher des prestations au besoin.

Les primes d'assurance sont, quant à elles, établies en fonction de trois facteurs, soit : 1 - la fréquence des aléas ; 2 - leur gravité (coûts) ; et 3 - le taux de chargement qui inclut les frais d'administration et les profits. Par exemple, si la probabilité de se faire voler son auto est de 1/1000 et que la perte encourue est alors en moyenne de 20 000 $, le taux de la prime sera de 20 $ plus un taux de chargement de 15 %, ce qui fait un total de 23 $. De cette façon, grâce à la loi des grands nombres, la compagnie d'assurances est en mesure de remplir ses obligations en même temps que de réaliser un profit raisonnable ou compétitif.

Dans le cas de l'assurance-chômage, cette prime « k » dépend de la prestation B multipliée par le produit de l'incidence du chômage (I_u) par sa durée (D_u), plus le taux de chargement, soit :

$$k = (B \times I_u \times D_u) + \lambda$$

À cause du risque moral, l'incidence I_u ou la durée D_u de la période de chômage seront plus élevées qu'autrement. Le résultat sera que les entreprises devront demander une prime plus élevée que ce qu'elle aurait dû être, ce qui écartera des travailleurs qui autrement se seraient assurés. Donc, la présence de risque moral a pour effet de conduire à un nombre sous-optimal d'assurés.

La sélection adverse

La deuxième raison pour laquelle l'intervention du secteur privé est défaillante se trouve dans la présence du problème de la sélection adverse.

Un problème de sélection adverse se présente à partir du moment où il y a asymétrie d'information quant à la possibilité de connaître les risques rattachés à certains clients. Dans le cas de l'assurance-chômage plus particulièrement, la compagnie d'assurances serait certaine d'attirer un plus grand nombre de mauvais risques sans toutefois savoir à l'avance qui au juste présente des mauvais risques. Autrement dit, la compagnie privée saurait qu'elle attire en moyenne les gens qui ont le plus de risques de tomber en chômage pour de plus longues périodes sans pouvoir les identifier sur une base individuelle et donc sans pouvoir leur demander une prime appropriée. En conséquence, le couple $I_u x D_u$ effectif sera différent des tables statistiques sur lesquelles les compagnies d'assurances se basent généralement pour fixer leurs primes. La prime qu'elles devront demander à leurs clients sera supérieure à la prime qui aurait prévalu en présence de sélection adverse. Il y aura là aussi exclusion de gens qui autrement se seraient assurés.

La covariance des risques

La troisième raison pour laquelle le secteur privé a toujours hésité avant de se lancer dans ce type d'activité est liée au problème de la corrélation ou de la covariance des risques. Des risques sont corrélés lorsque l'avènement d'un incident en provoque d'autres.

Dans la normalité des choses, les risques assurables sont des risques qui sont mutuellement indépendants. Par exemple, la fracture d'un membre chez quelqu'un n'entraîne pas de risques de fracture additionnels pour d'autres personnes. Et cette relative indépendance permet de calculer l'incidence de ces risques et de leurs coûts annuels avec une certaine précision grâce à la loi des grands nombres. Dans le cas du chômage, toutefois, cette condition n'est pas respectée. Le chômage n'arrive pas seul. Quand il se produit, il affecte généralement plusieurs personnes à la fois et le phénomène a tendance à se répandre. Autrement dit, le chômage d'un groupe de personnes qui fait suite à la fermeture d'une grande entreprise dans un village augmente les risques de chômage d'autres personnes qui assurent des services dans ce même village (concessionnaires automobiles, épiceries, salons de coiffure, etc.), ce qui n'est pas le cas généralement des autres grandes catégories de risques.

Lorsque les risques sont covariés, l'avènement d'un événement imprévisible entraîne une vague d'autres sinistres qui engendre des fluctuations importantes dans les dépenses des compagnies d'assurances. En ce qui concerne le chômage plus particulièrement, les récessions économiques sont du genre à entraîner ce genre de fluctuations difficilement prévisibles et onéreuses. Elles engendreraient de l'instabilité aussi bien dans leurs revenus que dans leurs dépenses. Ces compagnies chercheraient à s'assurer elles-mêmes contre ce genre de fluctuations. Les compagnies plus grandes et plus diversifiées qui les chapeauteraient leur demanderaient des primes qu'elles devraient, par la suite, transmettre à leurs clients. Et nous nous retrouvons à nouveau avec des primes d'assurance supérieures à ce qu'elles seraient autrement.

Toutes ces raisons — risque moral, sélection adverse et covariance des risques — expliquent pourquoi la prise en charge de l'assurance-chômage par l'entreprise privée ne serait pas optimale, mais elles n'expliquent pas pourquoi l'État doit le faire. La raison la plus importante pour laquelle l'État intervient est liée, en fait, à des considérations d'équité.

L'équité

Quand les compagnies d'assurances privées peuvent connaître à l'avance les risques encourus par diverses clientèles, elles appliquent l'équation de détermination des primes à chacune des catégories de clientèles et facturent, à chaque groupe, la prime appropriée. Dans le cas de l'assurance-chômage, toutefois, on sait à l'avance que ce sont les plus pauvres et les plus bas salariés qui courent les plus grands risques de tomber en chômage et qui ont des épisodes de chômage particulièrement longs. La prime qu'un système privé facturerait pourrait monter jusqu'à 25 % du salaire des gens les plus pauvres pour les seules fins d'un programme d'assurance-chômage. Les gouvernements préfèrent donc facturer une prime uniforme jusqu'à un certain maximum, de façon à ce que le poids du financement du système soit plus également réparti.

Les monopoles d'État

La raison d'être des monopoles d'État est liée à la forme et à la configuration des coûts de production. Quand les coûts marginaux de production diminuent longuement avant de commencer à augmenter, c'est signe qu'il y a d'importantes économies d'échelle à réaliser. Certains secteurs d'activité comme l'hydro-électricité, la production de gaz ou le transport en commun sont de ce type.

Différents problèmes et différentes solutions se présentent en fonction notamment de la forme et de la position des coûts marginaux de production par rapport à la demande pour le produit. Trois cas se présentent. Le premier cas est celui où les coûts marginaux et les coûts moyens de production se situent sous la courbe de la demande pour le produit. Le deuxième cas est celui où les coûts moyens de production sont situés au-dessus de la courbe de la demande pour le produit. Le troisième cas est celui où l'entreprise opère sur une partie croissante des coûts marginaux de production.

Les coûts moyens sont sous la demande pour le produit

Lorsque les coûts marginaux et les coûts moyens se situent sous la courbe de la demande pour le produit, trois situations peuvent être envisagées à partir de la figure 17.2.

Dans la première situation, la règle de la concurrence fixerait le prix au niveau Pc et les quantités produites à Xc. Mais, puisque les coûts se mesurent à partir de la courbe des coûts moyens en « c » sur la courbe CMx, alors que les revenus se lisent à partir de la demande pour le produit en « c » sur Dx, il s'ensuivrait que l'entreprise ferait faillite.

Dans la deuxième situation, la règle de la maximisation des profits en présence de monopole nous conduirait au prix Pm et à la production Xm de monopole dans cette même figure. La compagnie réaliserait d'importants profits, mais les pertes pour la société seraient égales à la portion comprise sous la courbe de la demande pour le produit entre les points « a » et « c » (les bénéfices) moins la portion sous la courbe des coûts marginaux de production comprise entre b et c (les coûts).

FIGURE 17.2

La solution de réglementation

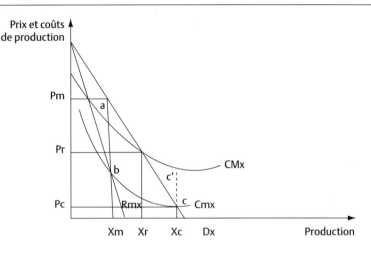

Dans la troisième situation, les prix seraient fixés par voie de réglementation au point de rencontre entre la courbe des coûts moyens de production CMx et la demande pour le produit Dx. Dans ce cas, le prix serait Pr et les quantités produites seraient Xr. C'est la solution de la réglementation du prix avec profits nuls.

Dans le deuxième cas, nous sommes en présence d'une situation où les coûts moyens de production dépassent la demande pour le produit (figure 17.3). Au point où les coûts marginaux de production (Cmx) sont égaux aux bénéfices marginaux privés (Bmx) se trouve un prix Pb et une quantité de production X d'équilibre. En ce point, toutefois, la compagnie réaliserait des pertes égales au rectangle Pb-Cc-d-f. Si, comme dans le cas du transport public, l'activité en question comporte des externalités (protection de l'environnement, décongestions des infrastructures routières…), il pourrait convenir de la subventionner jusqu'à ce que ces pertes soient absorbées.

Une autre façon de minimiser ou de réduire ces pertes consiste à tarifer en fonction des bénéfices marginaux sur ou le long de la courbe de la demande pour le produit Dx. Un tarif plus élevé serait demandé à la clientèle qui en profite le plus et qui en a les moyens alors qu'un tarif plus bas

FIGURE 17.3

Les transports en commun

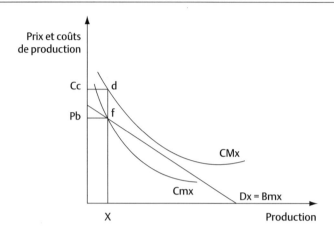

serait demandé, jusqu'à concurrence de Pb, à une clientèle qui pourrait se laisser attirer par un meilleur prix ou encore dont les moyens de payer sont plus réduits.

Les coûts marginaux sont croissants

Pour illustrer le troisième cas, nous nous servirons de l'exemple d'Hydro-Québec. Cette société d'État, bien qu'en situation de monopole naturel car peu d'entreprises pourraient lui faire compétition sur la base des coûts d'opération, opère en phase de coûts marginaux croissants. En situation de monopole non réglementé, elle pourrait être fortement tentée de demander le prix de monopole Pm et de ne produire que la quantité Xm de monopole qu'on voit apparaître à la figure 17.4.

Les mouvements de consommateurs, à l'autre extrême, seraient tentés, en tant que groupe d'intérêt, de défendre des tarifs à la hauteur de Pr. Ce tarif correspondrait à l'égalité du prix avec les coûts moyens de production CMx. Dans ce cas, la production serait de Xr, les prix seraient à leur minimum, les quantités produites à leur maximum et les profits de l'entreprise seraient nuls. Du point de vue de l'analyse économique, toutefois, cette solution n'est pas optimale et cela pour deux raisons.

FIGURE 17.4

Le cas d'Hydro-Québec

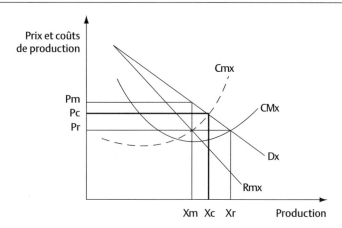

Premièrement, un prix trop bas comme le prix Pr réglementé est un prix qui n'incite pas à l'économie de l'énergie mais qui, au contraire, incite au gaspillage de l'électricité. Deuxièmement, un prix trop bas comme le prix Pr n'est pas suffisamment élevé pour permettre de collecter les fonds nécessaires pour payer le coût marginal des nouvelles ressources énergétiques dont le Québec aura besoin dans le futur.

En fait, du point de vue de l'analyse économique, il est souhaitable que le prix de l'électricité soit fixé au point de rencontre entre la demande pour le produit Dx et la courbe du coût marginal de production (Cmx). De cette façon, nous pouvons nous attendre à ce que le prix fixé puisse assurer la pérennité des services et des ressources en même temps qu'inciter les consommateurs à l'économie de l'énergie. Alternativement, on pourrait penser que le mouvement de libéralisation des marchés de l'électricité introduit une concurrence qui n'existait pas auparavant. Il pourrait s'avérer intéressant, dans ces nouvelles conditions, d'étudier la possibilité de produire à l'égalité du coût marginal de production et du prix dicté par le marché. Ce type d'activité engendrait des profits encore plus importants qui pourraient, entre autres, servir au remboursement de la dette publique québécoise.

En somme, nous pouvons considérer que, dans des situations où la nature favorise l'émergence de monopoles naturels, l'État fait face à différentes possibilités : il peut tout simplement laisser aller les choses telles quelles ; il peut être tenté de réglementer les entreprises privées, ou il peut vouloir les nationaliser. Dans les cas où il opte pour la nationalisation, l'État devient lui-même un producteur de biens et de services et il doit en confier l'administration à un appareillage bureaucratique.

La bureaucratie

Dans un gouvernement appuyé par une large bureaucratie, certains postulent que les fonctionnaires de l'État poursuivent des objectifs de prestige, de pouvoir et d'influence plutôt que de profits. Le modèle de Niskanen (1971) propose, à cet égard, une représentation formelle de ce type d'ambitions et de ses implications sur la production de biens publics.

Si nous supposons que les bénéfices totaux associés à la production de biens publics sont croissants à taux décroissant, nous pouvons tracer la courbe de ces bénéfices BT comme étant une courbe concave par rapport à une abscisse où l'on aurait inscrit la quantité G de biens publics produits (figure 17.5). Si, par ailleurs, nous supposons que la production de ces biens subit la loi des rendements décroissants, il s'ensuit que la courbe du coût total de production augmentera de façon géométrique ou exponentielle par rapport à la quantité de biens publics produits. Si, pour terminer, nous ajoutons l'hypothèse de Niskanen selon laquelle les bureaucrates cherchent à maximiser la taille de leur unité, nous trouverons un équilibre au point où la courbe du budget total BT croise la courbe de coût total CT.

En ce point (figure 17.5), la production de biens publics est maximisée en même temps que le budget est en équilibre (BT = CT). Dans ces circonstances, nous pouvons constater que les fonctionnaires seront intéressés à minimiser les coûts de production car, ce faisant, ils contribuent à augmenter la taille de leur service. En effet, une courbe CT_1 plus basse que la courbe CT_0 initiale conduit, comme nous pouvons le constater à la figure 17.5, à un accroissement en G2 de la quantité produite de biens publics.

Par comparaison, toutefois, nous trouvons que la quantité de biens produits par le secteur public a tendance à dépasser la production optimale

FIGURE 17.5

La maximisation du budget de l'État

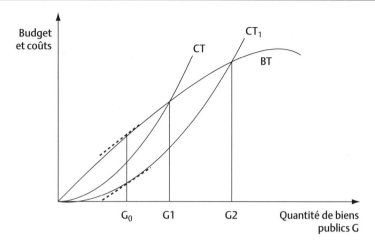

G_0 qui correspondrait à l'égalité du coût marginal social et du bénéfice marginal social de production, c'est-à-dire là où les pentes des courbes CT et BT sont égales. Donc, le fait que le gouvernement doive compter sur la fonction publique qui poursuit des objectifs qui lui sont propres est assimilable à un problème d'agent et de principal. Le politicien jouant le rôle du principal tandis que les fonctionnaires joueraient le rôle de l'agent. Les conclusions du modèle de Niskanen nous amènent à penser que cette différence d'intérêt conduit à une production de biens publics qui pourrait être plus élevée que ce qui serait optimal, mais qu'elle ne conduirait pas forcément et automatiquement à l'abandon de la minimisation des coûts de production.

Plutôt que de supposer que les hauts dirigeants de la bureaucratie étatique cherchent à maximiser le budget de l'État, Bélanger et Migué (1984) ont supposé qu'ils aspiraient à maximiser une forme de budget discrétionnaire composé de l'écart entre ce que sont les coûts strictement nécessaires pour effectuer la tâche requise par le principal (les politiciens élus) et le budget recommandé et obtenu par le « bureau ». Cet écart pourrait tenir lieu et place des profits qu'on trouve dans l'entreprise privée (conférences, voyages et séjours à l'étranger, ameublements et locaux prestigieux, etc.) La courbe de budget excédentaire (BE) rapportée à la figure 17.6 comporte une portion croissante puis décroissante en fonction de la taille du service. La production G_0 correspond à la quantité optimale qui devrait être produite. La production G_1 correspond à l'hypothèse de Niskanen tandis que la production intermédiaire Gi serait celle qui résulterait du point de tangence entre la courbe d'iso-utilité bureaucratique IB la plus éloignée de l'origine et la contrainte du budget excédentaire BE.

FIGURE 17.6

La maximisation du budget excédentaire

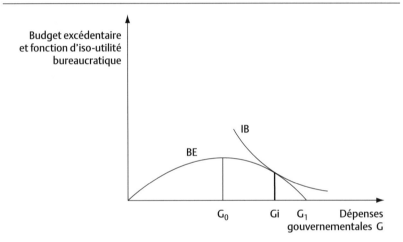

La redistribution du revenu

La redistribution du revenu est une des activités les plus importantes de l'État. Ce dernier intervient aussi bien sur le plan de la collection des impôts qu'à travers la redistribution des revenus. Les tables d'impôts sont dites progressives parce que les taux d'impôts que l'on fait payer aux individus augmentent avec leurs revenus. Par exemple, un individu qui a un revenu imposable de 100 000 $ par année ne paie pas le même pourcentage d'impôts que celui qui a un revenu imposable de 50 000 $. Les programmes de sécurité sociale comme l'assurance-emploi, l'aide sociale et le supplément de revenu garanti versé aux personnes âgées peuvent aussi être qualifiés de programmes de redistribution parce que les cotisations proviennent de personnes à revenus plus élevés alors qu'ils versent des prestations à des gens qui ont en général des revenus plus faibles.

La fonction d'utilité sociale

La question du rôle de l'État en matière de redistribution du revenu peut être vue en termes de courbes de possibilités d'utilité et de fonction d'utilité sociale.

Pour construire des courbes de possibilités d'utilité, il faut commencer par transformer la frontière des possibilités de production. En admettant que chaque paire de biens X et Y puisse être répartie de façon optimale entre les individus, nous pouvons disposer d'un éventail de répartitions de biens qui engendre des niveaux d'utilité variables pour toute paire d'individus A et B et qui respectent la capacité de production maximale et optimale. La figure 17.7 illustre ce genre de résultat.

FIGURE 17.7

Frontière des possibilités d'utilité

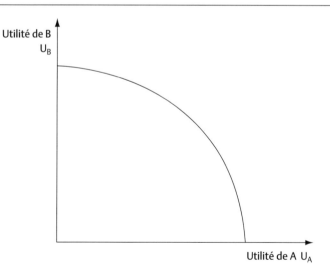

Idéalement, il faudrait que l'économie opère le long de cette courbe, mais où exactement ? Pour le savoir, il faut construire une autre courbe : celle de la fonction d'utilité sociale. La fonction d'utilité sociale représente les combinaisons d'utilité qui engendrent un niveau constant de bien-être collectif. Cette courbe (figure 17.8 a) a les mêmes propriétés que toutes les courbes usuelles d'iso-utilité : sa pente est négative, elle est convexe par rapport à l'origine et plus elle est éloignée de cette origine, plus le niveau d'utilité collective est élevé. Finalement, elle ne peut en croiser d'autres. La combinaison des niveaux d'utilité pour les individus A et B au point α donne un niveau d'utilité égal à 25 par exemple tandis que le niveau d'utilité pour B est de 10. Au total, le niveau d'utilité collectif est de 35.

Au point β, le niveau d'utilité pour l'individu B serait moindre puisqu'il dispose de moins de biens et de services, mais celui de A serait plus élevé. Au total, le niveau d'utilité pour A est de 30 mais celui de B est de 5. Le total reste donc inchangé partout le long de cette courbe, comme d'ailleurs c'est le cas au point γ.

FIGURE 17.8

Courbe d'iso-utilité collective

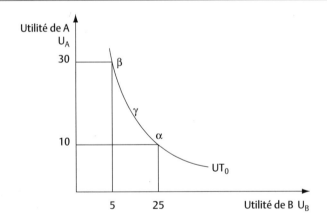

L'optimum optimorum

Dans la figure 17.9, nous pouvons observer que c'est au point de tangence γ entre la courbe d'iso-utilité totale ou courbe d'iso-utilité collective UT_0, la plus éloignée de l'origine et la frontière des possibilités d'utilité, que se déterminera **l'optimum optimorum,** c'est–à-dire la combinaison d'utilités qui ne peut être meilleure parce qu'elle répartit le revenu en respectant au mieux les préférences de chacun pour les différents biens et services, parce qu'elle évite le gaspillage en ce qui a trait à la production et parce qu'elle génère le maximum de bien-être sur le plan collectif.

FIGURE 17.9

L'optimum optimorum

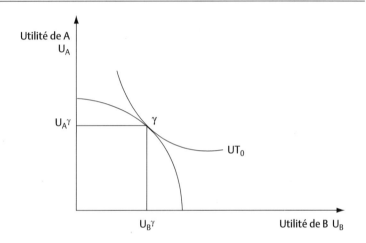

On peut aussi se servir de ce type de représentation graphique pour illustrer les grands arbitrages qui peuvent se poser aux politiciens et à la population en général. Au point « d » situé sur la frontière des possibilités d'utilités de la figure 17.10, le bien-être collectif est de UT_1. Un gouvernement qui chercherait à accroître l'équité en transférant des ressources de l'individu B vers l'individu A déplacerait la répartition du revenu et des utilités vers la combinaison qui correspond au point « c ». On s'éloignerait de l'optimalité et il y aurait réduction du PIB, car ces transferts contribueraient à réduire les incitations et ils occasionneraient des frais d'administration tant sur le plan de la collection que de la redistribution du revenu. Par contre, on peut remarquer, malgré cet éloignement, que nous nous situons sur une courbe d'iso-utilité sociale UT_3 plus élevée. Donc, la redistribution du revenu peut augmenter le bien-être total même s'il y a un prix à payer en termes d'efficacité.

Par ailleurs, un gouvernement qui pousserait davantage la redistribution du revenu pousserait l'économie vers un niveau de bien-être collectif inférieur. C'est le cas de la combinaison d'utilités correspondant au point « m » sur UT_2 à la figure 17.10.

FIGURE 17.10

Arbitrages équité-efficacité

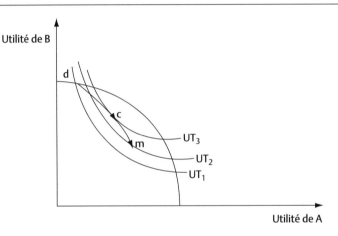

Une des raisons pour lesquelles les gouvernements peuvent être justifiés de redistribuer le revenu est qu'en procédant comme cela a pu être le cas lors du passage de UT_1 à UT_3 (point « d » au point « c »), la baisse d'utilité des plus riches s'est avérée plus que compensée par la hausse d'utilité des plus pauvres.

Une autre raison qui peut contribuer à justifier une redistribution du revenu des riches vers les pauvres est la présence d'externalités. En effet, on peut raisonnablement supposer que la compassion fait intrinsèquement partie de la nature humaine. Dans la position originelle, l'être humain est un être rationnel mais c'est aussi un être raisonnable, capable de se mettre à la place de l'autre et d'être bienveillant. Il est capable d'assistance mutuelle, de solidarité et de coopération. Dans ce contexte, on s'attend donc à ce que le don d'un plus riche à un plus pauvre n'apporte pas que du bien-être au plus pauvre, mais qu'il en apporte aussi au plus riche. Néanmoins, l'amélioration du sort du plus pauvre n'apporte pas que du bienêtre à celui qui a donné, il en apporte aussi à tous ceux qui n'ont pas donné. La charité génère donc des externalités positives et les bénéfices marginaux sociaux dépassent la somme des bénéfices marginaux privés à chaque fois qu'il y a ce genre de transfert. L'État est donc pleinement justifié de subventionner cette activité et de collecter des impôts auprès de tous ceux qui en bénéficient, y compris les personnes qui n'ont pas donné.

Du point de vue organisationnel, on peut aussi penser que les gouvernements sont en bien meilleure position pour assurer l'administration de ces activités. En ce qui concerne la taxation, par exemple, nulle autre institution que l'État n'est mieux placée pour effectuer ce genre d'opération. De même, il convient de souligner que toutes les tâches liées à l'administration et à la collecte des impôts impliquent des économies d'échelle et évitent les doubles contrôles et les multiples vérifications lorsqu'elles sont confiées à un organisme unique. Finalement, la coordination des activités et des programmes d'aide nécessite une certaine centralisation de l'information que l'État peut plus facilement assumer dans le respect des droits individuels et fondamentaux.

Équité et justice sociale

La dernière question qui se pose est de savoir jusqu'où peut ou doit aller le gouvernement en matière de redistribution, d'équité et de justice sociale. Deux positions extrêmes, celle de Nozick (1974) d'un côté et celle de Rawls (1971) de l'autre, sont à l'origine des débats actuels.

Pour Nozick, l'État ne doit d'aucune façon intervenir en matière de redistribution du revenu pour les raisons philosophiques suivantes. D'une part, un individu dispose de pleins droits d'un bien que personne d'autre ne peut lui enlever, à condition que ce bien ait été acquis dans le cadre d'un échange libre et égal avec d'autres individus rationnels, libres et égaux. Ce peut être le cas de la plupart des transactions commerciales ou des transactions d'affaires, mais aussi de dons de charité ou pour des causes humanitaires, pour autant qu'ils soient libres et volontaires. D'autre part, un individu peut également jouir de pleins droits d'un bien qu'il a été le premier à trouver, pour autant que sa possession ou son usage ne nuise pas au bien-être d'autrui.

Pour Nozick, les biens possédés par les individus constituent ni plus ni moins qu'une extension de leur propre personne et l'appropriation par une autre personne de ces biens par d'autres voies que celles prescrites dans le paragraphe précédent constitue un vol de propriété et un viol de leur intégrité physique. En conséquence, l'État n'a aucun droit d'effectuer des prélèvements de revenus auprès de certains individus pour en redonner à d'autres.

Rawls est d'un tout autre avis et s'oppose catégoriquement à la vision de Nozick. Pour Rawls, une société juste est une société qui offre à chacun la possibilité de réaliser des projets de vie raisonnables. Pour trouver comment on peut y arriver, Rawls imagine un comité composé de sages munis d'un *voile d'ignorance* et lui confie le mandat d'établir les règles de fonctionnement d'une société juste.

Ce comité est formé de personnes morales, libres et égales dont les deux caractéristiques majeures sont d'être rationnelles et raisonnables. Le fait qu'elles soient « voilées » signifie qu'elles connaissent tous les états de la nature qui peuvent les affecter personnellement, mais qu'elles ne connaissent pas les leurs. Par « états de la nature », nous entendons l'époque où l'on vit, les origines raciales ou sociales, le statut de citoyenneté, l'état de santé, la fortune personnelle, etc. La demande qui leur est faite est d'édicter les principes qui feraient en sorte que tout le monde dans cette société se sentirait justement traité.

Pour Rawls, le comité en arriverait aux trois principes suivants : 1 - chacun doit bénéficier des pleins droits à l'égalité et aux libertés de base (libre expression, droit d'association, intégrité physique, propriété privée…) — c'est le principe des droits individuels fondamentaux ; 2 - chacun doit avoir accès à toutes les positions ouvertes dans la société — c'est le principe de l'égalité des chances ; 3 - les inégalités de revenus ne peuvent être justifiées qu'à la condition qu'elles servent les intérêts des plus pauvres et des plus démunis de la société — c'est le principe de différence.

Les limites et les difficultés avec ce dernier principe sont qu'il accorde la pondération zéro aux riches. Tout transfert des plus riches vers les plus démunis ne réduit d'aucune façon le bien-être collectif. D'un autre côté, il apparaît que le critère de la richesse est assez large. Selon ce critère, tout le monde qui ne fait pas partie des groupes les plus démunis est considéré comme riche. L'intérêt que présente cette approche n'en est pas moins fondamental. En s'intéressant à la problématique de la détermination de l'ampleur des inégalités de revenus, la réponse proposée par Rawls est simple. Elle consiste à dire qu'il faut redistribuer le revenu des plus riches vers les plus pauvres tant que les plus riches ne renoncent pas à leur activité. Le niveau d'inégalité observé devient celui qui satisfait, à sa manière, au double critère des incitations et de la justice sociale.

BIBLIOGRAPHIE

Barr, Nicholas (1998), *The Economics of the Welfare State*, 3ᵉ édition, Stanford California (CA), Stanford University Press.

Becker, Gary (1975), *Human Capital*, New York, National Bureau of Economic Research.

Benjamin, Dwayne, Morley Gunderson et W. Craig Riddell (2002), *Labour Market Economics*, Montréal, McGraw-Hill Ryerson.

Blanchard, Olivier et Daniel Cohen (2001), *Macroéconomie*, Paris, Pearson Education.

Borjas, George J. (2000), *Labor Economics*, 2ᵉ édition, Toronto, Irwin-McGraw-Hill.

Browning, Edgard K. et Jacquelene M. Browning (1994), 4ᵉ édition, *Public Finance and the Price System*, Englewood Cliffs (NJ), Prentice Hall.

Burda, Michael et Charles Wyplosz (2003), *Macroéconomie, une perspective européenne*, 3ᵉ édition, Bruxelles, De Boeck.

Cartter, A. M. et F. R. Marshall (1972), *Labor Economics, Wages, Employment and Trade Unionism*, Homewood (IL), Richard D. Irwin.

De Vroey, Michel et Pierre Malgrange (2005), « La théorie et la modélisation macroéconomique, d'hier à aujourd'hui », *Regards économiques*, juin, n° 30, p. 1-16.

Domar, Evsey D. (1944), « The Burden of the Debt and National Income », *American Economic Review*, nº 34.

Ehrenberg, Ronald G., Robert S. Smith et Richard P. Chaykowski (2004), *Modern Labour Economics, Theory and Public Policy*, Toronto, Pearson Addison Wesley.

Élie, Bernard (2002), *Le régime monétaire canadien. Institutions, théorie et politiques*, 2ᵉ édition revue et augmentée, Montréal, Les Presses de l'Université de Montréal.

Freeman, Richard B. et James Medoff (1984), *What Do Unions Do ?*, New York, Basic Books.

Gwartney, James D. et Richard L. Stroup (1995), *Economics, Private and Public Choice*, 7ᵉ édition, Montréal, The Dryden Press.

Hicks, John R. (1964), *Theory of Wages*, New York, St. Martin's Press.

Hirshman, Albert (1970), *Exit, Voice and Loyalty*, Cambridge, Harvard University Press.

Institut de la statistique du Québec (2005), « Répartition du revenu disponible des unités familiales, Québec, 1986-2000 », <www.stat.gouv.qc.ca >.

Joanis, Marcelin et Claude Montmarquette (2004), « La dette publique, un défi prioritaire pour le Québec », *Choix*, vol. 10, nº 9, octobre, p. 1-38.

Keynes, John Maynard (1969), *Théorie générale de l'emploi, de l'intérêt et de la monnaie*, Paris, Payot.

Mankiw, Gregory (2002), *Macroeconomics*, 5ᵉ édition, New York, Worth Publishers.

McDonald, Ian et Robert Solow (1981), « Wage Bargaining and Employment », *American Economic Review*, nº 71, décembre, p. 896-908.

Migué, Jean-Luc et Gérard Bélanger (1974), « Toward a General Theory of Managerial Discretion », *Public Choice*, nº 17, printemps, p. 27-43.

Niskanen, William A. Jr. (1971), *Bureaucracy and Representative Government*, Chicago, Aldine-Atherton.

Nozick, Robert (1974), *Anarchy, State and Utopia*, Oxford, Basil Blackwell.

Parkin, Michael, Robin Bade et Benoît Carmichael (2000), *Introduction à la macroéconomie moderne*, 2ᵉ édition, Saint-Laurent (Québec), Éditions du renouveau pédagogique.

Rawls, John (1972), *A Theory of Justice*, Oxford, Oxford University Press.

Smith, Adam (1937), *The Wealth of Nations*, New York, Modern Library.

Stiglitz, Joseph E. (2003), *Principes d'économie moderne*, 2ᵉ édition, Bruxelles, De Boeck.

Tremblay, Rodrigue (1992), *Macroéconomique moderne, théorie et réalités*, Laval (Québec), Éditions Études Vivantes.

US Bureau of the Census (2000), *The Changing Shape of the Nation's Income Distribution*, 1947-1998, P-60, nᵒ 204, juin.

INDEX

Imprimé au Canada par
Transcontinental Métrolitho